**ETHICS
INTO
ACTION**

ETHICS INTO ACTION
: Henry Spira and the Animal Rights Movement
by Peter Singer

First published in the United States
by Rowman & Littlefield, Lanham, Maryland U.S.A.
Reprinted by permission. All rights reserved.

Korean edition copyritght ⓒ Maybooks

이책의 한국어판 저작권은 대니홍 에이전시를 통한 저작권사와의 독점 계약으로
도서출판 오월의봄에 있습니다.
신저작권법에 의해 한국 내에서 보호를 받는 저작물이므로 무단전재와 복제를 금합니다.

철학자
피터 싱어가 쓴
동물운동가
헨리 스피라 평전

모든 동물은 평등하다

피터 싱어 지음
김상우 옮김

오월의봄

모든 동물은 평등하다
철학자 피터 싱어가 쓴 동물운동가 헨리 스피라 평전

초판 1쇄 펴낸날 | 2013년 7월 22일

지은이 | 피터 싱어
옮긴이 | 김상우
펴낸이 | 박재영
편집 | 강곤
디자인 | 나윤영

펴낸곳 | 도서출판 오월의봄
주소 | 413-841 경기도 파주시 탄현면 참매미길 194-9
등록 | 제406-2010-000111호
전화 | 070-7704-2131 · 팩스 | 0505-300-0518
이메일 | navisdream@naver.com
트위터 | @oohbom · 블로그 | blog.naver.com/maybook05
페이스북 | https://www.facebook.com/maybook05

ISBN 978-89-97889-24-2 03300

이 책은 저작권법에 따라 보호받는 저작물이므로 무단전재와 복제를 금합니다.
이 책 내용의 전부 또는 일부를 이용하려면 반드시 저작권자와 도서출판 오월의봄에게
서면 동의를 받아야 합니다.

*책값은 뒤표지에 있습니다. 잘못된 책은 바꾸어 드립니다.

잘못된 일이 있다면, 행동에 나서야 한다.

헨리 스피라

차례

들어가는 말   008
감사의 말   015

1장   낮은 사람들과 함께한 삶   019

2장   동물해방   107

3장   아름다움을 꿈꿀수록 토끼는 아프다   165

4장   운동은 갈등을 겪으며 진보한다   239

5장   동물들은 고통 받고 있다   293

6장   조금씩 천천히 세상을 바꾸다   371

옮긴이의 말   405
미주   413

들어가는 말

말과 행동이 일치하는 사람

1980년 4월 15일, 《뉴욕타임스》는 놀랄 만한 전면광고를 게재했다. 광고의 중간에는 양쪽 눈에 안대를 한 토끼와 실험실용 유리용기가 나란히 있는 사진이 있었다. 상단에는 검정색 굵은 글씨로 다음과 같은 질문이 적혔다. "레블론Revlon은 미용을 위해서 얼마나 많은 토끼의 눈을 멀게 하는가?" 사진 밑에는 다음과 같이 적혀 있었다.

> 누군가 당신의 머리를 우리에 가둬놓았다고 상상해보자. 당신의 머리는 뒤로 잡아당겨진 탓에 방어력이 상실된 채 무력하게 앞만 보는 상태다. 눈꺼풀을 고정해놓고 화학물질을 눈에 투약한다. 당연히 고통이 따른다. 당신은 비명을 지르며 무력하게 몸부림친다. 도망갈 곳은 없다. 이게 바로 드레이즈 검사Draize Test다. 살아 있는 토끼의 눈을 손상시키는 화학물질의 유해성을 측정하는 검사이며, 레블론과 여러 화장품 회사가 자사의 상품을 검사하기 위해서 강제

로 수천 마리의 토끼를 사용하는 검사다.

이 광고는 레블론 사가 토끼를 얼마만큼 사용했는지 정확한 총계를 제시했다. 그리고 이 검사는 신뢰가 없으며 동물을 쓰지 않고 검사를 할 수 있다고 말하는 과학자들의 의견을 인용했다. 그다음 레블론 사 회장에게 항의 편지를 쓰라고 독자에게 촉구했다. 비동물성 안구자극 검사를 개발하는 긴급 프로그램 기금을 마련하기 전까지 레블론 회사의 제품을 쓰지 않겠노라고 전하라는 뜻이었다.

로저 셸리Roger Shelley는 광고가 게재됐을 때 투자자관계investor relations(기업이 자본시장에서 정당한 평가를 얻기 위하여 주식 및 사채 투자자들을 대상으로 실시하는 홍보 활동—옮긴이)를 담당하는 부대표였다. 그는 나중에 다음과 같이 말했다.

> 그날 주가가 떨어졌다는 사실을 알았지만 회사가 그보다 더욱 심각한 문제에 봉착했다는 사실을 깨달았어요. 그날 하루 주식 거래량뿐만 아니라 회사의 중추까지 뒤흔들릴 만한 사태였죠. 자칫 잘못했다는 소매점과 백화점 판매대에서 레블론의 제품이 모조리 철수되는 치명적인 사태가 발생할지도 몰랐습니다.

셸리는 곧바로 이 달갑지 않는 문제를 담당하게 되었다. 부드러운 목소리, 깔끔한 매무새, 우아한 옷차림, 세련된 이미지를 자랑하는 기업 임원이었던 그는 수년 동안 상선회사 소속의 배를 탔고, 뉴저지 소재 제너럴 모터스에서 공구를 만지기도 했던, 투박한 사투리를 구사하는 더벅머리의 뉴욕 고등학교 선생을 만나고 있다는 사실을 깨닫게 되었다. 셸리가 봤던 헨리는 구겨진 옷을 입었고, 넥타이를 매지 않았으며, 넥타이를 하더라도 잘 매지 못할 것처럼 보였다. 하지만 그것이 전부는 아니었다. "그가 맸던 허리띠, 신었던 신발, 기타 모든 제품에 동물로 만든 재료는 하나도 없었죠. (……) 말했던 그대로 행동하는 사람이 내 앞에 있었던 겁니다."

신념에 따라 사는 게 대기업과 싸울 때도 도움이 될까? 자택을 활동 공간으로 쓰는 고등학교 교사가 화장품 업계의 거목과 싸우는 것만큼 불공평한 일이 있을까? 하지만 헨리의 과거 행적을 눈여겨봤던 사람들은 성공 가능성이 없다고 보지 않았다. 일찌감치 헨리가 연방수사국FBI 국장 에드거 후버Edgar J. Hoover, 폭력배의 지지를 받았던 부패한 노동조합 지도부, 뉴욕시의 황공하기 짝이 없는 미국자연사박물관American Museum of National History, 뉴욕 주 입법부와 맞서 싸웠던 사실을 잘 알고 있었다. 그는 언제나 원했던 성과를 얻지 못했을지는 몰라도 개선시킨 것은 확실했다. 위에서 언급한 사례가 입증한다. 1980년이 끝나기 전, 레블론은 록펠러 대학의 3년 연구 계획을 위해서 75만 달러의 기금 지원을 약속했다. 현행 화장품 토끼 안구 유해성 검사를 대체하는 대안 마련을 위해서였다. 그리고 우선 1단계 조치로 자사 화장품에 '비동물성 검사Not tested on animals'(동물로 검사를 하지 않았다는 뜻―옮긴이)라는 문구를 집어넣었다.

한 세기가 넘도록 인체실험을 반대하는 단체들은 동물실험을 반대하는 운동을 펼쳤다. 이들은 괴짜 취급을 받으며 생각을 인정받지 못했다. 그들은 동물실험을 강력하게 반대하는 인쇄물을 제작하며 운동을 했지만 연구용 동물의 수는 수천에서 2,000만 마리로 불어났다. 하지만 헨리는 자기가 시작한 첫 번째 운동에서 불구가 된 고양이의 성행동 연구를 중단시키는 성과를 올렸다. 그때부터 그는 레블론, 에이본Avon, 브리스톨-마이어스Bristol-Myers, 식품의약국Food and Drug Administration, 프록터앤갬블Procter & Gamble 같은 기관과 싸우기 시작했다. 그런 뒤 식용동물이 겪는 고통이란 훨씬 난해한 문제에 착수하여 닭고기 기업가 프랭크 퍼듀Frank Perdue, 동물을 살육하는 대기업 몇 곳, 미국 농무부, 맥도날드를 목표로 삼았다. 20년 동안 헨리의 독특한 운동 방법 덕분에 동물들의 고통은 줄어들었다. 지난 50년 동안 대형 단체들이 수백만 달러를 들여서 활동한 것보다 더 큰 성과를 얻어냈다.

나는 간접적인 방식으로 헨리의 활동에 한몫 거들었다. 내가 썼던 《동물해방》을 계기로 헨리는 동물도 자기를 대신해 행동해줄 사람이 필요한 집단이라는 것을 심각하게 생각했기 때문이다. 그는 누구보다 효과적으로 내 생각을 받아들여 동물의 고통과 피해를 줄이는 무기로 제련했다. 나는 그가 어떻게 활동했는지 보여주기 위해서 이 책을 썼다. 운동가 헨리의 인생은 동물운동뿐만 아니라 기타 수많은 윤리적인 대의를 위해서 활동하는 사람들을 위한 교범으로 활용할 수 있다고 보았다. 하지만 헨리의 인생을 이야기로 전할 만한 가치가 있다고 생각한 이유는 그것만이 아니다. 어떻게 사는 게 좋을까? 이에 대해 요즘 절망적으로 퍼져 있는 두 개의 가정을 반박하는 사례로 활용할 수도 있기 때문이다.

첫 번째 가정은 사회가 너무 거대하고 너무 복잡해서 개인이 영향을 끼치지 못한다는 것이다. 아무래도 특출난 부자이거나 큰 조직체의 수장이 될 정도로 운이 좋지 않으면 그렇다는 얘기다. 어쨌든 우리가 사는 사회는 수천에서 수억 명의 사람들로 구성된다. 정부는 관료주의에 포박되어 있으며, 표를 잃을지 몰라 전전긍긍한다. 연간 수익이 수천만 달러에 이르고 그만큼 광고예산을 집행하는 다국적기업은 여론을 휘어잡고 있다. 가장 큰 소비자 단체조차도 대적하지 못할 정도로 그 기업은 권력을 휘두른다. 상황이 이런데, 한 사람이 무엇인가 중요한 변화를 일으킬 수 있기나 한 것일까?

헨리는 레블론과 싸워 이겼지만 부를 얻은 것도 아니었고 대형 조직의 지도자가 된 것도 아니었다. 그는 약자와 착취 받는 자의 편에 섰고 다른 사람에게 배운 전략을 학습하고 시험했다. 그리고 거기에 40여 년 동안 활동하며 통찰했던 사항을 적용했기 때문에 그는 승리했다. 그런 지식은 강력하다. 타인에게 전수될 수 있기 때문이다. 그렇게 되면 동일한 방식으로 지식을 사용할 것이며, 자신의 생각을 덧붙이고 자기가 처한 상황에 맞게 수정할 것이다.

두 번째 가정은 우리네 인생이 본질적으로 의미가 없다는 것이다. 많은 사람들이 종교적 신앙을 적합지 않다고 판정한 상태에서 그나마 기댈 만한 곳은 현재의 문화밖에 없는 것 같다. 그런데 현재는 끝없이 소비하고 낭비하며 기회를 찾고 찾으라는 문화가 대세이기 때문에 사람들은 사리사욕self-interest을 추구하는 것이 유일한 합리적인 목적이라고 가정하며, 사리사욕을 편협한 물질주의적인 용어로 이해한다. 이렇게 물질적인 부를 추구하는 과정에서 성공하는 사람도 있고 실패하는 사람도 있다. 부를 얻지 못해 이룬 게 없다고 생각하는 사람들은 부유하지 못해서 행복하지 않다고 (충분히 자연스럽게) 가정한다. 하지만 주목할 만한 사실은 부를 얻어 성공한 사람들도 똑같이 이룬 게 없다고 종종 생각한다는 것이다.

헨리는 종교적인 인간은 아니며 대부분의 사람들이 당연히 소유하는 재산도 별로 없지만 삶에서 무엇인가 이루고 즐겁게 사는 법을 깨달은 사람이다. 나는 뉴욕의 국민임대아파트에 살고 있는 헨리를 수년 동안 곁에서 지켜봤지만 그가 지루해하고 우울해하고 빈둥대는 모습을 한 번도 본 적이 없었다. 내가 알고 지내는 여러 명의 뉴욕 사람들과 달리 그는 정신분석가나 여타의 정신요법 치료사들을 한 번도 찾은 적이 없다. 이 책을 다시금 검토하면서 그의 어머니가 내내 정신병을 앓았으며 다섯 식구 가운데 세 사람이 자살을 시도했고 실제로 두 명이 자살에 성공했다는 사실을 알기 전까지 나는 이러한 헨리의 태도가 얼마나 놀라운 일인지 깨닫지 못했다.

따라서 헨리의 인생은 자기만의 가치에 따라 살면서 의미를 찾는 방식의 모범 사례로 삼을 만하다. 사람들이 경모하는 유형이 모델, 인기 운동선수, 자수성가형 백만장자, 인기 영화배우인 시대에서 대안이 되는 역할 모형이 필요하다. 헨리가 좋은 사례 중 하나가 될 수 있을 것이다.

하지만 그게 전부는 아니다. 윤리적 관점을 바꾸는 것이 말 이상의 효과가 있다는 사실을 헨리의 활동에서 배울 수 있다는 것. 즉 말을 행동에 옮기면, 결국 세상이 영향을 받는다는 것이다. 이보다 중요한 것이 있다고 생각하기 힘들다.

감사의 말

헨리가 열렬히 돕지 않았다면 이 책을 결코 쓰지 못했을 것이다. 오랫동안 우리는 헨리의 인생, 헨리가 운동을 계획하고 실행하는 방식, 헨리가 세상을 보는 관점을 논의했다. 헨리는 본인이 달려들었던 문제들과 관련된 엄청나게 많은 편지와 기타 자료들을 내게 제공해주었다. 너무나 고마운 일이다. 1954년 헨리의 어머니가 보냈던 장문의 편지 같은 개인적 물품을 넘겨줬던 점도 결코 잊지 못하겠다. 이 편지를 통해서 그녀가 자신의 성격을 어떻게 보는지를 알 수 있었고, 자신이 16세 때 집을 나갔을 때의 상황도 확인할 수 있었다. 여동생 르네와 각기 다른 시기에 당신과 접했던 여러 많은 사람들을 만나게 해주었던 점도 고맙다.

그들은 기꺼운 마음으로 내게 이야기를 들려주었다. 전화로 할 때도 있었고 만나서 할 때도 있었으며 한 번 이상 확인하거나 이야기를 할 때도 있었다. 르네 블로흐, 베르타 그린, 가스통 피르맹-귀용, 메리 윌버트, 돌로레스 맥컬러프, 르네 랜도, 니콜라스 웨이드, 수잔 파울러, 엘리노어 몰베젓, 바너비 페더, 마크 그래엄, 마이론 멜먼, 앤드류 로언, 헬렌 러너, 바바라 클랩, 로저 셀리, 템플 그랜든 등에게 감사의 말을 전하고 싶다. 줄리 아케렛이나 존 스윈델스가 비디오로 녹화를 하는 경우도 있었고, 수잔 와인은 녹취를 풀었다. 이들에게도 고마운 마음을 전한다. 헨리에 대해서 서신을 교환했던 차이야 아미르, 존 블랙, 수 리어리, 나홈 마이어스, 제리 실버맨, 로빈 워커에게도 감사한 마음뿐이다.

마크 그래엄, 엘리노어 몰베젓, 앤드류 로언, 레나타 싱어는 원고를 읽고서 도움이 될 만한 얘기를 해주었다. 헨리 스피라 역시 원고를 검토했고, 내가 설명하는 내용들 가운데 어느 곳이든 빈틈이 있으면 필요한 자료를 제공했다. 프록터 앤 갬블의 캐서린 스티첼은 동물성 시험연구의 대안을 마련하기 위해서 회사가 어떠한 정책과 활동을 했는지 상세한 자료를 제공했다.

환경윤리학회에서 제임스 스터바를 우연히 만나 로맨앤리틀필드 출판사를 소개받았다(스터바는 여기서 총서 편집장을 맡고 있었다). 운이 따랐는지 출판 제안을 해주었고, 나로서는 정말 고마운 마음으로 받아들였다. 편집자 맥그로건과 부편집자 로빈 애들러의 열성적인 태도는 경이로웠으며, 제작 편집과 교열을 각각 담당한 도로시 브래들리와 신디 닉슨은 훌륭하게 작업을 해냈다.

    인간생명윤리본부Centre for Human Bioehtics의 헬가 쿠제 본부장과 모나슈 대학의 매리언 퀴틀리 예술대 학장에게도 감사의 말을 전한다. 그들은 이 책을 쓰는 동안 비상근 형태로 일했으면 좋겠다는 요청을 들어줬다. 그러지 않았다면 여전히 나는 집필에 필요한 시간을 찾아 헤맸을 것이다.

1장

낮은 사람들과 함께한 삶

"큰일을 하려면 재료를 모아야 해. 하지만 재료로 작업을 하지 않으면 먼저 했던 경험은 상실될 거야. 이제까지는 풍요롭게 살았지만 그것은 연극의 1막과 같은 거야. 일종의 준비builup일 뿐이지."
— 1954년 마지 스피라가 헨리 스피라에게 보낸 편지

나치를 피해 신세계로

헨리 스피라는 1927년 6월 벨기에의 앤드워프에서 모리스Maurice와 마지Margit의 첫째로 태어났다. 가족은 유대계였고, 헨리의 친할아버지와 외할아버지는 랍비학자였다. 그는 (철자가 '앙리Henri'인) 프랑스어 이름 외에도 증조할아버지의 이름을 물려받아 노아Noah라는 히브리 이름도 있었다. 그의 부모는 이후 두 명의 딸을 낳았다. 르네Renée는 헨리보다 다섯 살 어렸고 수잔Susan은 열네 살 어렸다.

모리스 스피라는 19세기 말 벨기에에 정착한 이민자 부

모의 가정에서 태어났다. 모리스의 아버지는 폴란드 출신이었고 어머니는 헝가리 출신이었다. 10명의 아이들 가운데 첫째인 모리스는 다이아몬드 소매업을 하는 아버지의 밑에서 일했다. 헨리는 아버지의 세계관이 '냉소적이고 어느 정도 허무주의적'이라고 설명했다. 그의 어머니는 다음과 같이 말했다. 헨리의 아버지가 그에게 가르쳤던 것은 "아무것도 가치가 없으며, 아무도 선하지 않다. 성공과 돈만이 유일하게 긍정적인 가치가 있다"[1]였다. 헨리는 아버지를 다르게 보았다. 독립심이 강했던 모리스는 인생에서 즐거움을 거의 얻지 못하는 환경과 전통 때문에 망가졌다는 것이다.

헨리의 어머니는 헝가리에서 태어났다. 그녀가 매우 어렸을 때 가족은 독일로 이주했고, 그곳에서 그녀의 아버지 사무엘 슈피처는 함부르크의 유대교 최고지도자가 되었다. 그녀는 교사 교육을 받고서 학생 몇 명을 가르쳤지만 스무 살 때 벨기에로 건너온 스피라와 결혼하고서 다시는 일을 하지 않았다. 결혼식은 중매인이 조정하여 유대교 전통 풍습에 따라 진행했다. 마지는 모리스와 세계관이 아주 달랐다. 1954년 그녀는 헨리에게 보낸 편지에서 다음과 같이 말했다. "나는 여전히 인간의 선함을 믿는다. 아버지가 내게 말한 것처럼 어수룩할지도 모르겠다. 아무래도 그는 훨씬 현실적이니까." 편지는 계속해서 헨리에게 사람들이 더 좋게 바뀔 가능성을 믿는

헨리가 두 살 때 부모님과 함께 벨기에 해변에서 찍은 사진.

게 어떻겠느냐고 말한다. 하지만 헨리는 결코 순진하지 않았다. 그는 아버지와 어머니의 생각을 동시에 받아들여 자기만의 관점을 일구었다. 냉소적으로 현실을 바라봤을 뿐만 아니라, 인간존재는 올바른 환경이 갖춰지면 선하게 행동할 것이라고 믿었던 것이다.

처음에 가족은 형편이 넉넉했다. 헨리를 담당하는 유모가 있었고, 프랑스어를 사용하는 고등학교에서 교육을 받았다. 여름철 휴가는 벨기에 해변 휴양지에서 보냈다. 이 벨기에 시절을 떠올릴 때 헨리는 어머니보다 유모를 훨씬 많이 기억한다. 마지는 헨리가 키우기 편한 아이란 사실을 잘 알았다. 1954년에 쓴 편지에서 그녀는 성인이 된 아들이 과거를 생각하며

'권위를 증오하는' 모습을 보이자 당혹감을 감추지 못했다.

> 어렸을 때 권위나 율법으로 대처하는 어머니와 나 사이에는 결코 문제가 없었습니다. (……) [문제가 있더라도] 폭력을 쓰지 않고서, 서로를 신뢰하며 풀어냈죠. 갈등이 얼마나 적었는지 생각해보면 깜짝 놀랄 때가 많아요. 당시에 어머니는 선생, 단체 지도자…… 엘리 삼촌, 엘렉스 삼촌, 나, 그리고 아버지 등 모두하고 완벽하게 잘 지냈죠. 어머니는 과연 한 번이라도 처벌을 받거나 욕을 먹거나 심각하게 비난받은 적이 있었을까요?

헨리는 모든 사람과 잘 지냈지만 가족과는 가깝지 않았다. 그는 이렇게 회상한다. "서로를 안아주는 분위기도, 그와 비슷한 모습도 전혀 없었어요. (……) 그런 건 우리 집과 관련이 없었죠." 마지는 이렇게 적었다. "자식들에게 너무 집착할까봐 언제나 두려웠으며" 그렇기 때문에 "나는 너와 르네를 사랑한다는 표현을 모조리 억누를 수밖에 없었단다."

마지는 혹독한 우울증과 비합리적인 사건들 때문에 오랫동안 의료기관을 전전했다. 정신이 맑았을 때도 정신이 나갔을 때를 떠올리며 매우 괴로워했다. 그녀는 몇 차례 자살을 시도했다. 1937년 그녀가 정신병원에 입원해 있을 때 헨리는

1년 동안 런던에 사는 랍비인 엘리 삼촌 내외와 함께 살게 됐다. 그가 런던에 있을 무렵 아버지는 갑작스럽게 벨기에를 떠나 중앙아메리카로 향했다. 왜 그랬는지 이유는 명확하지 않았다. 그가 은행이나 법률에 관련된 분쟁을 겪고 있었다는 이야기도 있었고, 사기꾼에게 걸리는 바람에 재정 문제를 겪었다는 소문도 있었다. 헨리는 아버지가 신세계에서 돈을 벌어보려고 했던 게 아닐까 생각한다.² 어쨌든 모리스가 중앙아메리카에서 가족과 합치려고 준비했던 시절인 1937년부터 1938년까지, 마지는 당시 5살 먹은 르네를 데리고 친정이 있던 함부르크로 갔으며, 헨리가 올 수 있게 조치를 취했다. 마지와 아이들은 신세계로 언제 출발할지 모리스가 언질해주기만을 기다렸다. 비록 당시 나치가 지배하는 독일이 결코 유대인이 머물 만한 곳이 아니긴 했지만 그들은 유대인으로서 정상적인 삶을 살고자 노력했다. 헨리는 히브리어를 배웠으며 유대인 청소년단체에 가입했다. 거기서 그는 목공을 배웠고, 그 기술을 결코 잊지 않았다. 가족은 1938년 11월 9일 수정의 날Kristallnacht(1938년 11월 9일 나치 대원들이 독일 전역의 수만 개에 이르는 유대인 가게를 약탈하고 250여 개 유대교 사원에 방화했던 날—옮긴이)까지 함부르크에 머물렀다. 그날 밤 유대인 공동체는 불에 탔고, 유대인 상점과 주택의 창문은 박살이 났으며, 유대인은 폭행당했고 체포되었으며 강제수용소로 이송됐다.

사건이 있은 후 얼마 안 있어 모리스는 가족에게 파나마로 와야 한다고 말했다. 마지와 아이들은 배편을 예약했고 이제 소규모 무역상으로 자리를 잡은 모리스와 합류했다. 프랑스어와 독일어를 스스럼없이 구사했고 런던에서 영어를 익혔던 헨리는 수녀가 운영하는 가톨릭 학교를 다녔으며 스페인어도 배웠다. 이렇게 보면 심난한 어린 시절을 보낸 것 같지만 헨리는 다르게 회상한다.

> 여러 가지 상황이 닥쳤지만 나는 적응을 잘했죠. 독립심이 강했고, 왜 그렇게 됐는지 질문하지 않았으며, 현재의 자리만 생각했고, 최선을 다하려고 했습니다. 나는 나만의 가치관을 발전시키는 것에 매달릴 수밖에 없었죠. 내가 마주쳤던 다양한 상황들이 상호 배타적이었기 때문입니다. 하나는 과하게 종교적이었고, 하나는 무신론적이었거든요.

파나마의 가난한 사람들

파나마에서 모리스는 운하 근처를 서성이는 뜨내기 선원에게 값싼 옷과 반지를 파는 가게를 차렸다. 헨리는 가게 일을 도왔으며 파나마에 오기 전 몇 년간 모았던 우표를 팔아 가외 수입을 올렸다. 가게의 수입은 변동이 심했다. 언젠가 장사가 잘 안 될 때 가족은 어느 저택의 지하실로 이사를 갔다. 그곳은 모리스가 알고 지내던 어느 부유한 지주의 소유였다. 여기서 열두 살 먹은 헨리는 결코 잊지 못할 사건을 만나게 되었다.

> 이 저택에 사는 사내 한 명과 친해졌죠. 언젠가 이 친구가 집세를 같이 수거하러 다니자고 권하더군요. 우리는 도시의 한 구역을 다 차지하는 거대한 저택에서 살았지만 처량한 빈민가에서 사는 사람들도 있었죠. 그 친구랑 권총을 가지고 빈민가를 돌면서 집세를 수거했습니다. 기본적으로 그런 게 지주가 부를 축적하는 방법이었고, 나는 그것이 옳지 않다고 느꼈죠. 그때가 내 인생의 전환점이었다고 생각해요. 나는 차별받는 사람들과 똑같은 처지였거든요.

그렇지만 그의 여동생이 전하는 말에 따르면, 헨리가 차별받는 사람들과 자신을 동일시하게 된 이유는 가족들의 삶 때문이었다. 르네, 헨리, 마지는 오랫동안 모리스와 떨어져 지냈다. 이제 르네는 모리스가 견디기 힘든 폭군이라는 사실을 알게 됐다. "아버지는 건장하고 힘이 세고 목청이 컸으며, 이게 평생 이어졌어요. 어머니는 애처로웠고 그에게 맞서 자신을 보호하지 못했고요. 마치 아침드라마 같았고…… 악몽 같을 뿐이었죠." 르네는 헨리를 보호자로서 우러러보았고 훌륭한 오빠로 기억한다. 그녀는 남매가 다니던 가톨릭 학교를 증오했지만 모리스의 사업이 악화되자 더 이상 문제가 되지 않았다. 이후 그가 학비를 대지 못했기 때문이다. 거의 1년 동안 아이들은 학교에 가지 않았다. 그 대신 헨리는 아버지의 가게를 도왔으며 그곳을 출입하던 뱃사람과 이야기를 나누며 시간을 보냈다.

미국으로 가다

헨리가 열세 살이 됐을 때 모리스는 미국비자를 손에 넣었다. 1940년 12월 가족은 '에스에스 코피아노SS Copiano'를 타고서 아바나를 경유해 뉴욕으로 향했다. 마지는 나중에 당시의 심경을 이렇게 묘사했다.

> 우리가 배에 도착했을 때 아바나에서 피신한 난민들은 대체로 나보다 젊어 보였는데 상당히 풀이 죽은 모습이었다. 그들은 무일푼 신세로 새로운 삶을 시작해야 하는 상황 때문에 불안해했지. 미래는 희망이 거의 없거나 아예 없는 것 같았다. 나는 매우 희망에 부풀었기 때문에 스스로 놀랐단다. 내가 두려워해야 할 이유가 무엇이었을까. 남편도 있고 아이들도 있는데. 나는 살림살이 없이 사는 일에 익숙했지. 자연스럽게 나는 가진 게 조금 더 있기를 원했단다. 예전처럼 안락하게 살 만한 기회가 올지도 몰랐기 때문이지. 모든

기회가 열려 있는 미국에 살게 된 것이 행운이었지.

가족은 104번가 서부지구의 아파트에 자리를 잡았고, 헨리는 지역의 PS-185 공립학교에 입학했다. 헨리의 가족이 도착하고 몇 주 동안은 마지의 희망이 충족된 것처럼 보였다.

> 아버지는 생활비를 벌어왔다. 일요일에 우리는 그가 번 돈으로 쇼핑을 하러 갔지. 가족 전부가 함께. 가구, 피아노, 재봉틀, 헨리를 위한 책상을 구매했다. 얼마나 비쌌던지! 브로드웨이, 타임스 스퀘어, 경매장, 유람선 등 즐겁게 뉴욕을 탐험했고, 옛 친구들 집에 방문하여 아이들을 자랑하기도 했지.

그해 헨리는 성년식을 했으며 유대교의 율법에 따라 성인 남자가 되었다. 그는 독일에서 유대교를 배웠으며 파나마에서 스스로 선생을 찾아가 꾸준히 공부했다. 미국에서 그는 계속 유대교를 배웠으며 야물커yarmulke나 테 없는 빵모자skullcap를 쓰고서 유대교의 율법을 준수했다. 그의 아버지는 근심하며 반대했다. "너무 종교에 심취하게 되면 아버지를 존경하는 마음을 잊어버릴 것"이라고 마지가 나중에 헨리에게 설명했던 그대로였다. 그럼에도 헨리는 여름방학 동안 스스로 번 돈으로 유대교 가르침을 꾸준히 받았다.

모리스는 공업용 다이아몬드 거래로 직종을 바꿨고 오랫동안 이루지 못했던 상업적 성공을 거두었다. 하지만 그 때문에 그는 달라졌다. 마지는 나중에 다음과 같이 썼다.

> 사업에 성공해 돈을 많이 벌어들여 권위를 확보하면서 그는 다른 사람이 되었어. 돈벌이밖에 생각하지 않았고 24시간 몰두할 때도 있었지. 내가 그럴 만한 가치가 있냐고 물었을 때, 그는 없을 때보다 행복하지 않느냐고 답했다. 나 때문에 그는 불행해졌지. 나는 그를 제대로 보지 못했단다. 그는 사람보다 돈이 중요하다고 생각했지. 타인의 눈으로 보면, 그는 과거의 실패를 보상하기 위해서 그랬던 걸 거야.

이 때문에 가족들 사이에 갈등이 심해졌다. 모리스는 헨리가 자신의 생활방식을 따르기를 원했다. 양복과 넥타이를 하고서 본인이 진입하고 싶어 했던 사회의 경제적 계층에서 친구를 사귀면 좋겠다고 생각했다. 헨리는 아버지와 생각이 매우 달랐다. 1943년 연말 즈음 스타이브샌트 고등학교를 다닐 동안 그는 하쇼머 하차이르Hashomer Hatzair(하쇼머)로 불리는 좌파 유대인 청년운동에 몰두하게 되었다. 일명 HH로 알려진 시오니스트 운동이었지만 종교색은 없었다. 이 운동은 팔레스타인에 설립됐던 집단 정착(키부츠kibbutzim)에 기초한 인간주의적 사회주의 형태를 장려했고, 팔레스타인의 가혹한 환경에서 사회주의 공동체 건설에 전념하는 삶을 살고자 하는 젊은 유대인을 훈련시키는 역할을 담당했다. 이곳은 회원들에게 헌신하는 태도와 이상주의를 요구했다. 회원들은 부르주아지의 습관을 버리고 자연과 가까운 삶을 준비해야 했다. 이러한 자연에서 모든 이는 평등하며 자급자족에 필요한 육체노동을 공유할 것이다. 여자들은 화장을 하지 않고 남자들은 정장과 타이를 하지 않았다. 하쇼머 집단은 도보여행을 하기 위해 팔레스타인으로 갔으며 여름 캠프에 참석해 농사를 배웠다. 그들은 물질주의를 강력하게 반대했고 독립정신으로 무장했고 (완전하지는 않지만) 거의 무정부주의 입장에 가까웠다. 헨리는 하쇼머 집단의 시오니즘을 완전히 받아들이지는 않았다. 팔레스타인으로 이주할 생각이 없었지만, 일생 동안 하쇼머 집단이 권장하는 반물질주의와 독립정신을 견지했다.

하쇼머와 관련된 활동을 한 헨리가 아버지가 좋아하는 복장이나 친구들을 달갑지 않게 생각한 것도 놀랍지는 않으리라. 헨리는 아버지와 새롭게 받아들인 생각에 대해서 토론하려고 했지만, 모리스는 헨리를 공산주의자라고 불렀으며 더 이상의 토론을 거부했다. 이 시절부터 헨리와 아버지 사이에 "일진일퇴가 계속됐다"고 르네는 회상한다. 마지는 헨리가 이 문제를 풀고자 열심히 노력했다고 전한다.

> 너와 르네는 양보하라는 내 제안을 전적으로 받아들였어. 그래서 접근법을 달리하여 아버지가 너희들처럼 세상을 보게 하려고 노력했지. 불행하게도 공감대는 없었고, 그렇게 해봤자 아버지는 권위로 억누르며 논쟁을 끝내버릴 때가 많았어. (……) 상황이 호전되기는커녕 팽팽한 긴장감이 늘어갔지.

헨리는 어머니와 마음을 터놓고 자유롭게 말하며 지냈지만 그것 자체가 문제였다. 왜냐하면 모리스가 마지를 나무랐기 때문이다. 모자 관계 때문에 헨리를 전혀 비판하지 않고서 자기 멋대로 하도록 내버려두었다는 것이다. 마지는 부모가 '통일전선'을 취하며 아이들에게 최대한 관심을 보이고 함께 해야 한다고 믿었지만 이제 그녀는 깨닫게 되었다. 헨리가 잘못됐다고 생각하지 않으면서도 모리스의 잘못을 변명하면 결국 아들을 비난하는 꼴이 된다는 사실을. 그럴 바에야 그녀는 헨리의 손을 들어주는 것을 택했다.

> 네가 친구들을 선택하는 방식은 전혀 잘못된 게 없다고 생

각했다. 그들이 리버사이드 드라이브에 살든 로어 이스트 사이드에 살든 아무런 차이가 없었고, 네가 넥타이나 정장을 하든 하지 않든 싸울 만한 일이 아닌 것처럼 보였지. (……) 아무도 없을 때 옷장에 괜찮은 외투가 있는데도 추위에 떠는 것은 바보 같은 짓이라고 깨달을 것이라고 생각했단다.

하지만 이러한 상황은 모리스에게 충분하지 않았다. 생각의 차이는 아버지의 권위를 대하는 태도가 달라졌기 때문에 발생했다. 헨리의 말에 의하면 모리스는 '구세계의 독재적 가부장'이었고, 자기는 현대적인 사고방식으로 바뀌었다는 것이다. 마지는 이렇게 적었다.

그는 100퍼센트 복종을 요구했고, 그것은 훌륭하게 가족을 부양한 그의 권리였다. 너는 주에 한 번씩 불만사항을 논의하는 가족회의를 하고 제안했지. 네가 《페어런츠 매거진Parent's Magazine》에 실린 글을 읽었던 것 같아. 가족회의가 어떤 의미인지 아버지는 이해하지 못했을 거야. 동의했을지는 몰라도. 회의를 한다면 아이들을 동등하게 대우할 것이라고 기대했겠지만, 그로서는 받아들이기 힘든 입장이었을 거야.

오늘날 헨리는 전보다 많이 아버지를 공감한다. "아버지는 가족의 생계를 완전히 책임졌던 남자였죠. 그는 매우 열심히 일했고, 본인의 자유를 상당 부분 포기했습니다. (……) 그의 독립정신은 상황과 전통 때문에 대부분 망가져버렸죠."

그러나 열여섯 살 무렵의 헨리는 그렇게 생각하지 않았다. 계속되는 분란을 해결하기 위해서 마지는 유대교 가족상담 시설에서 전문가의 도움을 받는 게 어떻겠느냐고 제안했다. 헨리는 동참의사를 밝혔지만, 모리스는 다음과 같이 말하며 거부했다. "그들이 누군데? 돈 받고 하나?" 마지는 나약한 자신을 증오하기 시작했다. 그녀는 세 명의 아이들과 함께 떠나볼까도 생각했다. 헨리는 만약 그녀가 떠난다면 함께 일을 해 나머지 가족을 꾸려가자고 제안했다. "선의와 열정이 넘치는 네가 상상하는 대로 수월하게 일이 풀릴 수만 있다면, 나는 기꺼이 받아들였을 게야." 하지만 그녀는 그렇게 하지 못했다.

> 절실하게 중요하고 필요한 게 있다면 생계를 책임지며 아이를 돌볼 능력이 있는 여자들은 있게 마련이지. 내가 낯선 나라 낯선 도시에 있었고 아이를 낳은 상태였다고(수잔은 1941년에 태어났다) 말하면 변명으로 들릴지 모르겠다. 모리스를 미워할 이유가 있기는 했지만 그래도 정을 끊지는 못했지.

마지는 떠날 생각이 없었기 때문에 헨리는 혼자서 떠나겠다고 그녀에게 말했다. 아직 고등학교에 다니고 있었지만, 그녀는 헨리를 설득할 생각이 없었다. 10년이 지난 후, 그녀는 그 당시가 어떤 느낌이었는지를 그에게 말했다.

이런 집이라면 없는 게 더 좋을까? 확신하지 못하겠다. 내게는 기회가 있었다. 나름대로 책임감을 갖고서 너를 설득하는 것이었지. 너를 그리워할 것이라는 사실을 잘 알고 있었어. 네가 알았든 몰랐든 너는 나를 도덕적으로 커다랗게 지탱해주었거든. 모리스는 아이들이 내 유일한 친구며 최고의 친구란 사실을 알고 있었지. 너의 독립에 동의했을 때 나는 나 자신을 별로 생각하지 않고 결정을 내렸다. (……) 하지만 나로서는 별다른 도리가 없었어. 어렸을 적 행복한 생활을 하면서 형성된 성격이 나쁜 영향을 막을 만큼 강건하기를 기도할 따름이었지. 열일곱 살도 안 된 소년이 술, 범죄, 마약, 악의가 넘치는 세계에 빠지는 일은 없어야 한다고 말이야.

헨리는 하숙집에 투숙했고 오후에 기계설비 공장에서 일했다. 아침에 그는 스타이브샌트 고등학교를 다녔다. 이곳은 아침반과 오후반으로 운영되었고, 학생들은 두 반 가운데 하

뉴욕에서 르네, 수잔, 헨리.

나를 선택했다. 모리스는 헨리가 돌아오도록 경찰에게 으름장을 놓았지만 헨리는 열여섯 살이었기 때문에 별다른 위협을 느끼지 않았다.

그때부터 헨리는 본인이 만나고 싶을 때만 부모를 만났고, 그다지 자주 가지 않았다. 르네는 헨리에게 어머니 생신 때 오라고 신신당부했던 기억을 떠올린다. 하지만 그녀는 헨리와 아버지가 떨어져 지내는 게 필요하다는 사실을 이해했다. 헨리를 제외한 가족은 점차 뉴욕을 떠나 마운트 버넌의 부유한 근교지역으로, 나중에는 브롱크스빌로 이사했다.

독립, 사회주의노동자당 활동

사회주의의 보편적인 열망을 시오니즘과 화합시키기란 쉽지 않았다. 하쇼머 운동을 같이했던 친구 몇 명은 다른 형태의 사회주의에 관심을 기울이게 되었다. 공산당의 극도로 권위적인 문화는 상당히 자유로운 분위기의 하쇼머 운동을 만끽했던 사람들에게는 전혀 매력이 없었지만, 이오시프 스탈린을 앞장 서 비판했던 레온 트로츠키의 사상은 무척 흥미로웠다. 헨리는 친구들과 함께 트로츠키주의자가 기획한 사회주의 강좌를 들었다. 그는 트로츠키와 레닌의 저서를 읽기 시작했다. 초기 맑스주의자인 플레하노프의 저서도 학습했다. 헨리는 독해한 내용과 파나마에서 목격했던 사건들을 연결해보면서, 불의가 개인의 탐욕이나 가학성이 아니라 훨씬 체계적인 문제라고 보기 시작했다. 무엇인가 실천을 원했다면, 체계를 바꾸어야 했으리라. 이렇게 헨리는 사회주의자가 되었고, 트로츠키처럼 스탈린이야말로 참된 사회주의 혁명 사상을 탈선시킨 주범이라고 생각하게 되었다. 이렇게 생각이 바뀐 결과 헨리는 유대교의 율법을 따르지 않게 되었고 야물커 착용을 그만뒀다.

하쇼머 집단에서 사람들은 서로를 히브리 이름으로 불렀고, 이 때문에 헨리는 노아로 알려졌다. 하쇼머 하치이르 서부 브롱크스 지부회원 나훔 마이어스가 기억하는 열일곱 살의 헨리는 다음과 같았다.

> 노아는 다루기 힘들었어요. (……) 그를 상대할 때는 껌 대신 두꺼운 고무줄을 씹는 것 같았죠. 노력해도 썩 만족스럽지 않았습니다. 어떤 주제든 토론하는 순간에는 강인하고 맹렬하게 자신의 관점을 옹호했던 그의 모습을 기억해요. (……) 이 운동을 통해서 아마도 청소년기 처음으로 그는 자신의 기질에 딱 맞는 날카로운 교조적인 사상가들과 논객들을 접했던 것 같아요. 여기서 노아는 적수를 발견했어요. 노아의 굳건하고 날카로운 트로츠키의 분석을 반대하면서 탈무드의 측면에서 스탈린주의적 사회주의가 이점

이 있다고 주장한 능력 있는 사람들을 만난 거죠. 하지만 지적인 논쟁이 불확실해지면, 노아는 다른 무기를 꺼냈습니다. 그의 논증은 고도의 지성, 몇 가지 지식, 무수한 경멸, 때로는 검법이 조수처럼 파도쳤어요. 노아는…… 신랄하게 조롱하며…… 스탈린을 가장 강력하게 옹호하는 사람들을 무참히 베어냈고, 확신을 잃고서 분노에 떨고 피곤해하는 그들을 떠나보냈죠. 그러고 나서 헨리는 씩 웃고서 입맛을 다신 후 여자를 찾아 나섰죠.[3]

한동안 헨리는 맨해튼의 어퍼 웨스트 사이드 지역에서 아파트를 얻어 마이어와 친구 모디 스프린삭과 함께 살았다. 마이어는 헨리에게 공동 집세를 받고자 노력했지만 수포로 끝날 때가 많았다고 한다. 세 명은 1944년에 갈라섰다. 헨리가 선도적인 트로츠키주의 정치조직인 사회주의노동자당Socialist Workers Party(노동자당)을 지지하기 시작하던 시기였다. 노동자당을 통해서 그는 존 블랙을 만났다. 블랙은 독일에서 성장했고 거기서 독일 트로츠키주의 조직에 가입한 상태였다. 나치가 권력을 잡았을 때 그는 영국으로 도주했고, 1940년 미국으로 넘어왔다. 미국에서 블랙은 유럽에서 건너온 젊은 좌파 이민자들과 사귀었다. 헨리는 이쪽에 속했고, 블랙과 헨리는 만나자마자 죽이 잘 맞았다. 헨리는 맨해튼 26번가 서부지구에 살던 블랙의 옆집으로 이사했다. 블랙은 헨리가 열성적으로 활동할 의지가 있다는 사실을 알게 됐고, 함께 뉴욕의 고등학교 곳곳에서 노동자당의 당원 모집에 착수했다. 결과는 "놀라웠다"고 블랙은 회상한다. 그들은 매주 젊은 좌경향 청년들이 열성적으로 출석하는 정기모임을 관리했다. 학생들 가운데 몇 명은 수년 동안 노동자당에서 적극적으로 활동했다. 이 활동은 1945년 초엽에 끝나고 만다. 헨리가 상선의 선원이 됐을 때였다.

바다에서 보낸 시간

해운Merchant marine은 미국에서 전투적인 노동조합 활동을 이끄는 중추였고, 조합에는 트로츠키주의자가 상당수 있었다. 따라서 열정이 넘치는 젊은 트로츠키주의자가 자연스럽게 갈 만한 장소였다. "당시에 우리 모두는 노동조합 운동이 새로운 사회 창조에 이바지할 것이라고 생각했죠." 헨리는 나중에 이렇게 말했다. 하지만 새로운 사회를 위한 투쟁에 나섰던 다른 사람들을 보면 쉽지 않다는 게 판명됐다. 마이어는 해운노조 활동에 참여한 이후 헨리의 모습이 어땠는지 다음과 같이 기억한다.

선원용 모직상의를 입고, 하쇼머 하차이르의 여자들을 기

> 다리는 노아의 모습을 자주 봤어요. 자기는 선원들의 임금
> 을 개선하려고 노력했지만, 정작 선원들은 애국심 때문에
> 노조가 전쟁 수행을 방해한다고 생각하여 자기를 폭행했
> 다는 얘기를 하기도 했죠.[4]

헨리는 이 구절의 마지막 부분을 과장이라고 확신한다. 선원들이 헨리의 의견에 모조리 동의하지 않았을지 몰라도 그들은 그를 폭행하지는 않았다는 것이다.

해운 활동은 이점이 또 있었다. 제한 없이 여행을 할 수 있었으며, 징집에서 면제됐기 때문이다. 헨리가 완벽하게 위험한 상태를 피한 것은 아니었다. 대서양을 넘어갈 때 수많은 상선들이 독일 잠수함에게 격침됐다. 하지만 헨리는 운이 좋았다. 그가 해상에 있을 당시 나치는 패퇴하는 중이었다. 그는 군사 행동을 한 번도 못 봤으며 그가 탔던 호위함은 배를 한 척도 잃지 않았다.

전쟁이 끝나자마자 헨리는 배를 타고 미국 곳곳을 돌면서 보냈다. 물론 유럽과 아프리카를 여행하기도 했다. 그의 벌이는 비교적 괜찮았고 배에서 식사를 하며 생활했기 때문에 돈도 충분했다. 그는 방문했던 항구 주변을 즐겨 산책했지만 바다에 머물러 있는 것도 좋아했다. 그는 아침 일찍 일어나 해돋이를 보고 갑판을 어슬렁거렸다. 그는 동료들과 어울

려 지내는 것을 좋아했지만, 동료 선원들이 그의 사생활을 존중했다는 사실도 잘 알았다. 헨리가 동료 선원들과 함께 술을 마시러 뭍에 가는 대신 혼자서 해변에서 거니는 것을 좋아했다면, 그건 그의 권리였다. "조금은 외인부대 같았어요. 자기 일만 하면 되며, 질문을 많이 할 필요가 없었죠." 헨리는 이러한 상황이 편안했고 안락했다. 독서할 시간이 많았고, 이 시기 동안 링컨 스테펀스Lincoln Steffens와 존 리드John Leed 같은 미국의 좌파뿐만 아니라 러시아의 무정부주의자 표트르 크로포트킨Peter Kropotkin의 저서를 알게 되었다. 그는 선내 노조 모임에 적극 참여하기도 했다.[5]

헨리의 생각에 영향을 끼친 것은 독서만이 아니었다. 나치의 대량학살이 대중에게 발각된 것도 대단히 중요했다. 함부르크에서 알고 지내던 친척을 포함해 그와 가까운 일가친척은 전쟁이 발발하기 전에 모조리 유럽을 떠났기 때문에 개인적인 충격이라기보다는 정치적이고 윤리적인 충격을 받았다. 그는 그렇게 많은 사람들이 죄 없는 사람들의 학살을 수수방관하며 아무런 행동도 하지 않았다는 사실 때문에 괴로워했다. 전쟁이 끝나기 전 일찌감치 종교를 버리긴 했지만, 홀로코스트 이후 그는 유대인이 하나님을 믿는 것은 '정말로 완전히 상식에 반하는 일'이라고 생각했다.

1948년, 헨리는 뭍에 오랫동안 머물며 워싱턴 어빙 이브

닝 고등학교를 졸업했다. 2년 후 브루클린 대학Brooklyn College을 다니기 시작했지만, 출석은 들쑥날쑥했고 1958년이 돼서야 학위를 받았다. 항해를 하는 동안 그는 20번가 서부지구 550번지에 있는 선원의 집Seamen's House에서 살았다. 그는 부모와 멀찍이 떨어져 있고 싶었기 때문에 소지품을 휴대하고 다녔으며 다른 짐들은 더플백 몇 개에 담아 선원의 집에 보관했다. 1958년 맨해튼 로어 이스트 사이드 188번지의 아파트를 얻기 전까지 이런 식으로 살았다. 13년 동안 헨리가 꾸준히 살 집을 소유하지 않았다는 사실은 재산을 축적하는 습관을 들이지 않았다는 뜻이다. 나중에 본인의 아파트를 갖게 됐을 때 그곳에 있던 물건들은 모두 다 언제나 실용적인 것들이었다. 1970년 이후 살았던 곳인 어퍼 웨스트 사이드Upper West Side의 방 3칸짜리 아파트에도 오로지 필요한 것만 있었다. 아파트에 있는 것은 침대, 침대로 가변되는 소파, 2인용 식탁(여기 말고 식사할 곳은 없으며, 헨리는 여가생활을 전혀 하지 않았다), 고양이가 오르내리는 커다란 죽은 나뭇가지가 전부였다. 잿빛 금속 서류상자 몇 개가 있었지만 헨리의 전반적인 서류 정리는 색을 칠하지 않은 판자로 만든 선반에 그냥 얹어두는 식이었으며, 방마다 선반을 바닥부터 천장까지 설치해놓았다.

상선에 오르는 선원들 대부분은 전국해운노조National Maritime Union(해운노조)에 속했다. 전시에 이곳은 스탈린의 노선을 따랐던 공산주의자가 장악했다. 러시아의 외교 정책이 바뀔 때마다 그들의 정책 역시 달라졌다. 헨리는 노동자당을 지지하는 소수파에 속했다. 냉전이 시작되고 상원의원 조지프 매카시Joseph McCarthy가 공산주의 반대 활동에 착수한 이후 공산주의자들은 전국해운노조의 지도부에서 퇴출됐으며, 우파 집단이 지도부를 넘겨받았다. 이 우파 집단은 미국 정부에 협력하여 급진주의나 좌파 정치운동과 관련된 사람들의 블랙리스트를 작성했다. 출항하기 전에 해안경비대 소속 관리가 승선해서 선원의 신분증명서를 검사하고 선원이 고용계약서에 서명을 하는 게 통상 절차였다. 1952년 3월 헨리는 다시 배에 타려고 했다. 전에 했던 대로 선원증명서를 관리에게 제출했지만 미국 상선에 계속 승선하는 행위는 "미국 정부의 안보에 해롭다"고 적힌 서류를 건네받았다. 헨리는 더 이상 선원으로 일하지 못했다. 블랙리스트에 오른 대다수 사람들은 결단을 내리기 매우 힘들어했던 반면, 헨리는 철학적으로 생각했다. "나는 게임의 일부일 뿐이라고 생각했습니다. 체제와 싸우면 상응하는 대가를 치르기 마련이죠."

행정 당국의 괴상한 변덕 덕분에 헨리가 더 이상 선원으로 일하지 못하게 되었다는 것은 징집될 가능성이 있다는 뜻이었다. 헨리는 징집위원회에 넌지시 말했다. 자신이 승선하는 게 미국의 안보에 해로운 행위라면, 징집되어 군인으로 근무하는 게 훨씬 심각한 문제일 것이라고. 위원회는 국가기관마다 기준이 다르며 어쨌든 징집될 것이라고 그에게 회답했다.

군대, 베를린으로 가다

헨리는 1952년 10월 미육군에 입소했다. 그는 이곳과 맞지 않는다는 사실을 곧장 깨달았다. 행진과 훈련은 아무짝에도 쓸모없는 것처럼 보였고, 그는 결코 제대로 하지 못했다. 어쩌면 고의로 그랬을 가능성도 있다. 그는 훈련이 무엇을 위한 것인지 명확히 알고 있었다.

> 우리는 '좌로 어깨 총'에서 '우로 어깨 총'으로 하는 법을 배웠다. 우리는 앞으로 가다가 뒤로 갔다. "뒤로 돌아, 뒤로 돌아 좌향 앞으로 가!" 자동으로 즉시 명령에 반응하는 것이 목표였다. "너희는 왜냐고 질문할 권리가 없으며, 싸우다 죽을 뿐이다." 군대는 사람들의 가슴을 움직이려고 하지 않았다. 인간을 로봇으로 만들려고 했다. (……) 징집된 사람들은 정리된 방을 청소하기 위해서 칫솔을 배급받았다. 관계자 모두는 쓸모없는 일이란 사실을 잘 알았지만, 명령을 받으면 신병은 어쩔 수 없이 받아들여야 했다. (……) 검열은 무수히 많았다. 모든 물건이 균일해야 했고 정확한 장소에 있어야 했다. 심지어 군화 밑창까지 닦아야

했다. 병사는 좀비처럼 생각하는 것도 자발적인 행위도 허용되지 않았다.[6]

헨리는 보조를 맞춰 행진하는 법을 배우지 않았을지는 몰라도 사람들을 변화시키는 조직의 권력이 무엇인지는 깨달았다.

훈련을 받는 훈련병은 모두 행진 조교가 사디스트가 아닌지 의심했다. 모두 입술을 달싹거렸다. "빌어먹을 군대는 어디서 저런 개자식을 찾아냈지?" 신병교육을 끝마친 후 그들은 진상을 간파했다. 군대는 사람들을 징집하고, 통솔력 교육을 시킨 다음, 유명한 장군 한 사람의 말을 들려주었다. "명령은 우리가 하고, 복종은 너희가 한다." 몇 주가 지나면, 교관처럼 학대하는 인간이 되리라고 상상도 하지 못했던 인간들이 새로 들어온 훈련병에게 똑같은 짓거리를 해대는 것이다.

기본훈련이 끝났을 때 헨리는 지능지수 검사를 받았고 결과는 나쁘지 않았다. 이 결과 때문에 그는 베를린으로 배치됐을 때 정훈과Troop Information and Education에 배속됐다. 거기서 헨리가 주로 했던 일은 군인들에게 교의를 주입하는 것이

1장 낮은 사람들과 함께한 삶

1953년 12월 4일 미국의 베를린 파견부대 신문인 《베를린 옵저버The Berlin Observer》에 실린 사진. "육군 정훈국장이 이곳 프로그램을 칭찬하고 있다"는 표제 아래, "헨리 이등병이…… 정훈실에서 에드워드 오트 대령에게 설명을 하고 있다"는 해설이 달렸다.

었다. 그는 그런 일이 자기와 안 맞는다고 말했지만, 적성에 맞든 맞지 않든 그게 헨리의 보직이라는 얘기를 들었다. 하고 보니 지금까지 했던 일 가운데 가장 편한 일이긴 했다. 주에 한 시간 정도 200여 명의 병사들에게 뉴스와 정세를 들려주고 군대와 관련된 몇 가지 쟁점을 논의했다. 나머지 시간에는 상급자와 논의했다. 그는 행진이나 훈련을 할 수가 없었다. 다음번 정훈교육을 준비해야 했기 때문이다.

봉급날이 되면 헨리의 주머니는 두둑해졌다. 그때는 베

를린이 전 연합국의 분할통치를 받던 시절이었고, 베를린장벽이 건설되기 전이었다. 그랬기 때문에 비번일 때 헨리는 프랑스, 영국, 러시아 통치지역을 방문할 수 있었다. 영어, 프랑스어, 독일어에 능통했던 헨리는 어디를 가도 사람들과 얘기할 수 있었다. 지역들 간의 차이는 극명했다. 그는 1953년 6월 동부 독일 봉기가 일어나고 몇 달이 지난 후 베를린에 당도했다. 그때 동베를린 노동자들은 일손을 놓고 거리로 나섰지만, 며칠 지나지 않아 소련은 탱크로 그들을 간단히 진압했다. 시위에 나선 사람들은 자유선거와 독일의 통일을 원했다. 음식과 소비재가 부족해 봉기를 활활 지피기도 했다. 동독에서 건너온 난민들은 서독으로 쏟아져 들어갔고, 헨리는 템펠호프Tempelhof 수용소에서 그들과 얘기를 나누었다. 난민들은 면접을 보고 난민지위를 얻을 때까지 그곳에 억류됐다. 동독 노동자들은 그에게 말했다. 나치나 공산주의자나 다를 게 하나도 없으며(곤란한 상황에 빠지지 않으려면 입당해야 한다), 언제나 이득을 보는 자들은 관리들이지, 무지렁이 밑바닥 사람들이 아니라고.

군대에서 2년을 대체로 즐겁게 보낸 뒤인 1954년 10월 헨리는 '위험하고 불충한 활동'을 했다는 이유로 불명예 제대를 했다. 좌파조직을 지원했다는 명분이었다. 헨리는 군대가 자기를 징집하기 전 보안위험이 따를 것이란 사실을 익히 알고 있었다고 항의했다. 노동자방위연맹Workers Defense League의 도움을 받아 그는 결국 불명예를 면하고 온전하게 제대했다. 그렇지만 그는 나갈 때와 똑같이 이등병으로 제대했다.

공장 조립라인에서 일하다

군대에서 제대하고 여전히 선원으로 일할 수 없는 상태에서 헨리는 무슨 일을 할지 결정해야 했다. 어머니는 군복무가 끝나갈 때쯤 편지를 써서 헨리에게 은근히 말했다. 당시 헨리는 여러 가지 일을 하면서 다채로운 경험을 하고 다양한 사람을 만났다. "큰일을 하려면 재료를 모아야 해." 하지만 "재료로 작업을 하지 않으면, 먼저 했던 경험은 상실될 거다." 그녀는 헨리가 제대를 하면 직업을 선택해야 한다고 생각했고, 그의 소질에 맞는다고 생각한 몇 가지를 언급했다. 헨리는 언어에 능통했고 '놀라운 사건'에 흥미를 느끼기 때문에 기자가 될 만했다. 헨리는 노사관계도 잘할 수 있었다. 정의감이 있었고 공정한 사회를 원했으며 "지위나 경제적 위치에 상관없이 사람들과 잘 지내기" 때문이다. 마지는 선상 전기기술자처럼 선원보다 괜찮은 직업을 갖거나 아니면 교사가 되는 건 어떠냐고 제안했다. 아무래도 마지가 헨리에게서 형무소 소장을 했으면 적합할 통솔력과 '심리적 통찰력'을 발견했을 가능성은 별로 없다. 하지만 헨리가 목표가 없을뿐더러 어느 직업이든 성공할 욕심이 없다는 점 때문에 마지는 마음이 못내 괴로웠다. 그녀는 이러한 태도가 원만하지 못한 부자관계 때문이라고 보았다.

> 인생에 목적이 있는지 하는 것은 이론적 문제가 아니야. 어떤 목적을 위해서 인생을 살아갈지 하는 것은 실천적 문제지. 당시 네가 삶의 목적을 잃어버렸던 것은 이해할 만해. 수년 동안 아버지를 통해서 그려보았던 그림은 수포로 돌아갔고, 가족은 네게 큰 의미가 되지 못했지. 너는 다른 것을 찾아야 했을 거야. 좌파 하쇼머 하차이르를 떠난 이후 그리니치 빌리지로 갔던 것도, 해운 선원이 됐던 것도, 스스로 선택한 것은 아니지만 육군에 갔던 것도 그 때문일 게야.

마지는 헨리를 설득해 자기가 생각하는 대로 일생을 꾸려가기를 원했지만 실패로 돌아갔다. 하지만 헨리가 목적 없이 직장을 선택했다고 마지가 생각했다면 오산이었다. 헨리는 정치적으로 적극적인 노동자와 관련된 곳을 다시 찾았다. 근대 산업시대의 전형적인 작업장은 자동차공장의 조립라인이었다. 헨리는 린던Linden의 제너럴 모터스 자동차 조립공장에 취직했다. 그곳은 뉴욕에서 허드슨 강을 건너면 닿는 뉴저지 주에 있는 도시였고, 공장은 명성에 걸맞은 곳이었다.

나는 후면완충기, 안전용 클립harness clips, 발전기 전선generator wires이 설치된 자동조립라인에서 작업했다. 16분당 차 한 대를 조립하는 상황이었다. 노조 모임을 하면, 생산능률촉진speedup에 대해서 무엇인가 조치가 있어야 한다고 원성이 자자했다. 우리는 물을 먹으러 갈 시간조차 없었다. 사람들은 과로 때문에 불만을 제기했고 사측의 '성의 없는' 대응을 비난했다.[7]

이러한 상황에서 노조는 별로 쓸모가 없었다. 헨리는 기존 단체에 의존하지 않고 잘못을 바로잡는 여러 가지 방법이 있다는 사실을 배웠다.

쿼터 패널quarter panels 밑에서 작업을 하는 헝가리 친구 한 명이 있었죠. 그는 뛰어난 노동자였던 터라 차 내부에 들어가 못하는 일이 없었으며, 혼자서 공장 전체 기능을 정지시킬 만한 능력이 있었습니다. 불만이 있으면 본인이 일하는 작은 구역에 들어가 작동을 정지시키면 충분했거든요. 그러면 공장 전체가 기능이 마비됐죠. 이 친구는 노조 모임에 한 번도 참석하지 않았습니다. 그는 마치 노조가 없는 양,

[노동자가] 불만이 생기면 스스로 일을 시작해 제대로 바로잡으면 된다고 생각했죠. 이때 나는 조직에 속하지 않더라도 힘을 행사할 수 있다고 생각하게 되었습니다.

헨리는 1955년 초반에서 1956년 중반까지 조립라인에서 일했다. 조립라인에서 노동을 하느라 심신이 피폐해지는 것을 느꼈지만, 여전히 대부분의 노동자들보다 쉽게 일을 했다. 융자도 안 받았고 가족도 없던 헨리는 구태여 돈을 많이 벌 필요가 없었다. 휴식이 필요하고 일 말고 다른 게 하고 싶다고 진심으로 느껴졌을 때, 병원에 가서 처방전을 받고서 무급 휴가를 얻었다. 하지만 제너럴 모터스에서 일을 한 지 8개월이 지난 후, 헨리는 직업을 구하려면 대학을 졸업하는 게 낫겠다고 생각하게 되었다. 그는 1950년에 입학한 브루클린 대학으로 돌아가 학위를 마쳤다. 하지만 곧바로 졸업장을 사용한 것은 아니었다. 그는 한동안 벨뷰 병원Bellevue Hospital에서 미숙아 연구프로그램 보조연구원으로 야간 근무를 했고, 1959년 뉴욕시 복지과 사회연구원이 되었다. 이즈음 시민의 자유를 옹호하는 단체들civil liberties groups이 선원 블랙리스트 소송에서 승소한 덕분에 그는 배로 돌아갈 수 있었다.

흑인 시민권 운동 편에 서서

이 시기 내내 헨리는 꾸준히 노동자당과 관계했다. 비록 지부 모임은 의미가 없다고 생각해 나가지 않았지만 말이다. 그의 활동은 대부분 당기관지 《밀리턴트The Militant》에 기사를 쓰는 일이었다. 1955년 10월 어느 날 제너럴 모터스에서 휴가를 내고 인디애나의 뉴캐슬로 갔다. 인디애나 주지사가 주방위군을 요청해 계엄령을 선포하게 만든 파업을 취재할 목적이었다. 《밀리턴트》는 헨리의 기사를 1면으로 뽑았고, 필명을 헨리 히타노Henry Gitano('집시'를 뜻하는 스페인어)로 했다. 자신이 노동자당의 당원이란 사실을 밝히지 않는 게 신중한 처사라고 생각했기 때문이다.[8]

1955년 12월, 앨라배마 몽고메리 출신인 중년의 아프리카계 미국인 로자 파크스Rosa Parks는 흑인전용 좌석에 앉으라는 버스기사의 명령을 들었다. 하지만 그녀는 거부했다. 법을 어겼다는 이유로 그녀가 체포됐을 때 몽고메리에 사는 흑인들은 승차거부 운동을 벌였다. 다섯 달 후 플로리다 탤러해시에 사는 흑인들 역시 버스의 인종차별 좌석을 거론하며 거부운동에 돌입했다. 젊은 흑인 여성 두 명이 인종차별적 법률이 요구하는 대로 백인들에게 좌석을 양보하지 않고 요금을 환불해달라고 했다는 이유로 체포된 이후에 벌어진 사건이었다.

1956년 6월 헨리는 무슨 일이 일어났는지 직접 보기 위해 몽고메리와 탤러해시로 갔다. 승차거부 운동이 발생한 지 며칠이 지난 후 탤러해시에 도착한 헨리는 대중 집회에 참석했다. 천 명이 넘는 사람들이 "요금을 지불하면 어디든 원하는 자리에 앉을 수 있다"를 연호했던 탓에 건물 내부는 흥분의 도가니였다. 헨리는 몽고메리에서 열린 비슷한 집회에서 몽고메리 개선협회Montgomery Improvement Association의 젊은 지도자의 연설을 들었다. 젊은 마틴 루서 킹Martin Luther King Jr. 목사는 열광하는 청중에게 이렇게 말했다. "우리는 1급 시민권을 얻기 위해 오랫동안 분투했습니다. 아무것도 우리를 막을 수 없을 겁니다." 천여 명의 목소리가 응답했다. "아무것도, 아무것도."[9] 킹 목사는 헨리에게 말했다. "몽고메리 개선협회의 사상은 널리 퍼질 겁니다. 흑인들이 스스로를 존중하기 위해서 하나로 조직될 수 있다는 사실을 증명했기 때문이죠."

헨리가 뉴캐슬 지역의 파업을 취재한 후 뉴욕으로 돌아왔을 때 누군가 그에게 물었다. "그 사람들이 뭐라고 했죠?" 헨리는 이 말을 듣고서 훌륭한 기자의 과업은 양쪽이 내놓는 공식 입장을 전하는 게 아니라는 것을 깨달았다. 사건에 관련된 사람들이 무엇 때문에 행동에 나섰는지, 무슨 이유 때문에 그렇게 행동을 하는지, 행동을 하면서 어떻게 느끼는지 찾아내기 위해서 그들의 목소리를 경청하는 것이란 사실을 깨달았던 것이다. 이제 헨리는 배운 것을 실천에 옮겼다. 탤러해시에서 그는 상호시민회의Inter-Civic Council의 대표자 스틸 목사Reverend C. K. Steele와 이야기를 나누었다. 이 단체는 버스 승차거부 운동을 하기 위해서 조직되었다. 스틸이 그에게 말했던 내용은 다음과 같다. 백인들이 항의운동의 지도자라고 생각했던 일부 사람들은 버스의 인종차별적 서비스 철폐를 명확하게 요구하지 못했던 게 사실이지만, 대중 집회는 정확히 차별 종식을 요구했다는 것이다. 헨리는 관련된 사람들이 사건을 어떻게 느꼈는지, 그들이 무엇을 했는지 그들의 목소리를 직접 듣고 싶었다. 1956년 12월 작성한 기사에서 그는 일을 끝마치고 두 시간 동안 걸어서 귀가한 가정부의 말을 인용했다. 당시는 탤러해시 흑인들이 7개월 동안 버스 승차거부를 하고 있던 와중이었다. "나는 흔들림 없이 앞으로 걸었죠. 정거장 다음에 나오는 언덕이 가장 힘들었어요. 속으로 작게 노래를 불렀고, 계속 걸었을 뿐이죠."

뚱뚱한 체구의 또 한 명의 여자는 이렇게 말했다. "행동에 참여한 첫날 내 발은 몸만큼 커져서 무척 피곤했어요. 발목은 걷기 시작할 때부터 부풀어 올랐죠. 세상이 좋아질 때까지 계속 걸을 생각이에요……. 저는 무척 잘 걷거든요. 5월 28일 이후 버스에 오른 적이 단 한 번도 없어요."[10]

헨리는 사는 내내 밑바닥 인생을 전전했던 사람들이 무엇인가 새로운 사건이 발생할 것이라고 믿는 태도 때문에 감동을 받았다. 공개 석상에서 한 번도 말해본 적이 없던 사람들이 교회 모임에서 일어섰고, 타인과 이야기를 나누었고, 사람들이 자신의 이야기를 경청하는 모습에 고무됐다. 아프리카계 미국인들 전 세대가 교양 계층이 되어 새로운 기회가 오기를 열렬히 기대했다. 그들이 조금이나마 세상을 흔들기 전까지는 한 번도 일어난 적이 없던 일이었다. 이제 그들은 세상이 바뀔 수 있다고 장대한 희망을 품었다.

몽고메리 버스 승차거부 운동은 전국의 이목을 끌었고 미국 곳곳에서 인종차별을 반대하는 사람들의 지원을 받았지만, 탤러해시 승차거부 운동은 그렇게 중요한 소식이 아니었다. 운동을 조직한 사람들은 돈이 거의 없었다. 헨리는 뉴욕으로 돌아가 자기가 도울 만한 일을 찾았다. 이즈음 그는 스틸 목사가 보낸 편지를 받았다. 여기에는 헨리가 '상호시민회의의 친구'이며 "귀하와 귀하의 단체는 탤러해시의 흑인들이 동등한 버스 승차 권리를 보장받기 위해서 노력하는 모습을 전달할 권리가 있습니다"라고 적혀 있었다. 편지는 또한 상호시민회의 재정 문제를 도와달라는 취지에서 헨리에게 권한은 주지만, 기부금은 플로리다의 단체에 직접 편지로 전해주면 좋겠다고 요청했다. 1957년 5월 헨리는 이 편지를 소개장으로 활용하여 전미흑인지위향상협회National Association for the Advancement of Colored People(흑인지위협회) 브루클린 지부 노동산업위원회Labor and Industry Committee가 후원하는 자유기금만찬회Freedom Fund Dinner에서 연설을 했다. 위원회의 설립 목적은 노조운동과 흑인지위협회의 관계를 가깝게 하는 것이었다. 헨리는 탤러해시에 기금을 보내기 위해서 노조의 임원과 시민권리 단체를 설득했고, 노조운동이 인종차별에 맞서는 운동을 더 많이 지원하도록 열심히 노력했다. 헨리가 탤러해시 승차거부 운동을 주제로 썼던 기사들은 대부분 기부금 연락처를 첨부하며 끝을 냈다.

이러는 가운데 남부에서 사건이 발생했다. 인종차별주의자가 자신의 권리를 위해서 일어선 흑인을 폭행했지만, 주 경찰이 수수방관했던 것이다. 시민권 운동을 선도하는 지도자들은 연방정부의 개입과 법률 강화를 촉구했다. 아이젠하워 행정부가 수수방관하자, 시민권 운동은 워싱턴까지 '기도순례'를 하기로 결정했다. 헨리는 《밀리턴트》의 기사를 통해서 노조의 조합원들을 조직해 이 첫 번째 워싱턴 대중 집회를 지원했다. 1957년 5월 17일, 미국 곳곳에서 2만 7,000여 명으로 추산되는 사람들이 철도침대차 사환 노동조합Brotherhood of Sleeping Car Porters의 필립 랜돌프 의장, 흑인지위협회의 노련한 지도자인 로이 윌킨스 등과 함께 마틴 루서 킹의 연설을 듣기 위해서 몰려들었다. 헨리는 뉴욕의 각종 조합들이 전세를 낸 '자유의 기차'에 탑승했다.

분위기는 흥겨웠다. 영가, 칼립소, 멕시코 연가 등이 기차 칸을 달구었다. 나는 65번 지구[도소매 백화점 노동조합 뉴욕지부] 조합원에게 활발한 분위기에 대해서 물었다. "모두가 자기 일을 즐겁게 하고 있어요. 다 진심에서 우러나오는 행동이죠. 아주 옛날부터 그렇게 했던 게 확실해요. 미국 전역에서 똑같은 투쟁을 하고 있죠."[11]

이후 몇 년 동안 헨리는 여러 가지 활동에 개입하면서 시민권 투쟁과 꾸준히 관계를 이어갔다. 1963년 그는 아프리카계 미국인 유권자 등록 운동을 보도하기 위해서 미시시피에 갔다. 그 당시 현장의 분위기는 달라진 상태였다. 지역의 아프리카계 미국인들은 더 이상 혼자가 아니었다. 그곳에는 '운동'이라고밖에 설명할 수 없는 분위기가 흘러넘쳤다. 흑백 양쪽의 젊은 활동가들이 주축을 이루었고, 그들은 인종 평등을 위해서 활동이 필요한 곳이라면 어디든 찾아갔던 인종평등회의Congress of Racial Equality와 학생비폭력조정위원회Student Non-Violent Coordinating Committee(학생위) 같은 단체의 회원이었다. 미시시피 캔턴의 유권자등록본부에서 헨리는 활동가 한 명에게 말을 건넸다.

젊은 여성 바바라 톰킨스는 단호하고 용감한 눈빛을 보이며 말했다. "이야기를 어떻게 풀어갈지 당신에게 말해줄게요. 이곳은 원래 당구장이었죠. 흑인들이 이곳을 오락실로 사용할 때까지는 안전했어요. 우리가 유권자등록소로 사용하기 시작하자, 이곳은 만신창이가 되었죠."

매디슨 카운티는 흑인이 2만 9,630명이고 백인이 9,267명이 살았지만 흑인들은 300명밖에 유권자 등록을 하지 않은 곳이었다. 이 지역 경찰은 남부의 가장 귀중한 헌법의 권리라고 간주되는 것들을 엄격하게 방어했다. 그들은 지역 주민의 76퍼센트를 차지하는 흑인을 겁박하고 폭행했다.[12]

다른 기사에서 헨리는 미시시피의 르플로어 카운티에서 남부 백인들이 흑인들에게 자행했던 공포정치의 연대기를 기술했다. 그는 백인의 흑인 폭행을 경찰이 묵과하고 지역 경찰의 흑인 폭행을 미국 연방수사국 요원이 묵살하는 사태를 설명했다. 헨리는 어느 소작인의 말을 인용했다. 14명의 자식을 둔 소작인은 13년간 일을 했던 농장에서 쫓겨났다. 유권자 등록을 취소하지 않았다는 게 이유였다. 그리고 헨리는 마을의 흑인구역에 들어갈 때, 경찰이 어떻게 그를 막아 세웠는지 다음과 같이 설명했다.

경찰은 내 신분증을 요구했다. 내가 언제 어떻게 마을에 들어왔는지, 내가 학생위 소속이거나…… 흑인협회와 관계가 있는지 질문했다.

나는 기자라고 설명했다. 내가 백인이나 흑인의 간행물을 위해서 기사를 쓸 예정인지, 거처는 어디인지, 어떤 방에 있는지 계속 물었다. 나는 무엇인가 오류가 있는 게 틀림없다고 생각했고 순진하게 반복했다. "방은 왜요?" 경찰은 간결하게 대답했다. "아, 당신에게 무슨 일이 생길지 몰라서 말이죠."[13]

이 기사는 청년연수회를 설명하면서 끝을 냈다. 참석했던 사람들은 몇 년 동안 공립학교를 다니면서 배웠던 것보다 한 주 동안 배운 게 훨씬 많았다고 고백했다.

청년들이 토론을 할 때는 지성을 모조리 동원했으며, 그들이 노래를 할 때는 가슴속 깊이 심금을 울렸다. 학생들은 흑인의 오래된 영가를 불렀다. "오오 자유여, 오오 나를 감싸는 자유여, 예전에 나는 노예였지, 나는 곧 무덤에 묻힐 거야, 그리고 주님의 품으로 돌아가 자유를 얻겠지." 우리가 이웃들의 손을 움켜잡았을 때, 모임은 다음을 말하며 끝이 났다. "진심으로 나는 믿습니다. 언젠가 우리는 이겨낼 것이라고."[14]

1964년 여름 헨리는 세인트 어거스틴에 갔다. 그곳은 플로리다 해변에 있는 도시로 아프리카계 미국인들이 식당, 모텔, 해변에서 자행되는 인종차별을 폐지하려고 노력하는 지역이었다. 그들은 경찰의 비호를 받는 KKK Ku Klux Klan의 공포통치에 시달렸다. 헨리의 세인트 어거스틴 첫인상은 밝지 않았다.

> 버스에서 내려서 친절해 보이는 백인 청년에게 마을 중심가로 가는 길을 물었다. 낯선 사람을 본 그는 오만상을 찌푸리며 험악하게 대답했다. "뭐하려고 거기를 가는데? 당신, 유대인 아니야? 그렇다면, 광장에 절대 가지도 못할걸."[15]

헨리는 직접행동에 나선 아프리카계 미국인들과 그들을 지원하기 위해서 미국 곳곳에서 당도한 백인 자유의 투사들과 말을 나누었다. 현 상태를 옹호하는 백인의 말도 들었는데, 그는 인종차별을 하는 모텔 관리자로서 '외부의 선동가'가 일으키는 분쟁을 모조리 비난했다. 기존에 유지하던 인종 간의 '조화로운 관계'를 혼란에 빠트렸다는 것이다. 또 헨리는 "새까만 원숭이를 죽여라" 같은 고성을 온몸으로 맞이하며 행진하는 시민권 활동가를 관찰했고, 행진하는 사람들이 모욕을 받는데도 가만히 방관하는 경찰을 보았다.

누군가 열네 살짜리 흑인 소녀에게 황산을 퍼부었고, 행진하는 사람들 가운데 여럿이 폭행을 당했다. (……) 어느 인종차별주의자는 행진하는 백인 한 명을 끌어내리려고 했지만, 행진을 지도하는 흑인 한 명이 자기 몸을 던져 막아냈다. 그 흑인은 체포됐다.[16]

연방수사국을 파헤치다

1950년대 연방수사국은 미국 사회의 확고부동한 기둥처럼 보였다. 연방수사국을 비판하면, 특히 수사국 국장인 에드거 후버를 문제 삼으면 즉시 충성심을 의심받게 되었다. 《뉴욕 포스트New York Post》(보수적인 상업신문─옮긴이)가 불안했던 나머지 사설에서 다음과 같이 말할 정도였다. "연방수사국의 후버 국장을 공개적으로 비판하는 것이 반역의 증거로 간주될 수 있는가 하는 게 쟁점이다."[17]

연방수사국은 모든 곳에 더듬이를 세웠다. 모든 좌파 집단에 침투했다. 노동자당 당원들 사이에는 이런 농담이 돌았다. "당원들 가운데 수사국 요원이 누구인지 어떻게 확인할 수 있을까요?" "회의할 때 안 자고 있는 사람이죠." 연방수사국은 모든 사람을 사찰하고 있었기 때문에, 헨리는 후버와 연방수사국을 어느 정도 조사해보고 이 주제로 《밀리턴트》에 연재기사를 쓰기로 작정했다. 나중에 본인의 전매특허로 자리 잡는 철저함을 발휘하며 헨리는 기사를 쓰기 전까지 자료 수집에 대략 6개월을 투여했다. 그는 폭넓게 읽었으며 연방수사국에 관련된 부정적인 증거를 갖고 있는 사람이면 누구와도 대화했다. 그는 시민권 투쟁을 하는 흑인 조직 간부를 만나 연방수사국이 흑인들의 권리를 부정하면서 인종차별주의자를 어떻게 지원했는지 샅샅이 기록했다.

《밀리턴트》는 1958년 12월 8일 연방수사국 연재기사를 싣기 시작했다. 제목은 '에드거 후버, 사상경찰의 우두머리'였다. 연재물의 주제는 첫 번째 연재기사의 서두에 자세하게 서술됐다.

> 연방수사국의 공개적인 '폭력배 소탕' 활동은 본연의 기능을 감추는 장막으로 기능한다. 연방수사국의 본모습은 프락치와 위증자를 이용하고 수백만 건의 범행과 서류를 날조하여 위기에 처한 사회질서에 해로울 가능성이 있는 생각을 모조리 정치적으로 사찰하는 것이다.

이 기사는 후버의 서류를 분석하고 그의 이력을 1919년까지 추적하여 이 테제를 입증한다. 그 시기는 후버가 새롭게 신설된 일반정보부General Intelligence Division의 부장이 되었던 때였고, 그곳은 급진주의자를 조사하기 위해서 조직된 기관이었다.

이 기획기사는 1959년 6월 총 12회를 연재하고 끝이 났다. 두 번째 기사는 연방수사국이 범죄 활동과 전혀 무관한 미국인들을 꾸준히 감찰하여 축적한 막대한 자료를 설명했다. 세 번째 기사는 연방수사국의 정보원이 백악관까지 침투했다는 사실을 보여주며, 그들의 주장 가운데 몇 가지는 부당하다고 지적한다(예를 들어, 정보원 한 명은 《뉴욕타임스》의 일요판 담당자 가운데 126명이 공산주의자라고 주장했다. 일요판을 담당하는 직원의 수는 90명에 불과했지만 말이다). 네 번째 기사는 무모하게 연방수사국을 비판했던 소수의 사람들이 어떠한 비방을 당했는지 기록한다. 헨리는 자신에게 닥쳐올 위험을 잘 알고 있었다.

다섯 번째 연재기사는 기발한 조사기법을 따랐다. 1959년 1월 헨리는 연방수사국 본부가 진행하는 견학에 참여했다. 헨리는 다른 참가자 집단과 함께 연방수사국의 여러 가지 '기념물'을 보았다. 여기에는 존 딜린저John Dillinger(미국의 전설적인 은행강도―옮긴이)가 궁지에 몰려 수사국 요원의 총에 맞아 죽은 날 피웠던 담배도 있었다. 혈흔을 검사하는 실험실과 6층짜리 신원확인관Identification Building도 견학했다. 이곳은 한 구역을 완전히 차지했고, 그 당시 1억 5,096만 5,472개의 지문을 보유하고 있었다. 견학 집단은 '연방수사국 이야기'라고 적힌 작은 책을 받았다. 그 책은 요원들의 영웅적인 업적을 집중적으로 다루고 있었다.

> 악명 높은 범죄자와 총싸움을 하다가 치명적인 부상을 입은…… 요원이 수술대 위에서 의식을 되찾았다. (……) 그는 범죄자가 현장에서 사망했다는 말을 듣고서 숨을 거두는 순간 중얼거렸다. "하나님이 그의 영혼을 가엾이 여기셨으면."

하지만 질의 시간이 됐을 때, 헨리가 관심을 보인 문제는 (본인이 직접 목격한) 연방수사국이 남부에서 보인 행태였지, 요원들의 용기가 아니었다. 헨리가 그날 질문했던 문제들에 대해서는 두 가지 설명이 존재한다. 첫 번째 간결한 설명은 헨리의 《밀리턴트》의 후속 기사에 나온다.

> 나는 흑인을 겨냥한 범죄가 기승을 부렸던 남부에서 연방수사국이 보여준 행적에 대해서 안내원에게 묻기로 결심했다. "연방수사국은 남부에서 활동하는 유괴범, 방화범, 폭파범을 어째서 잡지 않습니까?"
> 안내원은 이 질문에 대비라도 한 것처럼 다음과 같이 말했다. "연방수사국의 소관이 아닐 겁니다."

나는 그와 토론을 벌였다. "누군가 인간의 존엄을 표명하거나 옹호한다는 이유로 살해당하면 연방헌법에 따른 인간의 자유가 심각하게 침해받은 게 아닐까요?" 이렇게 질문하자 연방수사국 대변인은 당황했다. "그럴 테지요. 연방수사국은 자유를 위해서 활동하지만, 존재를 노출하지는 않습니다."

(남부에서 공포가 횡행하던 시절의 관점에서 보자면, 연방수사국은 완벽히 무능하거나 별 관심이 없다는 게 진실일 것이다. 점점 더 많은 사람들이 이해하기 시작하는 것처럼, 연방수사국의 참된 모습은 정치경찰로서 미국의 중대한 사업을 하는 것이리라.)[18]

두 번째 설명은 연방수사국이 헨리에 대해서 작성한 기록에 나온다. 헨리는 나중에 정보공개법에 따라 이 자료를 입수했다. 견학했던 날을 기록한 4쪽짜리 보고서는 헨리와 이름을 지운 특별수사관이 질의하고 응답한 내용을 요약해놓았다. 헨리는 연방수사국이 무엇 때문에 남부에서 자행되는 폭탄 투척과 유괴 행태를 조사하지 않는지 질문하기 시작했다. 특별수사관은 헨리에게 정체가 무엇인지 질문했고, "[스피라는] 자기는 신뢰할 만한 일을 하고 있으며, 누군가를 위해서 일하는 '취재기자'라고 말했다". 수사관은 이 문제로 헨리를 압박했지만, "그는 자기가 누구를 위해서 일하는지 밝히지 않았고, 이 때문에 매우 신중하게 처리했다". 하지만 헨리는 수사국에 대해서 한 가지 흥미로운 사항을 말했다.

> [이름이 삭제된 요원이] 스피라를 범죄기록실로 안내했을 때 그는 실제로 다음과 같이 말했다. "나는 후버에게 한 가지 알려줄 게 있습니다. 수사국 직원들은 아래층 구내식당과 길 건너 식당 '하이보이'에 모여서 업무를 논의하죠." 스피라는 [이름이 삭제된 요원에게] 오늘 아침 자기가 '하이보이'에 있었다고 말했다.

이 지점에서 누군가 보고서에 손으로 메모를 했다. "우리는 이 문제를 신중하게 논의해야 합니다." 그다음에는 다른 글씨가 적혀 있었다. "알겠습니다. H." 이어지는 메모는 후버의 승인이 떨어졌다는 것을 확증한다. 이 보고서는 헨리에 관련된 정보를 다음과 같이 짤막하게 요약하며 끝냈다. 헨리는 사회주의노동자당의 당원으로서 연방수사국의 보안자료 목록에 일찍감치 접근했으며, 헨리 히타노라는 필명으로 《밀리턴트》에 연방수사국의 동태를 조사한 기획기사를 연재했다는 것이다.

보고서 말미에 누군가 또 다른 필체로 자신의 의견을 남겨놓았다.

나는 그런 식으로 제기된 질문에 답하는 것은 시간을 낭비하는 일이며 연방수사국의 위신을 깎는 일이라고 생각한다. 질문한 사람이 누구인지 우리가 알지 못한다고 하더라도 말이다. 그 같은 쓸데없는 소리dribble를 들을 만한 시간이 없다고 무뚝뚝하게 응대하며, '연방수사국 이야기'만 언급해도 충분했을 것이다. H.[19]

《밀리턴트》의 독자가 매우 적기는 했지만—연방수사국의 내부 메모에 따르면 구독자가 785명에 불과했다[20]—후버와 연방수사국을 대담하게 공격했다는 사실 때문에 전국에 유명한 특약 칼럼니스트 월터 윈첼을 분노하게 만들었다. 발행인 난에 '세상에서 가장 큰 가톨릭 잡지'라고 의기양양하게 선포한 콜럼버스 기사단Knights of Columbus(로마가톨릭 우애공제회)의 월간지 《컬럼비아Columbia》에서 제임스 코니프는 다음과 같이 질문했다. "연방수사국을 중상모략하는 행위의 배후에 무엇이 있는가." 코니프는 '비밀요원G-men'과 후버를 인간의 품위와 건전한 민주주의를 지키는 초석이라고 설명하면서, 지난 수년 동안 그들은 "전례가 없는 적대적 행위에 대처했다"고 말했다. "당황하고 성날 수밖에 없는 성실한 평균적 미국인의 질문은 딱 한 가지다. 왜 그래야 하는가? 실수를 범하지 말자. 답은 하나밖에 없다. 바로 그게 모스크바가 원하는

것이다."²¹ 노스 다코타 주 상원의원 칼 문트는 코니프의 기사를 연방의회 의사록에 실었다.²²

헨리의 연재기사가 주목을 받게 되자 그가 발굴했을 뿐만 아니라 기사의 근거로 활용했던 상당수 자료를 《뉴욕포스트》가 채택했다. 헨리는 다른 사람이 자신의 작업을 활용해도 개의치 않았다. 오히려 그는 기뻐했다. 자신의 기사가 협소하기 짝이 없는 노동자당의 사회를 넘어서 파급됐기 때문이다.

연재기사의 또 한 가지 결과는 헨리에 관련된 연방수사국의 서류가 두꺼워졌다는 것이다. 서류의 끝에는 1958년 12월 17일로 기록된 메모가 붙어 있었다. 그곳에 익명의 정보원은 연방수사국의 서류를 조사한 두 번째 연재기사의 면면을 보고한다. 메모는 아이러니라고는 눈곱만큼도 드러내지 않고서 기사의 첫 구절을 인용한다.

> 연방수사국의 가장 강력한 무기인 동시에 주요한 활동은 범죄를 한 번도 저질러본 적이 없는 사람들의 정보를 (명예훼손을 일삼고 인가되지 않은 방식으로) 수집하고 기록하는 일이다. 연방수사국이 수행하는 대부분의 활동은 끄나풀, 익명의 기고자, 문서정리원이 수행한다. 비밀서류는 다듬지 않은 자료로서 공갈과 협박을 통해서 미국 시민의 사상을 통제할 때 필요한 것이다.

이 서류에는 다음과 같은 내용도 들어갔다.

<u>업무 메모</u>

날짜: 1959년 2월 11일

수신자: 연방수사국 국장

송신자: 뉴욕의 SAC[담당 비밀요원Special Agent in Charge]

감시 대상자의 활동과 근무 상태를 측정하기 위한 방편으로 [이름이 지워진] 비밀요원과 [이름이 지워진] 비밀요원은 1959년 1월 16일, 19일, 20일, 31일, 2월 5일 다양한 시간 동안 그를 거주지에서 감시했다. [이름이 지워진] 비밀요원은 저녁 12시 15분경 거주지에서 가까운 지역에서 장을 보고 12시 45분경 거주지로 돌아온 감시 대상자를 관찰했다. 감시 대상자는 감시가 꾸준했던 다른 날에는 관찰되지 않았다.

1959년 6월 2일 아침 8시 35분경 [이름이 지워진] 비밀요원과 [이름이 지워진] 비밀요원은 거주지에서 나와 뉴욕시 14번가에 정차한 시내버스에 신속하게 오르는 감시 대상자를 관찰했다. 감시 대상자가 버스에 탔을 때 요원도 같이 탔다. 뉴욕시 유니온 스퀘어 14번가에서 감시 대상자는 버스에서 내려 다시 한 번 쏜살같이 근처 지하철 입구로 들어가 주택가 정류장으로 향했다. 이때 그는 지하철에서 하차하는 군중 틈으로 사라져버렸다.

이렇게 묘사하면 헨리가 주도면밀하게 요원의 감시를 피하려고 한 것처럼 보이지만, 이 당시 그는 자기가 사찰 받고 있는지 전혀 몰랐으며, '쏜살같은 속도'는 평상시 그의 급한 면모 그대로였다.

1959년 2월 20일, 연방수사국 뉴욕지부에서 보낸 메모는 헨리가 작성한 기사가 '중상모략'이라고 언급하며 "수사국은 이 건의 조사를 강화할 필요가 있다"고 적어놓았다. 3월 2일, 뉴욕지부는 감시 대상의 거주지인 뉴욕시 188번지에 익명의 정보원을 심어놓을 생각도 했다고 보고한다. ('익명의 정보원'이란 용어는 헨리의 활동을 보고했던 인물과 도청기 설치 두 가지를 망라한다.) 연방수사국은 다음과 같이 판단했다. "그 같은 정보원을 깔았을 때 기대되는 생산적인 정보보다 불이익이 훨씬 상회했다." 연방수사국을 조사하고 관련된 기사를 쓰면서 헨리는 면밀하게 조사하다보면 거대한 기관의 진술과 행태들 사이에서 내부의 모순을 파헤칠 수도 있다는 사실을 배웠다. 그는 여기서 얻은 교훈을 여러 다른 상황에서 훌륭하게 활용하게 되었다.

쿠바혁명을 지지하다

1959년, 피델 카스트로Fidel Castro와 그를 따르는 집단은 쿠바의 부패한 독재자 풀헨시오 바티스타Fulgencio Batista를 몰아냈다. 처음에 대부분의 관찰자들은 카스트로의 승리가 라틴아메리카의 독재자 한 명이 교체된 것뿐이라고 생각했다. 너무나 많은 자칭 '혁명가들'은 토지개혁과 부의 재분배를 전면적으로 약속했지만 정작 권력 장악에 성공한 후에는 오로지 자기들한테만 부를 재분배했을 따름이었다. 미국의 좌파조차 카스트로가 일으킨 변화가 참된 사회혁명에 해당된다는 사실을 더디게 깨달았다. 노동자당 당원인 베르타 그린은 그때를 회고하며 이렇게 말했다. "사회주의노동자당의 수많은 사람들은 쿠바혁명이 모험적인 사건이라고 생각했고, 각종 탁상공론이 왔다 갔다 했지만, 도와줄 일은 결코 아니라고 보았죠."[23]

카스트로가 승리하고 몇 달 동안 헨리는 쿠바에 관련해 들은 게 별로 없었지만 무엇인가 흥미로운 사건이 발생했다고 생각했다. 선원으로 근무하며 몇 주 동안 체류할 비용을 충분히 마련하자마자 그는 아바나행 비행기표를 구입했다. 1959년 11월 도착한 그는 국립농지개혁청National Institute for Agrarian Reform 사무실에 가서 어떠한 토지개혁이 진행되고 있는지 알고 싶다고 사무실 사람들에게 말했다. 농지개혁청은 스페인어를 하는 미국인 조력자를 우연치 않게 발견해 기뻐

했으며, 외국에서 편지가 오면 표준 영어로 답장하는 일을 맡겼다. 일이 끝났을 때 그들은 비용을 지불했지만 헨리는 거절했다. 대신 자유롭게 여행하며 농지개혁 과정을 관찰할 수 있도록 증서를 발급해주면 좋겠다고 말했다. 그들은 헨리의 성분이 훌륭하며 환영받아 마땅한 사람이라는 내용의 증서를 발급했고, 여러 차례 소인을 찍어 두드러지게 만들었다. 헨리는 원하는 곳이라면 어디든 갔으며 호텔이 없는 지역에 갔을 때는 육군 막사나 개혁청 지방사무소에 머물렀다.

그때부터 7주 동안 헨리는 10여 년 동안 억눌렸던 희망과 활력이 가슴에서 가열차게 샘솟는 것을 느꼈다. 헨리가 썼던 기사는 혁명의 에너지가 넘치던 초기 시기를 반영했다. 미국의 적대적 행태 때문에 어쩔 수 없이 카스트로가 소련의 품으로 들어가고, 반대 세력을 억누를 수밖에 없었던 시절이 아니었다. 《영 소셜리스트Young Socialist》에서 헨리는 농업 노동자, 지역 농부, 트랙터 운전사, 정부 전문가가 농장을 운영하기 위해서 합심하여 작업하는 모습을 다루었다. 제목은 '나는 민중이 주도하는 쿠바를 보았다'였다. 그곳은 예전에 외국인 고용주의 명령에 따라 일을 하던 곳이었다. 헨리는 도로와 학교를 짓는 군인을, 민중이 꼭두각시처럼 행동하는 것을 바라지 않았기 때문에 경례를 하지 않는 군대를, 학교로 바뀐 요새를, 새로운 주택건설 계획을, 집값과 전기료 할인을, 신문 노동자가 관리하는 자유언론을 이야기했다. 그곳에는 지도자를 숭배하는 분위기가 일절 없었다. "지금의 혁명 쿠바에서 살아 있는 지도자들에게 헌정하는 조각상은 금지되며, 그들의 사진은 공공건물에서 승인되지 않는다."[24]

《인터내셔널 소셜리스트 리뷰International Socialist Review》에 실린 '쿠바혁명의 첫해'에서 헨리는 쿠바의 공산당을 가차 없이 비판한 적도 있다. 바티스타 정권을 지원했기 때문에 신뢰하기 어려우며 현재 진행되는 노동자 농민 대중운동에 적합하지 않다고 말했다. 헨리는 이제 막 국립은행의 수장으로 임명된 체 게바라Che Guevara의 말을 인용했다(헨리는 게바라가 여전히 알려져 있지 않았던 탓에 그가 쿠바의 핵심 지도층이라는 사실을 독자에게 일러줄 필요가 있다고 느꼈다). "혁명정부는 경제적이고 정치적인 식민의 고리를 모조리 끊어냈다." 이 기사는 급속한 농지개혁 과정, 석유산업의 국유화, "미국의 백만장자들을 섬뜩할 정도로 안절부절 못하게 했던" 기타 혁명적 법령들을 설명한다.[25]

헨리의 기사는 진정한 혁명이 코앞에서 진행되고 있다는 사실을 미국의 좌파에게 일깨워주었다.[26] 하지만 카스트로가 여느 라틴아메리카의 독재자와 다르다는 사실을 좌파들만 깨달았던 것은 아니었다. 새로이 대통령으로 선출된 존 케네디John F. Kennedy는 공산주의에 단호하게 대처할 것이며, 쿠바의 새로운 체제를 무너뜨리기란 손가락 비틀기처럼 쉬운 일이라고 천명했다. 쿠바정권을 반대하는 선전 활동이 점점 거세지자, 헨리는 쿠바를 위한 공정활동위원회Fair Play for Cuba Committee(쿠바공정위)에 관여하며, 공정위 기관지에 기사를 쓰고 뉴욕사무소의 일을 도왔다. 원래부터 쿠바공정위는 좌파가 주축으로 만든 곳이 아니라 자유주의자가 구성한 단체였으며, 쿠바에서 과연 무슨 일이 발생했는지 진실을 알려주고 미국이 쿠바를 침공하고 쿠바 민중이 지지한 정권을 전복하는 것은 공정하지 못한 일이라고 진보적인 여론을 설득하는 게 목적이었다. 처음에 쿠바공정위의 성장은 느렸다. 기반이 탄탄한 정치조직과 연대하지 못했기 때문이다. 노동자당은 이 단체에 관심이 있었고, 베르타 그린은 공정위 뉴욕지부의 운영위원회 위원이 되었다. 그녀는 누구보다 유능한 조직가라는 것을 입증해 보였다. 쿠바공정위 설립자의 후원을 받으며 마침내 사회주의노동자당 전체를 동원하여 조직을 전국으로 확대 조직해냈기 때문이다. 6개월 만에 쿠바공정위는 7,000명의 회원을 확보했고, 미국의 주요 도시 곳곳에 27개의 '성인지부adult chapters'를 두었고, 40여 개의 학생위원회를 조직했다.

헨리는 쿠바혁명의 지지자들에 의해 공정위의 집행위원으로 추대됐지만, 이 제안을 거절했다. 대신 그는 뭍에 머물고 있을 때 공정위 사무소에서 잡일을 했으며 위원회 기관지를 위해서 기사를 작성했다. 1961년 4월 1일 헨리는 '침공 계획: 중앙정보부CIA는 쿠바 대항 음모를 어떻게 꾸미는가'라는 제목으로 과테말라에서 중앙정보부가 쿠바 망명자를 무장 지원했으며, 미국 공군의 지원을 받아 본토를 침공할 계획이라고 보도했다. 이 계획은 반군이 영토를 확보하여 임시정부를 선언하고, 카스트로와 싸우는 반군을 지원하는 반카스트로 정권을 유도하는 게 목적이었다. 하지만 헨리는 이 전술이 성공하려면 반군이 민중의 공감을 얻는 게 필수라는 사실도 지적했다. 카스트로와 이인자 체 게바라의 대중성을 생각하면 반카스트로 반군은 지지를 얻을 기회가 전무했다는 것이다.

딱 2주가 지난 후, 과테말라에서 중앙정보부의 훈련을 받은 반카스트로 반군은 미국의 공군과 해군의 지원을 받으며 피그 만에 상륙했다. 헨리는 즉시 한 장짜리 전단지를 작성해 사람들에게 다 함께 쿠바 침략에 반대하고 쿠바 민중이 자신의 미래를 결정할 권리를 옹호하자고 촉구했다. 하지만 항의할 필요가 별로 없었다. 카스트로에게 충성하는 쿠바 군대가 곧장 침략자들을 생포하거나 사살했기 때문이다.

이후 1~2년 동안 헨리는 미국의 쿠바 외교 정책을 끊임없이 반대하는 기사를 작성했지만[27] 카스트로가 소련식 모형을 추구하기 시작하고 점차 권위적인 통치자로 변모하자 쿠바를 지원하는 활동은 줄어들었고 결국에는 하지 않게 되었다.

정보기관의 감시를 받다

베르타 그린은 쿠바를 위한 공정활동위원회 뉴욕지부장뿐만 아니라 중앙조직 서기관 대리가 되었다. 이 같은 자리에 있었기 때문에 그녀는 연방수사국이 또다시 헨리에게 주목하는 사태에 책임이 있었다.

> 피그 만 침공 후 어느 날, 누군가 그들이 《뉴욕타임스》 전면광고를 하려고 만 달러를 준비했다고 말했어요. 아니나 다를까, 그들은 쇼핑백에 만 달러를 담고서 사무실에 찾아왔어요. 나는 사무실을 둘러보았고, 헨리는 내가 알고 있는 사람들 가운에 만 달러를 소지하고 은행에 보낼 만한 완벽하고 유일하게 믿을 만한 사람이었어요. 그리고 그는 그렇게 했죠.[28]

은행은 비정상적인 규모의 현금 거래를 연방수사국에 보고했다. 당시는 친 카스트로 선전 활동을 위해서 '쿠바의 돈Cuban gold'이 사용되고 있다는 소문이 돌았던 시대였고, 연방수사국은 별다른 증거 없이 이 돈이 쿠바정권에서 흘러나온 것이라고 의심했다. 사정이 그랬기 때문에 그런 돈을 받았더라면, 그 같은 성격의 기부금을 금지하는 등록법Registration Act을 위반하는 일이었을 것이다. 1961년 5월 19일 후버는 담당요원에게 다음과 같은 전언을 보냈다.

> 1946년부터 사회주의노동자당에서 적극적으로 활동했던 스피라가 협력했을 가능성이 없다는 게 확인되더라도, 수사국은 그가 강압적인 면담을 받고서 해로운 내용을 자백하거나 중요한 정보를 폭로할 가능성을 놓치지 말아야 한다고 생각합니다. (……) 귀하의 사무소는 감시 대상자가 예전에 수사국과 국장을 비판한 1958년 12월 《밀리턴트》의 3부작 기사에서 사례로 제시됐던 터라 일찌감치 노출된 상태입니다. 귀하가 제공한 추가 정보에 따르면 감시 대상자는 1959년 1월 2일 수사국 시설의 공개 견학에 참가했고, 이때 그는 연방수사국의 여러 가지 정책을 놓고서 안내자와 논쟁을 일으키며 수사국에 매우 적대적인 태도를 드러냈습니다. 이후 그는 《밀리턴트》 1959년 1월 12일판에 기사를 실어 우리의 견학을 조롱하려고 기도했고 오해를 살 만한 다수의 잘못된 진술을 했습니다.
> 이에 헨리의 이력을 잘 알고 있는 두 명의 노련한 요원을 동원해 헨리 면담을 명하는 바이오.

얼마 지나지 않아 헨리는 귀가하던 중 자기를 면담하기 위해서 기다리는 연방수사국 요원들을 만나게 되었다. 그는 요원들이 아파트에 들어오려고 하자 거절하고, 서면으로 요구하라고 말했다. 계단에서 그들은 등록법을 위반했다며 그를 협박하려고 했지만 공갈이란 것을 잘 알고 있었던 터라 하나도 말할 게 없다고 응수했다. 요원들은 포기했고, 어떤 혐의도 전혀 받지 않았다.

이러는 가운데 해군조사대Naval Investigative Service 역시 해상에서 근무하는 헨리를 주시했다. 1962년 8월부터 1964년 5월까지 해군 3관구Third Naval District 소속 정보국은 상선의 선원으로 근무하는 헨리의 행태를 기록한 네 편의 보고서를 연방수사국에 보냈다. 예를 들어 첫 번째 보고서는 헨리가 에스에스 아르헨티나SS Argentina 호에서 보조 전기기사로 근무한 사항을 전달했다. 이 배는 1962년 7월 18일 레이캬비크, 함메르페스트, 노스 케이프, 트롬세, 베르겐, 오슬로, 그디니아, 스톡홀름, 헬싱키, 레닌그라드, 코펜하겐, 사우스햄튼을 들른 후, 1962년 8월 21일 뉴욕에 귀항했다. 정보원 두 명은 첫째 에스에스 아르헨티나가 레이캬비크, 함메르페스트, 노스 케이프, 혹은 트롬세에 들렀을 때는 헨리가 배에 머물러 있었다고 기록했고, 둘째 다른 항구에 갔을 때는 뭍에 언제 갔고 배에 언제 돌아왔는지 일일이 보고했고, 셋째 "그가 뭍에서 무엇을 들고서 배에 왔는지 관찰되지 않았다" "누군가와 동행했는지 알려지지 않았다" 등등 기타 세부적인 사항까지 전달했다. 이 보고서는 다음과 같이 선상에서 엿보이는 헨리의 모습을 설명하기도 했다.

> 감시 대상자는 배에서 누구와도 친하게 지내지 않았던 '혼자 있기를 좋아하는 사람loner'이라고 묘사됐다. 심지어 같은 방을 쓰는 사람과도 가깝게 지내지 않았다. 그는 대부분의 선원들이 여가 시간을 보내기 위해서 모이는 선원식당에 거의 가지 않았다. 그는 자기 방에 있는 것을 좋아했. 그는 일을 잘했고 감독할 필요가 거의 없는 유능한 선원이었다. 정보원 한 명은 감시 대상자의 머리가 매우 좋다는 의견을 내놓았다. 그렇게 생각한 이유는 감시 대상자가 우연히 새로운 일을 배울 때도 매우 빨리 익혔던 것처럼 보였기 때문이다. 이 정보원은 감시 대상자가 지금보다 훌륭한 직업을 가질 만한 능력이 충분하다고 확신했다. 감시 대상자는 술도 담배도 결코 하지 않았다. 뭍에서 배로 돌아왔을 때 그가 술 종류를 입에 댄 흔적은 전혀 없었다.

이어지는 보고서들은 헨리의 다른 항해를 설명하며 다음과 같은 한결 일반적인 관찰사항을 기술했다.

그는 조용하며 타인과 어울리지 않으며 절친한 친구가 없지만 동료 선원들은 대개 그를 좋아했다. 일을 뛰어나게 잘했고, 교대로 일하던 선원들보다 동료 전기기사들이 그를 더 좋아했다. 정보원은 감시 대상자의 방에 들어갈 기회가 있었는데, 책이나 인쇄물 같은 것을 봤던 기억은 없었다. 정보원은 러시아의 선전물 몇 가지의 복사본을 전기기사 작업장과 선내 방송실 두 곳에서 발견했다. 그것들은 배가 레닌그라드를 떠난 후 누군가 가져온 것이었다. 정보원은 두 권의 책을 펼쳤는데, 하나는 양장본이었고 하나는 보급판이었다. 두 책의 저자는 모두 N. S. 후르시초프였지만, 스페인어로 되어 있었다. 감시 대상자는 선전물이 발견된 두 곳에 들어갈 기회가 있었지만, 그와 이 책들을 연결할 만한 단서는 하나도 찾지 못했다.

다른 보고서들 역시 헨리가 불순 활동을 했다는 증거를 찾아내지 못했다.

기니에서 발견한 삶

1965년 헨리는 병원선 에스에스 호프SS Hope에 결원이 생겼다는 소식을 들었다. 당시 배는 아프리카 서부에 소재한 기니의 수도 코나크리에 몇 달 동안 대기하고 있던 차였다. 기니는 예전에 프랑스의 식민지여서 프랑스어를 제2 언어로 사용했고 헨리는 프랑스어를 할 줄 알았다. 그래서 그는 거기서 시간을 보내면 재미있겠다고 생각했다. 해운회사 인력사무소 직원은 매우 사기를 떨어뜨리는 말을 했다. 헨리는 그가 다음과 같이 말했다고 기억한다. "기니에 대해서 말해주지. 만약에 세상을 관장灌腸시킬 생각이라면, 기니에 바늘을 꽂으면 충분할 거야." 하지만 헨리는 단념하지 않고 배에 타기 위해서 뛰어갔다. 그는 기니에 백인이 2,000명밖에 안 된다는 사실을 알게 되었고, 이 때문에 그는 곧장 엘리트 집단의 한 사람으로 간주됐다. 그는 영국인, 미국인, 러시아인, 체코인, 이스라엘인, 프랑스인 등 그곳에 사는 다양한 외국인 집단과 섞일 수 있었고, 운전사가 모는 리무진을 타고 어느 대사관이 주최하는 사교 모임에 참석하는 경우도 있었다. 그곳 테라스에는 바다에서 해가 지는 장면이 보였고 음료수가 비치되어 있었다. 영화를 상영하기도 했다. 쉬는 날이면 그는 자유롭게 장엄한 열대의 다우림 지역을 여행하거나 오지의 강 하나를 건너는 모험을 했다. 지금까지 한 번도 해보지 않던 생활이었고 즐겁다고 전혀 생각해본 적이 없던 생활양식이었다.

에스에스 호프는 미국의 자선기금을 받았으며 미국의 최신 의료절차에 따라 지역에서 활동하는 의료집단을 훈련시킬 목적으로 개발도상국을 방문했다. 한 곳의 보건전문가를 훈련시키면, 그들이 다른 지역 전문가를 가르치는 등 꼬리에 꼬리를 무는 성과를 내는 게 목적이었다. 적어도 표면적인 계획은 그랬지만, 헨리는 실제로 진행되는 과정을 보고서 급격히 마음이 차가워졌다. 우선 의료진은 프랑스어를 못했다. 게다가 의사들은 정글에서 활용 폭이 넓지 못한 복잡한 엑스레이 장치를 사용했다. 정글에서 전원장치는 작동하지 않을 때가 많았고, 예비 부품을 확보하는 것도 여의치 않았다. 제약회사가 세금 감면 혜택을 노리고 기부한 약품들은 유통기한이 훌쩍 지난 것들이라서, 의료진은 한쪽에다 한가득 쌓아놓기 일쑤였다. 의사들은 몇 주씩 자리를 비우며 기니를 관광했고, 간호사와 시시덕거리다가 아주 떠나버렸다. 하지만 의료진이 아프리카 아이들을 치료할 때도 있었다. 바로 미국문화정보국United States Information Agency(해외공보처) 소속 사진사가 그곳 활동을 기록할 때였다.

기니는 프랑스의 식민지 가운데 첫 번째로 독립한 국가였다. 독립을 이끌었던 세코 투레Sékou Touré의 지도에 따라 행정부는 고귀한 평등의 이상을 준수할 것이라고 선포했다. 기니는 새로운 국기와 국가를 선보였지만, 정작 프랑스의 식민 행정을 대체한 것은 공문서에 미친 듯이 도장만 찍어대는 기니의 관료였을 따름이다. 기니는 자기네 체제와 우호관계를 맺고자 하는 나라들의 원조를 받았다. 하지만 헨리가 5년 전

목격했던 쿠바와는 엄청난 차이를 보였다. 고무도장을 제외하고는 아무것도 작동하지 않았던 것이다. 수도에는 승강기가 달린 건물이 있었지만 사람들은 계단을 이용했다. 승강기가 늘 망가진 상태였기 때문이다. 현대식 냉장고도 설치됐다. 하지만 어떤 것도 차갑게 유지시키지 못했다. 기니 사람들은 독립을 얻었지만, 밑바닥 사람들은 전보다 전혀 나아진 게 없었다고 헨리는 생각했다.

헨리가 에스에스 호프 호에서 겪었던 경험은 이후에 전개된 인생에서 중요한 영향을 끼쳤다. 그는 아프리카의 여러 다른 곳에서 시간을 보냈던 미국인, 유럽인 교사들과 어울려 지내며 그들이 가르치며 살았던 지역들의 문화와 생활양식을 알아갔다. 그들은 흥미로운 사람들처럼 보였고, 헨리는 그렇게 살면 재미있겠다고 생각했다. 이 때문에 그는 교사를 해볼 생각을 했으며 실제로 직접 가르치는 일을 하게 되었다.

혼자 있는 게 더 좋은 사람

에스에스 아르헨티나 호에 승선한 밀정은 헨리가 혼자 있기를 좋아하는 사람이란 사실을 정확하게 설명했다. 그는 많은 사람들과 친절하고 상냥하게 지냈지만, 타인과 깊은 관계는 꺼려했다. 여자관계도 마찬가지여서, 그는 혼자서 독립된 생활을 선호했다. 헨리가 20여 년 동안 지속하며 가장 진지하게 유지했던 관계는 마이러 태너 와이스였다. 그녀는 사회주의노동자당의 저명인사였고 1952년, 1956년, 1960년 당부의장 후보로 올랐던 인사였다. 솔트레이크 시에서 태어난 그녀의 할아버지는 일부다처제가 폐지된 이후 몰몬교에서 나왔으며, 보험 판매로 크게 성공한 아버지는 나중에 로스앤젤레스로 이사했다. 마이러는 농업협동조합과 통조림 공장 노동자로 일하기 위해서 대학교를 중퇴했고, 1945년 로스앤젤레스 시장선거에 출마하여 그곳의 사회주의노동자당 설립에 한몫 거들었다. 헨리가 근무한 배가 로스앤젤레스에 입항하여 지역에서 활동하는 트로츠키주의자들과 접촉하고 있을 때 둘은 처음 만났다. 당시에 그는 열일곱 살이었고, 그녀는 스물일곱 살에 노동자당을 함께 설립한 머레이 와이스와 일찌감치 결혼한 상태였다. 예복 같은 것은 입지 않는 자유로운 분위기에서 결혼은 공개로 진행됐고, 머레이는 아내와 헨리의 관계를 잘 알고 있었다.

처음에 헨리는 로스앤젤레스에 정박한 배에 승선해 있을 때밖에 마이러를 볼 수 없었지만 1949년 그녀와 머레이가 뉴욕으로 이주하여 《밀리턴트》에서 머레이는 편집자로 마이러는 전속기자로 일을 하자 자주 만날 수 있었다. 《뉴욕타임스》에 따르면, 마이러는 "좌파 집단에서 멋쟁이로 통했다. 언제나 청순한 모습에 작고 매력적인 여성이었으며, 재봉업을 하는 남편 가족이 값비싼 소재로 만든 멋진 옷을 입고 다녔다."[29] 그녀는 전미트럭운전사조합 설립자 패럴 돕스Farrell Dobbs와 함께 입후보하며 연방정치계로 진출했지만 4만 표도 얻지 못했다. 마이러와 머레이는 1960년대에 사회주의노동자당에서 탈당했다. 이유는 민주주의의 이상을 위해서 만들어진 곳이 본분을 망각했다고 판단했기 때문이다. 하지만 그녀는 여전히 급진 정치운동에 관여했다. 헨리와 마이러는 1970년대 초반에 소원해졌다. 그들의 관계가 서먹해진 탓이었다. 헨리는 좌파운동이 의미가 없다고 생각했던 반면 그녀는 여전히 좌파의 한 분파에서 열심히 활동했고, 헨리가 동물운동에 점차 관심을 쏟았던 반면 그녀는 별달리 관심이 없었다. 그녀는 결국 캘리포니아로 돌아가 1997년 9월 그곳에서 사망했다.

어머니는 헨리가 군대에 있을 때 편지를 써서 그와 마이러가 어떤 관계인지 물어보았다.

> 너에게 어울리는 여자는 많아. 이게 잘못된 관계라고 말하는 것은 아니다. 네가 매우 좋아하는 그녀가 아주 괜찮은 여자라고 나는 확신한다. 하지만 완벽한 관계는 아니지. 세상에 완벽한 것은 없다고 하지만 말이야. 모든 게 상식에 어긋난다. (아니면 내 생각이 고루한 것일까?) 네가 나에게 확

신을 준다면, 기꺼이 생각을 바꾸겠다. 그게 너에게 온당한 처사일 게야. 그녀는 결혼한 사람이다. 네가 존경할 정도로 훌륭한 성품을 지닌 남자와 결혼을 했지. 그는 그 사실을 잘 알고 있고. 네가 말하는 것처럼 모든 게 잘될 거야. 간혹 네가 정말 그런지 의심할지라도 말이다. 다른 관계를 하나라도 망가트린다면, 그게 과연 네 인생에서 중요한 관계가 될 수 있을까?
결혼하면 좋겠느냐고 너는 내게 물었지. 나는 했으면 좋겠구나.

이렇게 조정했던 것은 헨리에게 알맞았던 것 같다. 모든 관계를 포괄할 수 없었기 때문이다. 어쨌든 그는 결혼을 원했던 어머니의 소원을 들어줄 생각조차 하지 않았다. 헨리가 남부에서 만났던 애인이 뉴욕에서 살 생각이라고 말하자, 그는 걱정을 쏟아내기 시작하며 관계를 끝장냈다. 헨리는 배에서 어느 여자와 사귈 기회가 또 한 번 있었고, 그들이 뉴욕으로 왔을 때 그녀는 같이 살기 위해 그의 집에 들어왔다. "나는 점차 덫에 빠진 것 같다는 생각이 들었고, 같이 사는 게 내게 맞지 않다고 판단했죠. (……) 그래서 나는 끝냈어요." 그는 여자를 사귀고 여자와 우정을 오랫동안 나눌 수는 있지만 같이 사는 것은 불가능하다고 생각했다. 아이들을 원하지 않는 것은 물론이었다. 아이들은 무척 많은 책임이 따른다고 헨리는 어머니에게 말했다.

똑같은 이유 때문에 헨리는 사회주의노동자당에 깊숙이 관련되지 않았던 것 같다. 베르타 그린은 헨리를 다음과 같이 설명했다. "그는 규율을 전혀 따르지 않았고, 모임에도 참석하지 않았어요. 그는 자기가 좋아하는 일은 별다른 불만 없이 매우 잘했어요."[30] 결국 헨리는 당 지도부와 합의하여 당 외부에서 작업하는 것으로 낙착을 보았다.

언젠가 헨리는 글을 발표할 곳이 있기 때문에 당에 있는 것이라고 베르타에게 설명했다. 헨리가 당을 떠난 중요한 요인도 《밀리턴트》 편집진과 충돌한 탓이었다. 헨리는 흑인 인권운동가 프레드 셔틀러스 목사에 대해서 원고를 썼는데, 편집자가 말도 없이 수정했던 것이다. 기사에서 헨리는 셔틀러스 목사를 플로리다 세인트 어거스틴에서 인종차별 폐지 투쟁을 열성적으로 하는 인물로 그렸다.

> 흑인운동의 중추였던 그는 사람들이 모여 있을 때마다 정말로 끊임없이 반유대적 표현을 드러냈습니다. 그래서 나는 매우 가볍게 관련된 내용을 한 문장으로 던졌고, 그들은 그 문장을 빼고서 기사를 실었죠. "자, 문장을 빼거나 기사를 빼거나 둘 중 하나죠." 그들이 그렇게 말했다면 나는

개의치 않았을 겁니다. 그것은 그들의 특권 같은 것이니까. 그런데 빌어먹을 내가 쓴 기사를 망쳐버리고 내 고결한 언론정신을 파괴시킨 것은…… 도저히 참을 수 없었죠.

헨리는 또 다른 이유 때문에 떠날 준비가 되어 있었다.

트로츠키가 저술했던 내용 가운데 '영구혁명'이란 게 있죠. 두 발을 땅에 딛고서 오늘 가능한 게 무엇이고 내일 가능한 게 무엇인지 헤아려보라는 뜻이죠. 영구적인 투쟁을 뜻하는 것이지 한 번에 크게 도약하라는 게 아니며 실제로 가능한 일을 해야 한다는 것입니다. 다양한 운동들은 모두가 서로서로 연결되어 있으니까요. 한 발짝 앞으로 내딛으면 더 멀리 보게 되며, 한 걸음 더 앞으로 갈 수 있죠.
트로츠키주의자들은《영구혁명》을 팔면서 사람들에게 읽어보라고 촉구했지만 정작 본인들은 모든 것과 완벽하게 불화했어요. 심지어 언어조차 그래요. 트로츠키주의자가 아니라면 그들이 무슨 주제로 논의하는지 전혀 알아듣지 못할 겁니다. (……) 상상력도 창조성도 완벽하게 부족했던 거죠. 그 사람들이 가장 중요하게 생각했던 건 조직의 정치위원회에 득이 되는지, 아니면 전국위원회에 보여줄 성과가 있는지 여부였어요. 그런 게 조직의 생명력으로 전화됐죠. 조직 자체가 현실 세계를 거의 대체하는 것 같았어요. 이러한 상황이 매우 절망스러웠던 이유는 산적한 문제가 너무나 많았기 때문이에요. 그러한 문제들 가운데 한 가지는 능력이 뛰어난 일반 노조원이 현장에서 활동을 잘하고 있는데 중앙에서 간부로 일해볼 생각이 없냐고 제안하는 행태입니다. 그렇게 되면 그들 때문에 이 사람은 현장에서 완벽하게 소멸하며, 기본적으로 아무런 성과를 못 내는 조직의 일부로 굳어지죠. 가장 괴상한 행태는 《영구혁명》이 책장에 비치되어 있음에도 세상만사를 트로츠키나 레닌을 찾아 인용해가며 설명하는 짓거리예요. (……) 기본적으로 그들은 현실 세계와 접속하는 게 아니라 자기들만의 세계에서 살아갔어요.

전미해운노조에 민주주의를 요구하다

해운노조가 1930년대 설립됐을 때 단체는 민주적이고 평등을 지향하는 곳이었기 때문에 직원들의 봉급은 조합원의 수에 따랐다. 하지만 1960년대 즈음해, 이곳은 창설자이자 유일한 대표인 조지프 큐란이 사리사욕을 일삼으며 부정을 벌이는 바람에 퇴락해버렸다. 큐란은 36년간 조합위원장으로 지냈다. 큐란과 그의 패거리는 자기네 봉급과 조합원 봉급의 관계를 철두철미하게 깨뜨려버렸다. 선원 종사자들이 연평균 6,000

달러 정도 벌어들였던 1969년, 큐란은 본인에게 10만 2,637달러를 지급했으며, 뉴욕에 임대료 없이 값비싼 아파트와 운전사가 딸린 리무진까지 제공했다.[31] 《뉴욕타임스》 노동 문제 전문가는 큐란의 사무실을 "뉴욕에서 가장 사치스러운 집무실 가운데 하나이며…… 실내의 공기를 받고서 자라난 파릇파릇한 꽃과 초목부터 집무실 유리창 바깥에 자갈이 깔린 테라스 등 이보다 인상적인 펜트하우스를 자랑할 수 있는 해운업계 거물은 없다"[32]고 말했다. 이 펜트하우스 집무실은 조지프 큐란 건물 꼭대기에 있었고, 건물은 노조원의 조합비를 거둬들여서 지은 것이었다. 원래 있던 조합본부는 조지프 큐란 별관으로 개명됐다. 새로운 건물을 짓는 비용은 1,300만 달러가 소요됐는데, 조합의 연금과 복지기금으로 충당했다. 정작 공사비용을 댔던 일반 선원들이 조합본부에 방문하려면 뒷문을 이용해야 했다.[33]

해운노조는 조합원들에게 본분을 전혀 다하지 않았다. 헨리가 참여했던 개혁 투쟁이 일어나기 전 5년 동안 선원들은 임금 인상을 전혀 얻어내지 못했다. 해운노조는 선원들을 옭아매어 조합원 투표를 하지도 않은 채 장기 결탁임금협정sweethearts contracts(회사와 노조가 짜고 저임금 협약을 맺는 것—옮긴이)을 끌어냈다. 게다가 이 협정은 개별 선주들에게 전달되어 인력 배치 요건들을 축소시켰다. "해운산업 중역 몇 명은 큐란 씨를 '감언이설로 속였다'는 사실을 사적으로 시인했다."**34**

큐란과 그의 패거리가 가여운 선원들을 방자하게 착취하는 사태를 보고서 헨리는 분노했다. 일찍이 링컨 스테펜스의 책에서 사람들의 믿음과 충성을 얻은 다음 사리사욕 때문에 배신하는 노조의 우두머리에 관련된 내용을 읽은 적이 있었다. 헨리는 큐란을 통해서 실재의 본보기를 발견했다.**35**

헨리는 1964년 처음으로 큐란을 목표로 삼았다.《빌리지 보이스Village Voice》에 실린 기사가 새로 지은 조지프 큐란 건물을 칭찬하고 해운노조가 어떻게 돌아가는지 비판적인 질문을 전혀 하지 못했을 때였다. 헨리는 장문의 편지를 써서《빌리지 보이스》에 기고했다. 큐란의 값비싼 사무실은 일반 직급 선원을 위한 편의시설이 절대적으로 부족한 상황과 지극히 대조된다는 것이다. 서명 없이 작성된 편지는 다음과 같이 끝났다. "전미해운노조 간부들은 큐란의 마법mystique에 참여하지 않은 사람들에게 결코 자비를 베풀지 않는다. (……) 나는 배를 타며 돈을 벌어야 하므로 부득이하게 이름을 숨길 수밖에 없다."**36**

여기에 과장은 전혀 없었다. 노조가 운영하는 직업소개소를 통해 작업을 분배했던 덕분에, 노조지도부는 직업소개소 규칙에 따라 공개 경쟁을 통해 분배하지 않았고, 그 대신 자기네 친구들에게 몇 자리를 보장해줌으로써 자기네 편에게 혜택을 베풀 수 있었다.**37** 게다가 선주가 선원을 원했을 때, 노조는 선원의 서류를 송부했고, 그들의 작업 기록에 관련된 사항을 첨부하는 것도 가능했다. 그리고 작업 손실이 있을지 모른다고 반대편을 위협해도 먹혀들지 않으면 큐란의 패거리는 다른 수단도 강구할 수 있었다.

1966년 제임스 모리세이는 회계 간사 선거에 개혁 후보로 나서면서, 큐란 측 후보자와 대립했다. 그가 조지프 큐란 건물 근처에서 개혁 집단의 신문을 배포하고 있을 때, 세 명의 남자가 갑자기 쇠파이프를 휘두르며 그에게 덤벼들었다. 잔인하게 공격했던 탓에 그는 두개골에 심각한 골절상을 입었고 응급실로 호송됐다. 공격한 사람들이 누구인지 전혀 찾아내지 못했다. 노조는 텔레비전에서 모리세이가 노조를 곤경에 빠뜨릴 생각으로 자해 공격을 기획했다고 말했다. 미국시민자유연맹American Civil Liberties Union(ACLU)은 이 같은 노조의 입장이 "상식에 위배된다"고 말하면서 큐란에게 두 가지를 촉구했다. 첫째 폭력 사태를 비난할 것, 둘째 조합원으로서 누려야 하는 민주적인 권리를 찾고자 하는 사람들을 협박하는 행태에 대해서 털어놓을 것. 하지만 큐란은 폭력 행위를 비난하지도 않았고 미국시민자유연맹에 응답하지도 않았다.[38]

모리세이 폭행 사태가 발생한 지 얼마 안 되어 헨리는 전미해운노조 민주주의를 위한 위원회Committee for NMU Democracy(해운노조위원회)라는 개혁 단체에 합류했다. 해운노조위원회의 목적은 노조의 관리권을 조합원에게 돌려주고, 계약을 체결할 권리를 부여하고, 조합 간부와 최고로 숙련된 선원의 봉급을 맞춰주는 것이었다. 모리세이 폭행 사태 다음 날 분위기는 고조됐고 단체 회원 몇 사람은 똑같이 보복하고 싶어 했다. 모리세이의 핵심 지지자 한 사람인 가스통 피르맹-귀용도 조합 본부의 사주를 받은 폭력배의 공격을 받았다. 조합과 똑같은 방법으로 맞서자는 제안이 나왔을 때 헨리가 어떻게 반응했는지 피르맹-귀용은 이렇게 회고한다.

> 그는 이렇게 말했어요. "그들의 다리를 부러트리거나 머리를 부순다고 뭐가 증명될까요? 아마 병원 신세를 질 테고, 치과의사에게 돈을 지불하겠죠. 돈은 또 어디서 얻을 건가요? 감정은 좋지만, 행동하기 전에 생각해야 합니다. (……) 대결을 하면서 그들을 때려눕힐 수도 있겠죠. 하지만 이후에는 우리의 인상만 나빠질 거예요. 그들처럼 돼서는 안 됩니다. 동료를 지원할 생각이라면, 깡패가 돼서는 안 된다는 말입니다."[39]

헨리의 냉정한 판단은 효과가 있었다. 하지만 해운노조위원회가 폭력을 쓸 생각이 없었는지는 몰라도 다른 각도에서 폭력 사용을 막는 방도를 찾아야 했다. 헨리는 다음과 같이 회상한다.

> 만약 동료 가운데 한 명이라도 무슨 일이 발생하면 똑같이 해줄 것이라고, 우리는 사람을 통해 노조에 전갈을 보냈죠. 그리고 그들의 지인을 통해서 답변을 받았고, 그는 이 사태를 매듭지을 때 필요한 돈을 갖고 있었죠. 이를 통해서 일을 해결할 실마리가 생겼어요. 더 이상 문제는 없었습니다.

헨리는 "더 이상 문제는 없었다"고 회상했지만 상황을 조금 낙관했다. 피르맹-귀용의 아파트는 누군가 침입하여 뒤진 듯 엉망이 되었으며, 그와 모리세이가 선거유세를 하기 위해서 파나마에 갔을 때, 이 땅을 떠나지 않으면 운하에서 둥둥 떠다니게 될 거라는 말을 들었다.[40] 헨리 본인 역시 완벽하게 안전한 상황은 아니라고 생각했다. 친구 한 명은 그 당시에 헨리가 자기 거처를 계속 숨겼으며 어떤 식으로든 공격을 받지 않을까 매우 두려워했다고 기억한다.[41]

헨리는 이 단체의 기관지인 《조합의 민주주의를 요청한다The Call for Union Democracy》(《요청》)를 편집하고 기사도 썼다. 《요청》은 4쪽에서 8쪽가량의 타블로이드판 신문으로 부정기적으로 간행됐다. 이 신문은 큐란과 그의 패거리가 조합원을 등쳐먹는 방식을 그림을 곁들여가며 설명했다. 큐란은 조직적으로 참호를 파고서 꽁꽁 숨었기 때문에 난공불락처럼 보였지만, 헨리는 약점이 있다고 생각했다. 왜냐하면 그는 퇴직하고 연금을 받는 선원들이 내는 조합비를 올리는 동시에 조합 간부의 부가 급여도 올리는 등 선원들을 바보처럼 생각했기 때문이다. 헨리는 선상과 항구 식당을 오가며 많은 시간을 들여 선원들과 이야기를 나누었고, 그들의 언어를 전달하고 기록했다. 헨리는 그들이 멍청하지 않다는 사실을 잘 알고 있었다. 그는 선원들이 어떻게 등쳐 먹히는지 이해한다면 변화를 요구할 것이라고 믿었다. 헨리는 《요청》에 썼던 기사들을 통해서 다른 노조에 속한 서부해안 선원들이 해운노조 조합원과 똑같이 일하는데도 일자리는 36퍼센트 많았다는 사실을 보여줬다. 헨리는 해운노조가 해운업 일자리 손실을 막아내지 못했다고 공격했다. 사진들은 불만이 가득한 조합원들이 텅 빈 선박국shipping board 앞에 서 있는 장면을 보여줬다. 그곳에는 일자리 목록이 당연히 있어야 했지만 그렇지 못했다. 《요청》은 《뉴욕포스트》의 칼럼 하나를 증쇄하여 큐란 개인숭배 현상을 조롱했다. 여기서 칼럼니스트 제임스 웩슬러는 큐란의 사진이 해운노조 사보인 《파일럿The Pilot》 한 호에 무려 23장이나 실렸으며, 국제 요리대회에서 해운노조의 요리사들은 케이크 위에 큐란의 반신상을 얹혀 입상했다고 전했다.[42]

헨리는 전단지를 작성한 후 해운노조위원회를 통해서 노

헨리는 좌파의 출판물을 위해서 무수히 많은 글을 썼으며, 전미해운노조 민주주의를 위한 위원회의 신문을 편집하고 기사도 썼다.

조원에게 나눠줬으며 조사를 통해서 그들이 큐란을 공격할 때 필요한 무기를 제공해주었다. 헨리는 정부 노동청에서 공개로 발행하는 문서를 입수하여 큐란이 본인과 그의 패거리에게 지급하는 봉급의 세부내역을 파헤쳐 당시 큐란이 미국에서 가장 높은 연봉을 받는다는 사실을 보여줬다.

해운노조위원회는 큐란을 몰아내지는 못했지만, 그의 삶을 매우 괴롭게 만들었다. 1966년 선거 패배 이후 해운노조위원회는 몇 가지 선거 부정이 있었다고 노동부에 고발했다. 선거는 무효로 선언됐다. 유급직 조합원만이 피선권이 있다는 규정은 조합원의 권리를 무력화했기 때문이다. 이후 위원회는 1969년 선거에서 운동을 강력하게 펼쳤다. 모리세이는 뉴욕에서 54퍼센트를 득표했는데, 뉴욕선거구는 위원회가 투표용지를 꼼꼼하게 검토할 수 있는 곳이었다. 하지만 이 결과는 파나마운하 지역구 같은 곳의 일방적인 결과보다 훨씬 중요했다. 그곳은 독립된 감시 단체가 없었고 공식 득표 결과는 큐란의 후보자가 98퍼센트를 얻었다. 위원회는 계속해서 큐란 패거리를 압박하여, 해운노조 간부들의 부가 급여를 인상하지 못하게 막았다. 그동안 은퇴한 선원들의 연금에서 해마다 100달러를 거둬들여 인상을 해왔던 것이다.[43] 큐란 패거리는 더 이상 조합원의 이익을 전같이 뻔뻔하게 뭉개진 못하게 되었다.

해운노조위원회의 활동은 꼬리에 꼬리를 무는 효과를 발휘했다. 해운노조 외에도 부패한 조합과 싸우기 위해서 여러 단체들이 등장했기 때문이다. 더 크게 성공한 경우도 있었다. 예를 들어 전미광부노조United Mine Workers는 오랫동안 군림했던 지도자 토니 보일을 내쫓았다. 이 사건 이후 큐란은 언제든 원하면 일시불로 연금 100만 달러를 받을 수 있는 시기에 물러나는 게 좋겠다고 결심하게 되었다.

슬럼가 아이들을 가르치다

큐란이 물러났을 때 헨리는 여전히 해운노조에 속했으며 해운노조위원회에서 활동하고 있었지만, 더 이상 정기적으로 배를 타진 않았다. 배에서 보내는 삶이 이제는 매력적으로 비치지 않았다. 화물 적재는 이제 컨테이너가 담당했고 이에 따라 선박들은 항구에 머무는 시간이 전보다 훨씬 줄어들었다. 배들이 항구에 머물 때라도 전같이 시내에 있을 가능성은 떨어졌다. 어딘지도 모르는 곳에 상당히 새로운 형태로 건립된 컨테이너 하역소에서 머무를 공산이 높았다. 일이 점점 공장노동처럼 변해가자 노동력도 변화됐다. 과거의 선원은 사라져버렸다. 그들이 바다와 뱃사람의 생활을 사랑하지 않았기 때문이 아니라 뱃일은 직업이 되어버렸고 뱃사람은 직업이 필요했기 때문이다. 따라서 초대형 유조선, 컨테이너수송,

1966년 6월 선상에 있는 헨리.

여객선대passenger fleet가 쇠락했다는 것은 상선의 일자리가 급감했다는 것을 뜻했다. 헨리는 더 이상 흥미롭게 일할 구석을 찾지 못했다.

1966년 뉴욕시는 교사가 부족한 상태였다. 헨리는 이미 학위가 있었기 때문에 단기속성 교사과정만 이수하면 충분했다. 기니를 갔다 온 후 헨리는 뉴욕에서 교사 경험을 쌓고서 아프리카로 갈 생각이었다. 헨리는 1966년 가르치기 시작했고, 1968년 그의 아버지가 갑자기 사망했다. 진단서에 적혀 있지는 않았지만, 모리스의 사인은 자살이었다. 그는 재정 압박을 받는 상태였다. 마지뿐만 아니라 가장 어린 딸 수잔의 시설보호에 들어가는 비용도 그를 압박했던 한 가지 이유였다. 수잔은 영리했지만 우울증에 시달리곤 했던 가족의 우환이었다. 헨리는 이렇게 말했다.

> 결국 아버지는 운이 다했을 때, 전액을 납부하려면 돈을 빌릴 수밖에 없는 최고급 생명보험high-premium life insurance에 들었죠. 그리고 더 이상 차용하지 못하게 됐을 때 자살을 감행했을 뿐만 아니라, 이 사실을 은폐하기 위해서 매우 조직적으로 준비해놓았습니다. 말 그대로 그는 어머니와 딸 자식을 위해서 삶을 포기한 거죠.

헨리는 어머니와 어린 동생 두 명을 돌보기 위해 뉴욕에 머물렀다. 그는 자신과 가까운 곳에서 보살필 생각으로 브롱스빌에 살던 어머니를 뉴욕으로 오게 했다. 불황이 계속되던 1977년, 수잔은 자살했다. 헨리는 어머니가 자신의 아파트에서 혼자 생활할 수 있는 동안에는 자주 방문하며 보살폈고, 이후에는 어머니를 보살필 만한 거처를 찾아가며 1994년 그녀가 사망할 때까지 꾸준히 돌보았다. 이 당시 헨리는 아프리카에서 교사직을 계속하려 했던 자신의 오랜 계획을 단념한 상태였다.

헨리는 뉴욕의 어퍼 웨스트 사이드의 하렘 공립고등학교

에서 문학과 읽고 쓰기 두 과목을 가르쳤다. 하렘 고등학교 학생들은 대부분 슬럼지역 출신 흑인과 라틴아메리카계였고, 헨리가 가르칠 당시 학교는 남학생만 받았다. 학생 한 명이 학급신문에 적은 의견은 학교가 직면한 몇 가지 문제를 드러낸다.

> 첫째, 흑인과 스페인계 사이의 인종 문제가 있다. 학교는 하나뿐인 게 확실하지만 두 집단으로 갈라진 상태라 하나가 아니다. 둘째, 교사들이 학생을 무서워하는 바람에 규율이 없으며 사람들 역시 학교가 어떤 상황인지 아무런 관심이 없다. 셋째, 내가 말한 사항들 때문에 지금 학교가 이 모양 이 꼴이 되었다. 다른 학교가 내버린 불량품을 모아놓은 쓰레기장일 뿐이다. 이것은 교육의 종말이며, 이 상황은 잘못된 것이다.[44]

헨리는 학생들이 손도 못 댈 존재라고 생각하지도 않았고 교사직이 힘들다고 생각하지도 않았다.

> 학생들과 불화하지 않기 위해서는 그들의 체면을 지켜주는 게 필요해요. 애들은 창피를 당하는 것을 싫어하며 들볶이거나 차별받는 것을 좋아하지 않죠. 그들은 잔소리 듣는 것을 싫어하므로 선생과 학생의 권력투쟁이 아니라 "함

게 노력하자"는 태도를 견지하고 공감대를 알아내기만 하면…… 정말로 아무런 문제도 없을 거예요.

헨리가 학생의 자존감을 높이는 또 한 가지 방식이라고 생각한 것은 그들의 글을 출간하는 것이었다.

학생들이 "나의 관점에 따르면……"으로 시작하여 문장을 마무리하고서 완성된 글을 복사한 후 급우들에게 돌리면 글을 작성한 학생의 이름이 붙은 학급신문이 됩니다. 그러면 학생들이 집에 가지고 가서 주변 사람에게 보여줄 만한 것이 되죠. 나는 신문을 출판업자에게 보내 슬럼가 아이들을 주제로 하는 책을 만들게 했고, 실제로 신문 몇 개는 거기서 출판됐어요. 애들은 '출판된 내 글'을 보게 됐으며, 일정 정도 자신감을 얻었죠. 이 때문에 학생들은 조금이나마 자신들을 긍정적으로 생각하게 됐습니다. 게다가 나는 신문 작업에 인이 박힐 정도로 익숙했고. (……) 아이들은 시와 에세이를 쓰면서 글을 마쳤죠. 아이들 모두가 활자화된 자신의 이름을 보았죠. 나한테는 어렵지 않은 일이었고, 그들에게도 쉬운 일이었습니다. 다 잘된 거죠.

학급신문을 출판한 것 외에도 헨리는 학교신문도 담당했

는데, 《뉴욕타임스》의 연간 고등학교 신문경쟁대회에서 정기적으로 수상했다. 헨리는 신문을 이용해 학생들이 생각하도록 만들었다. 한번은 하렘 고등학교 학생 한 명이 근처 지하철역에서 나이가 지긋한 어른을 공격해 체포된 사건을 다루었다. 이 사건 때문에 학급토론이 이어졌고, 관련된 논평 몇 개가 학교신문에 연이어 실렸다. 수많은 논평들이 약자를 악용하는 행동이라며 비난했거나 아니면 만약에 공격받은 사람이 자신의 아버지였다면 과연 그렇게 할 수 있겠느냐고 그런 짓을 한 사람들에게 질문했다. 하지만 모든 이가 부정적인 입장에서 도덕적인 평가만 한 것은 아니었다.

> 걔들은 삶이 지겨워서 지하철역 밖에서 축제를 하고 싶었던 거야. 지가 얼마나 센지 보여주고 싶어 해. 그렇게 하려고 늙은이들을 때리는 거라고. 그게 바로 너네 친구들이 노는 방식이야. 물론 그렇다고 해서 너희가 지겹고 멋도 없고 같이 있으면 따분한 놈들이라고 생각하는 건 아냐. 걔들은 뒷일을 생각하지도 않고 해버린 거야. 흰둥이들에게 갚아주는 거라고. 그게 바로 인생이야. 약육강식의 세계지.[45]

헨리는 학생들과는 사이가 좋았지만, 동료 교사 모두와 잘 지냈던 것은 아니었다. 헨리가 근무할 당시에 교사로 있었던 돌로레스 맥컬러프는 다음과 같이 말했다.

> 자신이 학교에 있는 이유를 기억하며 무엇을 가르칠지 고민하는 동료와는 아무런 문제가 없었어요. 여기에 속하는 사람이면, 그는 매우 편하게 지냈고 그들도 그랬어요. 하지만 그렇지 않은 사람이라면…… 저는 동료 교사들이 헨리 앞에서 발가벗겨진 것처럼 느꼈다고 생각하며, 그는 비꼬는 말 한마디 던지고 가버리곤 했죠. 헨리는 본인의 직업 목표를 성취하기 위해서 학생들을 재료나 원료로 취급하는 사람들에게 조금의 관용도 베풀지 않았어요.[46]

헨리가 가르치는 일을 좋아하기는 했지만 전력으로 기울여 할 만한 일은 결코 아니었다. 교사가 되고 7년이 흐르는 동안에도 헨리는 여전히 해운노조위원회에서 활동했다. 그다음 7년 동안 그는 교육과 동물운동을 결합했다. 이 활동은 점차 그의 삶을 지배했고, 마침내 1982년 6월 55세가 됐을 때 은퇴하여 전업 활동가가 되었다. 맥컬러프는 그의 결정을 의아하게 생각했다. "한번은 교사를 왜 그만두는지 그에게 물었죠. 인간이란 존재는 정신이 있으며, 이 나라에서 자유를 누리며 본인을 돌볼 수 있지만 동물은 전혀 그렇지 못하므로 그들에게 도움이 필요하다고 느꼈기 때문이라고 대답하더군요."[47]

2장

동물해방

동물해방운동에서 조금이라도 배운 게 있다면, 강제로 확인하기 전까지
차별을 깨닫는 게 얼마나 어려운 일인지 사람들이 알아야 했다는
것이다. 동물해방운동은 사람들의 도덕적 지평을 확장시켜야 한다.
지금까지 자연스럽고 불가피한 것으로 간주됐던 관행들이 이제는
감내하기 힘든 것으로 인정받기 위해서는 말이다.
— 피터 싱어, 〈동물해방〉

어떤 동물은 먹고, 어떤 동물은 쓰다듬고

55세까지 헨리는 동물에 대해서 거의 생각하지 않았다. 그는 개나 고양이를 길러본 적도 없었다. 그는 음식을 먹을 때 원산지가 어디인지 고민하지 않았다. 하지만 1973년 두 가지 사건이 동시에 일어나며 모든 게 달라졌다. 첫째, 헨리는 고양이를 입양했다.

유럽에 가는 누군가가 고양이 한 마리를 나한테 떠넘겼죠.

"뭐랄까, 지금 고양이와 노닥거릴 때가 아니라고 생각하고 있었지만, 고양이는 몇 분이 지나는 동안 나를 매혹시켰고……." 헨리와 새비지. 친구 한 명이 유럽에 가면서 그에게 떠넘긴 매력만점의 고양이.

심지어 나는 이 고양이의 첫 번째 간택자도 아니었죠. 고양이를 맡기로 했던 사람에게 돌발사태가 발생하면 내가 나서면 되었습니다. 그런데 결국 그 사람이 고양이를 맡지 못하게 되자 고양이가 나한테 왔죠. 뭐랄까, 지금 고양이와 노닥거릴 때가 아니라고 생각하고 있었지만 고양이는 몇 분이 지나는 동안 나를 매혹시켰고, 이후 줄곧 나는 고양이에게 사로잡혀 지내게 되었죠.

얼마 되지 않아 헨리는 좌파 미국신문인 《가디언The Guardian》을 보다가 어윈 실버의 칼럼에서 다음과 같은 구절을 읽게 되었다.

동·물·해·방

《뉴욕 리뷰 오브 북스New York Review of Books》 독자들은 최근호 사설이 엄청난 속임수였다는 사실을 아마 잘 알고 있을 것이다. 사설은 확실하게 '동물해방운동 선언'을 선포하면서 시작한다.

필자인 피터 싱어는 이 문제를 잘 알고 있다. 그 역시 인정한다. "동물해방은 진지한 목표처럼 들리는 게 아니라 해방운동을 패러디한 것처럼 보인다"는 것이다.

하지만 몇 천 자가 적힌 네 쪽짜리 글을 읽다보면, 싱어가 동물을 이류 집단 취급하는 방식을 진지할 뿐만 아니라 적극적이고 열성적으로 반대한다는 게 명확하다. 그는 인간 집단과 동물의 세계에 사는 주민들이 동등하다고 생각한다. 독자들이 예상하는 대로, 싱어의 주장은 본질적으로 도덕적인 것이다. 싱어가 흑인과 여성을 억압하는 행태와 비슷하다고 주장하는 것은 충분히 예상 가능한 일이다. "사람들이 인간 아닌 존재를 대하는 태도가 불쾌하기 짝이 없는 성차별이나 인종차별과 하등 다를 게 없는 편견의 형태라는 것을 되돌아보는 계기로 삼을 속셈"인 것이다.

싱어는 이 편견을 '종차별speciesism'이라고 부른다.

그의 계획은 단순하며 솔직하다. 채식주의, 동물을 이용한 과학실험 종식, 동물가죽으로 만든 의복과 제품의 일절 제거, 사슴과 오리 사냥 같은 '스포츠' 폐지, 낚시 불법화 등등. 자, 이 모든 주장을 어떻게 이해해야 할까? 물론, 순수한 의미에서 자본주의 사회가 붕괴하면, 솔직히 말해서 부르주아지 지식계층의 분야 몇 곳에서 활약하는 지식인 역시 쇠락할 게 확실하다고 말하고 싶은 유혹이 생긴다. 어쨌든 이 얘기는 여기서 끝내자.

하지만 이러한 문화적 호기심은 다른 측면에서 다소간 도움이 될 만하다. 일찍이 자유주의라는 상표는 인간들이 살아가는 역사적으로 발전했던 현실 세계 대신에 '정의'나 '진리' 같은 추상적인 원칙을 근거로 삼았지만, 그것을 떠받치는 궁극적 도덕과 지성이 파산했다는 것이 밝혀지기 때문이다.[1]

실버는 인간과 동물의 관계를 다루는 윤리학을 주제로 내가 첫 번째 펴냈던 작업을 조롱의 대상으로 삼았다.[2] 이 에세이는 스탠Stan, 로슬린 고들로비치Roslind Godlovitch, 존 해리스John Harris가 편집한 《동물, 인간, 도덕Animals, Men and Morales》

을 중심으로 논평한 글이었다. 나는 그들을 옥스퍼드에서 만났으며 당시 그곳 철학과에서 박사후 과정을 밟고 있었다. 그들은 소규모 윤리적 채식주의 집단이었는데 사람들이 동물을 대하는 방식을 비판적으로 생각해보라며 나와 논전을 벌였다. 나는 윤리학과 정치철학을 연구했으며 누구나 그렇듯 인간존재는 모두가 평등하다고 당연하게 생각했지만 참된 의미를 깊게 생각해보지는 않았다. 인간은 모두 평등하다고 말할 때 인간 존재를 도덕적 평등의 영역에 집어넣는 것 이상의 추론을 하고 있다고 단 한 번도 생각하지 못했다. 즉 인간 아닌 동물을 도덕적 평등계에서 추방했던 것이다. 그러면서 정신병자, 유아, 지적 능력이 심대하게 손상된 사람 등 인간이란 종에 속하면 어느 것이든 개, 돼지, 원숭이, 돌고래보다 도덕적으로 우월하다고 간주하는 것이다. 내 친구들이 내게 설명해보라고 했던 것처럼, 왜 그래야 하는 것일까? 인간을 먹거나 실험 대상으로 한 번도 고려하지 않았으면서 동물은 당연히 그렇게 해도 되는 대상이라고 여긴 이유는 무엇이었을까?

성실하게 공부하는 철학도로서 나는 대답을 찾기 위해서 사려 깊고 현명한 철학자들의 저작을 검토하며 난제에 응했다. 하지만 나는 설득력 있는 대답을 하나도 찾지 못했다. 수많은 철학자들은 이 문제를 단순하게 무시했다. 그들은 모든 인간은 평등하다고 속편하게 선언했지만, 동물은 왜 그렇지 않은 게 당연한지 결코 질문하지 않았다. 심지어 인간의 평등을 정당화할 때 작동하는 근거가 수많은 동물에게도 똑같이 적용되는 게 확실했을 때도 그들은 그랬다. 예를 들면 인간은 모두가 잘 살거나 못 살거나 할 만한 권리가 있다는 명제 같은 것이다. 동물이 그만큼 비가시적인 존재였다는 사실 자체가 중요했다. 동물의 지위가 무엇 때문에 그렇게 열등한지 적어도 질문하며 대답했던 철학자들도 있기는 했다. 하지만 그들이 대답을 할 때 근거로 삼았던 고상한 생각들 자체가 설명이 필요했다. 모든 인간은 동물에게 없는 '존엄dignity'이나 '내재적 가치'가 있다고 그들은 말하곤 했지만, 도덕적 괴물이든 사유와 감정의 능력이 결여된 인간이든 상관없이 왜 인간존재는 존엄이나 가치가 당연하게 있으며, 반면에 왜 동물은 없는지 설명하지 않고서 다음 주제로 넘어갔다. 또 다른 철학자들은 추론 능력, 자의식, 삶을 계획하는 능력, 아니면 도덕감의 소유 등 좀 더 상세한 근거를 댔지만 역시 명백히 그런 능력이나 감각이 없는 인간존재도 있다는 사실을 언급하지 않았다. 사람들이 동물을 처리하는 방식으로 동물을 먹어도 좋고 실험을 해도 좋다는 뜻이었을까? 여기에는 답변되지 않았던 또 다른 질문이 도사리고 있었다.

동물이 도덕의 보호를 받지 못하는 이유를 일관성 있게 설명하는 것처럼 보이는 유일한 사상가들은 인간만이 하나님의 초상에 따라 제작됐고 불멸의 영혼의 소유자이기 때문에 특별한 지위가 있다고 말하는 사람들뿐이었다. 나는 하나님도 불멸의 영혼도 믿지 않았기 때문에 이 설명을 받아들이지 못했지만 적어도 이치에 닿는 설명이었다. 이때부터 나는 생각하기 시작했다. 인간존재가 우월한 도덕적 지위가 있다고 주장하는 내용들은 거의 모든 사람들이 종교적 세계관에 물들어 있을 때 형성된 퇴락한 유산이라고.

결국 나는 친구들의 질문에 응답하지 못했다. 인간이 동물보다 도덕적으로 우월하다고 인정할 만한 윤리적인 근거는 결코 존재하지 않았다. 반대로, 나는 거칠게나마 비교할 만한 존재들이라면 인종, 성별, 혹은 문제의 생물종에 상관없이 모든 존재의 권리는 동등해야 마땅하다고 결론을 내렸다. 이러한 이론적인 결론에 따라 실천적인 결론이 따라 나왔다. 현대의 집중적 사육기술로 길러진 동물들은 돌아다니지도 못하고 사지를 마음대로 움직이지도 못하고, 같은 종끼리 만나지도 못한다. 그들의 가장 근본적인 권리는 무시된다. 따라서 이러한 사육체제를 옹호하는 짓은 그만둬야 한다. 이러한 체제를 통해서 생산된 제품을 먹는 게 이 방식을 가장 직접적으로 옹호하는 것이다. 고기를 전혀 먹지 않고도 완벽하게 양분을 섭취할 수 있다는 사실을 잘 알고 있었기 때문에 나는 채식주의자가 되었다.

《동물, 인간, 도덕》은 1971년 영국에서 출판됐다. 친구들과 나는 내심 이 쟁점들이 많은 사람들의 입에 올랐으면 하고 바랐지만 무시됐다. 유력 신문사 가운데 한 곳도 논평하지 않았다. 아무래도 고양이와 동거하는 노처녀들만 관심을 보이는 동물복지animal welfare 문제를 다룬 책 정도로 생각했던 모양이다. 1973년 즈음 이 책은 영국에서 염가용 판매대를 장식했다. 실낱같은 희망은 미국판이 조만간 출간된다는 소식밖에 없었다. 영국판이 겪었던 운명을 피하기 위해서 나는 당시에 가장 많은 지식인들이 구독하던 신문인《뉴욕 리뷰 오브 북스》에 이 책을 논평하는 에세이를 기고했다.

내 에세이 〈동물해방〉은 1973년 4월 5일《뉴욕 리뷰 오브 북스》에 실렸다. 거기서 나는 다음과 같이 옹호하는 윤리적 입장을 요약해 발표했다. "고통을 받는 존재가 있다면, 그들이 겪는 고통을 마다하고 (거칠게나마 비교할 만한 존재들이 있는 상황이면) 다른 존재들이 비슷하게 겪는 고통과 균등하게 생각하지 말아야 할 도덕적 정당화는 결코 존재하지 않는다."《동물, 인간, 도덕》에 실린 에세이를 이용해 나는 동물실험과 공장형 사육의 관례가 이러한 입장에서 얼마나 멀리 떨어진 것인지 보여주었다.

실버의 칼럼은 출판물의 형태로 이 에세이에 처음으로 반응한 것이었다. 칼럼의 내용은 기분이 좋을 게 전혀 없었지만, 무시되는 것보다 조롱을 받는 게 낫다는 게 증명됐다. 실버는 내 주장을 충분하게 다루었기 때문에, 헨리는 그가 명확하게 생각했던 것보다 내 생각이 제법 이치에 닿는다고 생각했다. 헨리는 《뉴욕 리뷰 오브 북스》의 복사본을 얻어서 내 에세이를 읽었다. 나중에 그는 고양이와 살았던 시기를 다음과 같이 글로 적었다.

> 나는 동물복지가 정치적인 쟁점이라고 조금도 생각하지 못했다. 하지만…… 어떤 동물은 쓰다듬고 어떤 동물은 포크와 나이프로 찌르고 자르는 게 과연 적절한 것인지 생각해보기 시작했다.
> 이후 나는 피터 싱어의 에세이를 우연히 접했다. (……) 싱어는 미국에서 해마다 40억 마리 이상의 동물이 죽는다고 설명했다. 그것들이 겪는 고통은 심했고, 만연했고, 커져갔고, 체계적이었으며, 사회의 공인을 받는 상태였다. 그리고 희생된 것들은 자신의 권리를 옹호하기 위해서 단결할 능력이 없는 존재였다. 나는 동물해방이 지금까지 살았던 내 인생의 논리적 확장이라고 생각했다. 힘이 없는 약자들, 희생자들, 지배와 억압을 받는 존재들과 동일시했던 내 삶과 말이다.[3]

당시에 나는 헨리가 내 에세이를 읽고서 했던 생각들을 전혀 몰랐다. 하지만 서로 달랐던 행로들이 한 데 모였다. 그 당시 나는 옥스퍼드 대학에서 계약직 강사로 근무하고 있었고, 1973년 6월 그만두었다. 그 뒤 뉴욕 대학 철학과가 객원교수로 나를 초청하여 새로운 일자리를 얻게 되었다. 나는 9월에 아내와 첫째아이와 함께 뉴욕으로 갔다. 뉴욕 대학의 평생교육원School of Continuing Education은 학부 철학과 수업 외에 성인용 야간수업을 가르칠 의향은 없는지 내게 물어봤다. 나는 하기로 했다. 그때 나는 동물해방에 관련된 생각을 책으로 만들고 있었기 때문에 야간반 수업에서 초고의 반응이 어떤지 확인해볼 생각이었다. 1974년 뉴욕 대학은 피터 싱어가 6주 동안 한 주에 두 시간씩 야간세미나 형태로 '동물해방' 강의를 할 것이라고 광고했다. 강의 주제는 동물해방의 윤리학, 종차별의 역사, 공장형 사육, 동물실험, 윤리적 채식주의 옹호, 동물해방에 대한 반론 등 6개로 구성됐다. 각각의 주제는《동물해방》에서 한 장씩 편집됐다.[4]

25명 정도의 학생들이 강의에 관심을 보였으며 대부분 일찌감치 어떤 식으로든 동물에 관련된 활동을 하고 있었다. 많은 시간을 할애해 토론을 했기 때문에, 사람들 모두 서로를 잘 알게 되었다. 그 가운데 튀는 사람이 한 명 있었다. 그는 전형적인 '동물애호가animal person'는 아닌 게 확실했다. 전반적으로 그의 용모는 달랐다. 그의 목소리는 뉴욕 출신 노동자계급 사투리가 강했다. 그의 태도는 매우 퉁명스럽고 상스러웠기 때문에 그때 나는 조폭영화에나 등장하는 인물의 말을 듣고 있다고 생각했다. 그는 구겨진 옷에 헝클어진 머리를 하고 있었다. 그의 인상을 보면 동물해방을 주제로 하는 성인 교육 과정에 등록할 사람처럼 보이지 않았다. 하지만 그는 강의에 출석했고, 나는 자신의 생각을 솔직하게 털어놓는 태도를 좋아하지 않을 수 없었다. 그가 바로 헨리 스피라였다.

내가 헨리의 접근을 반겼다면, 그 역시 나의 방식을 좋아했다.

> 싱어는 내게 큰 인상을 주었다. 공개토론에서 그가 여러 다른 동물에게 관심을 보이는 이유는 합리적으로 맞았다. 온정주의 때문도 아니었고, 애완동물로서 동물이 귀엽거나 인기가 많기 때문도 아니었다. 그는 타자에게 해를 끼치는 것은 잘못된 일이며 논리적인 결과로서 타자를 제한해선 안 된다고 간단하게 말했다. 그들이 고통과 행복의 차이를 말할 수 있다면 해를 입지 않을 근원적 권리가 있다는 것이다.[5]

수업에 참가했던 또 다른 사람도 헨리의 미래에 중요하

"내가 봤던 사람들 가운데 천재에 가장 가까운 존재." 헨리는 레너드 랙을 이렇게 설명했다. 이 사진은 레너드 랙과 헨리가 전략을 모의하는 전형적인 장면을 담았다. 랙은 과학적 지식을 겸비한 정신과 의사였고, 헨리가 초기에 동물운동을 할 때 생의학 지식을 제공했다. 그는 1990년 1월에 사망했다.

게 작용했다. 레너드 랙 박사는 과학적 지식도 훌륭하고 윤리적인 측면에서 동물실험을 걱정하는 정신과 의사였다. 열여섯 살에 대학교를 졸업한 랙을 보고서 헨리는 "내가 봤던 사람들 가운데 천재에 가장 가까운 존재"이며, "다른 이들이 못 보는 측면을 20가지나 볼 수 있는" 사람이라고 생각했다. 랙은 헨리에게 부족한 생의학 지식을 제공하면서, 헨리가 초기에 전개한 동물운동에 깊숙이 관여했다.

강의를 통해서 헨리는 동물이 밑바닥 존재이며, 도움이 가장 필요한 존재라는 자신의 생각을 확인했다. "한 학기 동안 강의실을 오가며 토론하는 사이에 모든 게 명확해지기 시작했다."[6] 강의를 들으며 헨리는 점차 채식주의자가 되었다. (포유류의) 붉은 고기, 닭고기, 생선 순으로 고기를 끊었다. 어떤 동물은 쓰다듬고 어떤 동물은 먹었기 때문에 생긴 불편한 심정을 헨리는 해결했다. 하지만 헨리는 그 정도로 끝내지 않았다.

> 내 생각에 대부분의 사람들은 지식은 머리에 집어넣으면 충분하다고 생각하는 것 같다. 내 방식은 그렇지 않다. 무엇인가 잘못된 것이 있으면 행동에 나서야 한다고 생각한다. 마지막 강의에서 나는 사람들에게 계속 만날 생각이 있는지 물었다. 철학을 논의하기 위해서가 아니라 동물해방에 대해서 하고 싶은 일이 있는지 확인해볼 속셈이었다.

8명 정도가 헨리의 초대를 받아들여 동물해방 사상을 실천에 옮기기 위해서 할 수 있는 게 무엇일지 찾아낼 생각으로 센트럴파크 서부지구 85번가 길모퉁이에 있는 그의 아파트를 방문했다.

이 광고는 헨리가 채식주의자가 된 지 20년이 흐른 후 디자인된 것으로 "어떤 동물은 쓰다듬고 어떤 동물은 포크와 나이프로 찌르고 자르는 짓"을 멈추게 했던 감정을 요약한다.

동물실험 반대, 전략 짜기

몇 명 안 되는 사람들이 모여서 할 수 있는 게 무엇인지 궁리했다. 돈을 벌 속셈으로 기금을 수령하는 비과세 자선단체를 만들고 싶지는 않았다. 우리가 바랐던 것은 시민권운동, 노조운동, 여성운동에서 효과가 입증됐던 투쟁의 전통을 동물운동에 접목하는 것이었다. 모두가 손잡고 서로를 봐주는 압제체제가 우리를 포위한 상태지만 현 상황을 타개하기 위해서는 단 하나의 중요한 불공정행위, 즉 명확하게 한정된 목표 한 가지에 선명하게 집중하는 게 필요하다고 모두가 생각했다. 목표는 당연히 이룰 만한 것이어야 한다. 동물운동은 승리에 목마른 상태였다. 성공이 몹시도 필요했다. 그래야만 더 큰 투쟁과 더욱 중요한 승리를 향해서 한 발짝 나가게 할 수 있는 발판이 마련될 수 있기 때문이었다.[7]

첫 번째 모였을 때 사람들은 신중한 태도였다. 대부분 조금이라도 승리할 희망이 있을지 궁금하게 생각했던 것 같다. 별다른 논쟁 없이 그들은 동물실험 문제부터 시작하자고 결정했다. 하지만 그들은 영국, 미국, 수많은 유럽 국가에서 한 세기 동안 진행됐던 생체실험 반대운동을 반면교사로 삼을 수 있다는 사실을 잘 알고 있었다. 이 운동은 동물실험에 아무런 영향도 끼치지 못했던 것이다.

헨리는 이러한 배경을 잘 알고 있었지만 그 때문에 움츠러들지 않았다. 그는 기존의 생체실험 반대 단체가 발행한 신문을 읽었으며 그들이 이룬 게 거의 없다고 해서 의아하게 생각하지 않았다.

아무리 생각해도 납득하기 힘들었다. 잔인한 소식을 전달하기 위해서 신문을 발행하는 것도 이상했고, 다음 달에도 잔인한 소식을 전달하려면 돈이 필요하다고 요구하는 것도 이상했다. 그러는 동안에도 지적한 잔인한 행위들은 계속 늘어났고, 생체실험 반대 단체의 기금은 증가했는데도 말이다. 그러나 한 마리의 동물에도 도움은 되지 않았다.

사람들이 왜 일을 그렇게 하는지 내가 보기에는 상식에 반하는 일이었다. 사람들에게 병폐를 알리고, 그들을 화나게 만들고, 실망을 선사하는 게 중요할까? 지금 하는 활동이 다음 달에 사람들을 실망시키는 일이라니, 정말 멋진 일이었다.

헨리는 인권운동을 했던 전력 때문에 접근을 달리했다.

"폐지하라! 전부가 아니면 전무를!" 독선적인 생체실험 반대 단체들이 큰 소리로 불평했던 것은 확실하다. 하지만 그들은 실험실 동물을 도와주지 않았다. 생체실험 반대 단체들이 불평을 털어놓고 있는 동안 미국의 실험실에서 사용된 동물은 수천에서 7,000만 이상으로 급상승했기 때문이다. 가엽기 짝이 없는 실적이었고, 한 세기 동안 실패를 거듭했던 전략을 다시 생각해볼 만한 기회처럼 보였다.[8]

내가 강의에서 쟁점을 설명하는 방식과 헨리가 이 문제

를 생각하는 방식은 차이가 있었다. "수업과 책에서 소재를 선별할 때 싱어는 우선 희생물이 얼마고 고통의 강도가 얼마인지에 중점을 두었다. 이것도 명확하게 올바른 방식이긴 하지만 내 관심은 달랐다. 무엇을 할 수 있을까."[9] 그렇게 생각했던 헨리는 무엇이 됐든 승리가 동물운동 진영에게 절실히 필요하다는 사실을 깨달았기 때문에 이 단체는 첫 번째 과제를 설정했다. 바로 목표로 삼을 만한 구체적인 실험을 찾는 것이었다. 강의할 때 나는 실행 중인 동물실험 사례들을 제시했다. 그것들은 암이나 여러 주요 질병들의 치료 방법을 탐구하는 게 목적이 아니었다. 그보다 하찮고 때로는 매우 괴상한 목적 때문에 하는 실험들이었다. 이 가운데는 동물에게 심각한 고통을 안기는 것들도 있었다. 헨리의 모임은 이 같은 실험을 활동 대상으로 삼기를 원했고, 뉴욕시에서 진행되는 실험이면 더할 나위가 없었다. 뉴욕은 대중의 지지를 받기 쉬웠으며 매체들이 항의운동을 보도할 가능성도 높았기 때문이다.

운동의 목표

헨리는 뉴욕에 있는 연구소에서 진행하는 동물실험에 관련된 정보를 그러모으기 시작했다. 1975년 여름, 그는 생체실험 반대 단체인 동물행동연합United Action for Animals(행동연합)이 발간한 동물성별실험 보고서를 보았다. 보고서가 기술한 실험들 가운데 미국자연사박물관이 고양이를 대상으로 하는 실험도 있었다. 뉴욕 시민의 커다란 사랑을 받았던 자연사박물관은 헨리가 살던 곳에서 북쪽으로 5구역 정도 떨어진 곳에 있었다. 헨리는 박물관 앞을 수백 번 지나다녔지만, 공룡의 두개골과 지질학 표본들을 보기 위해서 입장했던 방문객들처럼 그곳 5층에서 동물실험을 하고 있었다는 사실을 한 번도 생각해본 적이 없었다.

실험 대상이 고양이었다는 사실은 중요했다. 윤리적인 측면에서 헨리는 고양이, 햄스터, 쥐는 실험 대상으로 별 차이가 없다고 생각했다. 그것들 모두가 감정이 있는 창조물이라 고통을 충분히 느끼기 때문이다. 하지만 사람들이 친해지기 쉬운 동물의 실험을 반대하는 게 항의운동을 촉발시키기 쉽다는 사실을 그는 잘 알고 있었다. 개와 고양이는 가장 흔한 반려동물이었기 때문에 그것들을 대상으로 하는 실험을 겨냥하는 게 이상적이었다.

헨리의 계획에서 봤을 때 고양이의 성행동을 실험 대상으로 삼았다는 사실은 더할 나위 없이 중요했다. 중병을 치료하기 위해서 이런 실험들을 했다는 주장은 전혀 찾아보기 힘들었다. 이 실험들은 고양이의 성행동 연구가 공동체에 조금이라도 가치가 있는 이유를 설명하기 매우 어려웠다.

이 실험은 국립아동보건인간개발연구소 National Institute

of Child Health and Human Development의 지원을 받았고, 이곳은 의학연구를 지원하는 정부의 핵심적 기금 창구인 국립보건원National Institutes of Health(보건원) 산하였다. 다른 말로 하면, 세금을 거둬서 실험을 했다는 얘기였다. 고양이 실험과 연구소의 설립 목적은 아무리 좋게 봐도 별 관계가 없었다. 국민의 세금을 낭비하거나 오용하는 것을 바라는 사람은 아무도 없었기 때문에 이 실험은 약점이 뚜렷했다. 정부 기관으로서 보건원은 정보자유법을 준수하고 실험기금에 관련된 문서를 제공해야 했다는 사실 때문에 더욱더 치명적이었다.

결정적으로 실험은 눈에 보이게 고양이를 괴롭혔다. 고양이들은 여러 가지 방식으로 사지가 잘려나갔다. 감각기관의 제거가 성행동에 미치는 영향을 관찰하는 게 실험의 목적이었기 때문이다. 사지를 절단한다는 설명은 사람들이 이해하기 쉬웠으며 그들이 고양이를 동정할 것이라고 믿어도 좋았다. 헨리는 동물해방과 아무런 관계가 없는 지인들에게 실험 내용을 설명해주기 시작했다. 그들이 어떠한 반응을 하는지 확인해볼 속셈이었다. 그들은 충격에 휩싸였다.[10]

고양이 실험은 이상적인 목표처럼 보였다. 하지만 괜찮은 정도가 아니라 최상의 것이어야 했다. 그래서 헨리는 컴퓨터를 이용해 뉴욕시에서 진행 중인 동물실험을 조사했다. 컴퓨터가 토해내는 실험들을 모조리 검토한 후 이 단체는 자연사박물관에서 하는 실험에 반대하는 운동이 성공할 가능성이 가장 높다고 판단했다.

> 적들을 수세로 몰아넣기 위해서 우리는 설명만 하면 충분한 쟁점을 원했다. 여기에 딱 맞는 쟁점이 있었다. "절름발이 고양이의 성행동을 관찰하기 위해서 신중하게 고양이의 사지를 불구로 만드는 실험에 당신의 세금이 쓰이기를 원합니까?"[11]

자연사박물관의 고양이 실험

보건원은 자기네가 교부한 기금을 모조리 기록한 공짜 간행물을 발행한다. 여기에서 헨리는 자연사박물관 소속 레스터 애론슨 박사가 기금을 받았다는 사실을 찾아냈다. 1975년 8월 13일 그는 정보자유법에 따라 이 기금과 관련된 연구 계획, 평가, 진행 보고서, 기타 서류를 모조리 요구했고, 공익에 근거한 요청이므로 무료로 해달라고 했다. 보건원은 요청을 응낙했고 공짜로 해줬다. 곧장 헨리는 박물관의 고양이 실험에 관련된 서류뭉치와 씨름했다.

서류들은 15년 동안 진행된 실험들을 순서대로 기록했다. 박물관의 동물행동과 과장이자 학예연구원인 애론슨이 부하직원인 매들린 쿠퍼와 함께 사지의 특정 부위 절단이 성행동에 미치는 영향을 관찰하기 위해서 고양이의 사지를 절단했다는 내용이었다. 이 실험들은 다른 사람들이 예전에 원숭이, 햄스터, 생쥐의 사지를 절단하며 실험했던 연구들을 본받았다(후자의 실험들은 '모순된 결론들'에 도달할 때도 있었다). 박물관은 고양이의 후각을 파괴했고, 성기의 신경을 잘라 촉각을 둔화시켰고, 뇌의 일부를 제거했다. 이후 사지가 절단된 동물들은 다양한 상황에서 드러나는 성행동에 따라 기록됐다. 예를 들어 '후각 제거와 교미행위'라는 제목의 보고서에서 애론슨은 수술을 통해서 후각이 제거된 고양이의 (표준편차가 갖춰진) '성행위 평균빈도'를 보여주는 표를 발표했다. 기금신청서에서 실험자들은 그때까지 진행하진 않았지만 눈과 귀가 먼 고양이까지 실험을 했으면 좋겠다고 제안해두었다. 실험이 끝난 후 동물은 살해됐고 두뇌는 연구용으로 쓰였다.

실험자들은 1974년 한 해에만 74마리의 고양이를 사용했다. 세금이 투입된 각각의 실험들이 끝날 때마다 실험을 더 해야 한다는 결론에 도달했고, 결국 연구자들은 기금을 받아서 전보다 많은 수의 고양이를 죽여버렸던 것이다. 레너드 랙은 서류들을 샅샅이 뒤져서 내용을 요약하고 성과를 평가했다. 그는 최근의 기금 신청 이후 상당한 규모의 액수가 삭감됐다는 사실에 주목했다. 기금을 주는 기관도 이 연구가 딱히 중요하거나 특별히 뛰어난 업적을 낳았다고 생각하지 않는 징후였다. 설령 본인들이 제시한 문제를 성공적으로 해결했다고 하더라도 아무짝에도 쓸모가 없는 해답이었다고 랙은 생각했다.

1976년 2월 헨리는 동물운동의 터전을 계속 다지고 있었다. 이러는 와중에 뉴욕시가 자연사박물관에 투입하는 예산을 줄였으며 이 때문에 박물관은 지출 삭감을 고려하고 있다는 《뉴욕타임스》의 기사를 읽게 되었다. 논의 중인 박물관 프로그램 가운데는 《뉴욕타임스》가 '실용적인 가치가 전혀 없다'고 설명했던 것들이 있었다. 애론슨의 '수술로 불구가 된 고양이의 성행동' 연구 계획은 이 범주에 포함됐다. 특히나 헨리의 눈길을 잡아끌었던 내용은 박물관 관장인 토마스 니콜슨이 연구 프로그램을 옹호하는 방식이었다. "이 박물관의 독특한 특징이 있다면 실용적인 가치가 명확하게 없어도 아무거나 선택하여 자유롭게 연구를 해왔다는 점이다. 박물관은 이러한 자유를 계속 유지시킬 계획이다."[12] 니콜슨은 헨리가 싸우고 싶어 하는 쟁점의 형태를 간명하게 잡았다. 연구자는 명확한 가치가 없어도 어떠한 주제든 공급을 받아서 자유롭게 연구해도 괜찮은 것일까? 그들의 연구가 인간 아닌 동물을 고통스럽게 하더라도 그들은 그 같은 자유를 누려도 좋은 것일까?. 헨리는 결심했다. 고양이 실험 반대운동은 동물실험을 폐지하는 게 아니라 "이득을 얼마나 보겠다고 동물을 이토록

심하게 괴롭히는가?"의 문제로 봐야 한다고.

드디어 운동이 확대되다

운동을 준비하는 데 거의 1년이 걸렸지만, 드디어 1976년 6월 헨리의 모임은 행동을 개시할 준비가 되었다. 첫 단추는 공개적인 형태는 아니었다. 대신 헨리는 박물관 직원에게 편지를 보내 정보공개 요청을 통해서 알아낸 사실을 전달하고 동물실험의 미래를 논의하는 회의를 하자고 제안했다. 이 단체의 입장에서 봤을 때 이 전략은 불리할 게 없었다. 대규모 대중운동을 벌이는 게 아니라 실험을 멈추게 하는 게 목표였기 때문이다. 박물관이 실험을 중지시키는 가장 쉬운 방법은 체면을 잃지 않은 채로 연구를 중단하는 것이었다. 실험의 실체를 폭로하는 치명적인 운동이 전개되기 전에 박물관은 필요한 내용을 모조리 확인했으므로 실험을 계속할 필요가 없다고 말했을 가능성도 있다. 그렇게 진행됐다면 헨리의 모임은 목적을 달성했으므로 다른 목표로 넘어갔을 것이다. 반대로 박물관이 실험 중단을 거절했다면 이 단체는 박물관과 대화를 하려고 애썼지만 문이 굳게 잠겼다고 말했을 공산도 있다.

답장이 없었다. 전화도 안 됐다. 헨리는 혹시나 박물관에서 근무하는 어느 과학자라도 만나서 토론해볼 기회를 잡아볼까 싶어서 그곳에서 진행하는 강의에 등록까지 했다. 하지만 소용이 없었다. 레스터 애론슨이 박물관에서 강의를 한다는 소식을 듣고서 헨리는 이 강의에도 참석했지만, 애론슨은 고양이 연구에 대해서 문외한과 대화할 생각이 없다며 거절했다.

헨리의 다음 행보는 《뉴욕타임스》였다. 혹시나 기사를 실어줄지 몰랐기 때문이다. 그곳은 아무것도 하지 않았다. 그는 권위는 《뉴욕타임스》보다 못하지만 그보다 호의적인 매체에 문의했다. 페긴과 에드 피츠제럴드는 뉴욕 라디오방송국에서 인기를 끌던 일일 토크쇼 사회를 맡고 있었다. 그들은 오랫동안 활동한 생체실험 반대주의자였으며 이 실험을 왈가왈부 설명할 필요가 거의 없었다. 이들은 청취자들에게 실험을 반대하라고 촉구했다. 이 때문에 박물관은 6월 한 달 동안 실험을 반대하는 사람들이 보내는 400여 통의 편지를 받았다.

항의운동은 맨해튼의 무가 주간지 《아우어 타운Our Town》이 헨리의 기사를 실었을 때 정말로 많은 사람들에게 알려지게 되었다. 장문의 기사에서 헨리는 실험의 세부사항을 낱낱이 설명했고 박물관이 실험을 반대하는 의견에 응하지 않았다고 설명했다.[13] 또한 헨리는 자신의 자료를 여러 동물기관에 돌렸다. 함께 활용하고 같이 항의하자는 취지였다.

그해 6월 박물관 외부에서 첫 번째 시위가 열렸다. 동물권리협회Society for Animal Rights(권리협회)와 동물의친구Friends of

1976년 여름 자연사박물관에서 헨리가 시위에 참가한 사람들에게 연설하고 있다. 댄 브런자크의 사진.

Animals 같은 단체가 지원했다. 시위 참가자들은 현수막을 걸었고 실험을 설명하는 전단지를 뿌렸다. 그들은 박물관에 가는 사람들에게 입장하지 말라고 말하지 않았다. 그렇게 하면 대부분의 사람들은 난처할 수밖에 없었다. 방문객은 자식들과 함께 박물관의 전시를 보러 올 때가 많았기 때문이다. 대신 시위 참가자들은 확정된 입장료가 없다는 사실을 활용했다. 입장료는 기부금 형태였고, 박물관은 기부금을 3달러로 책정했다. 시위 참가자들은 방문객들에게 동전을 건네며 입장료로 쓰라고 제안했다. 방문객들로서는 일석삼조였다. 구체적으로 실험도 반대했고, 돈도 아꼈으며, 박물관까지 구경했다.

조금씩 주류 매체도 관심을 보이기 시작했다. 매체들은 동물실험을 반대하지 않는 사람들조차 반대할 만한 목표를 지혜롭게 선택했다고 논평했다. 예를 들어, 시카고의 《선타임스Sun-Times》는 로저 사이먼의 '섹스를 연구하려고 고양이 성기를 자른다니, 즐겁군 즐거워'라는 기사를 통해서 '명확하게 실용적인 가치'가 없더라도 자유롭게 연구해야 한다고 주장한 박물관 관장의 태도를 비판하고 나섰다. 많은 사람들에게 알려질 것이라고 헨리가 확신했던 사항이었다.

> 나는 언제나 누군가에게 도움이 될 가능성이 있다면 동물의 성기를 잘라도 반대하지 않는다. 하지만 내가 고양이의 눈을 망가트리기 전에 무엇인가 '명확하게 실용적인 가치'가 있을지도 모른다고 누군가 내게 말해주었으면 좋겠다.[14]

시위는 한 해 넘도록 매주 주말에 계속 열렸다. 시위 참가자 가운데는 은퇴한 카바레 가수인 소니아 커티스 같은 열성적인 사람도 있었다. 당시 예순 살이었던 그녀는 휴대용 확성기를 들고서 매주 시위에 온종일 참여했다. 시위가 절정일 때는 천여 명의 사람들이 참여했고 상징적인 항의 표시로 입구를 잠깐 막기도 했다. 한번은 수천여 명이 서명한 실험 반대 탄원서로 두루마리를 만든 다음 박물관 앞에 펼쳐놓기도 했고, 또 한번은 몇 명만 남았지만 결코 포기하지 않는 태도를 보여주기도 했다. 실험이 중단되고 실험실이 폐지되기 전까지 떠나지 않겠다는 의견을 박물관에 보내자는 생각이었다.

사람들이 현수막을 들고서 박물관에 입장했을 때 직원들은 현수막 같은 것을 소지하고 들어오면 누구든 체포할 것이라고 말했다. 그러자 활동가들은 고양이 사진과 실험 중단을 요청하는 구호를 인쇄한 티셔츠를 입었다. 항의하는 사람들도 이 셔츠를 입고서 박물관에 입장했지만 직원들은 셔츠를 벗으라고 말할 수가 없었다.

시위가 끝나면 참가자들은 길 건너 센트럴파크로 갔으며, 여기서 헨리는 시위에서 있었던 일들을 사람들에게 말해주었다. 이 때문에 사람들은 시위만 하는 것은 아니라고 생각하게 되었다. 휴대용 확성기가 참가자들 사이를 돌면서 모두 자기가 듣고 생각하고 실천했던 내용을 말해보라는 권유를 받았다.

이 운동은 과학적 연구 자체를 반대하는 것은 아니라고 신중한 의견을 펼쳤다. 과학을 지지하지만 이 같은 실험은 과학에 먹칠을 한다는 것이다. 젊은이들이 과학을 하고 싶게 만들려면 야만적이고 기본적으로 아무런 의미가 없는 실험들을 중단시키는 게 필요하다고 운동가들은 주장했다.

이러는 사이에 헨리와 지지자들은 다른 측면의 활동도 벌였다. 박물관은 간행물을 발행해 정기적으로 뉴욕주, 뉴욕시, 공공재단, 주요 기업, 부자, 작품과 기술을 기부한 예술가들 등 수많은 기부자들에게 감사를 표했는데, 헨리와 지지자들은 이 모든 사람들과 접촉하여 고양이 실험이 계속되는 동안에는 지원을 하지 말라고 요청했다. 그때까지 박물관에서 진행하는 전시를 소개했던 여행잡지 《디스커버 아메리카Discover America》의 편집장은 관장에게 편지를 써서 이 실험이 계속되는 동안에는 박물관을 소개하지 않겠다고 말했다. 박물관에 기부하는 회사의 주식을 보유한 사람들에게는 주주총회에서 의결을 통해서 실험이 중단될 때까지 더 이상의 기부를 하지 못하게 하라고 요구했다. 그리고 모든 사람에게 자기들이 선출한 연방대표, 주대표, 시대표에게 연락하여, 희생물을 늘리기만 할 뿐 누구에게도 이롭지 않은 무의미한 연구 때문에 세금을 낭비하는 행태를 중단시키라는 압력을 넣으라고 요구했다.

헨리의 모임은 고양이 성행동 실험을 비판하는 신문광고 모형을 개발하고, 동물단체와 공감을 표하는 개인들에게 제공했다. 그리고 광고 하단에 본인의 이름을 넣은 후 신문에 광고를 게재해도 좋다고 권유했다. 제법 많은 사람들이 그렇게 했으며 많은 신문에 광고가 실렸다. 점점 많은 사람들이 이 사실을 알게 되었다. 7월에 박물관은 650통의 항의 편지를 받았다. 8월에는 1,500통이었다. 9월 박물관 관장은 직원의 메모를 한 장 받았다. 여기에는 지난 5주 동안 350명이 박물관 회원권을 취소했다는 얘기가 적혀 있었다. 메모가 지적하는 사항은 다음과 같았다. "재앙과도 같은 수치는 아닙니다. 다만, 우리가 보내는 광고용 우편과 회원 갱신 광고에 침묵하며 냉대하는 사람들이 굉장히 많았다는 점만 제외하면 말이죠."[15]

대부분의 편지의 수신자는 박물관 관장 토마스 니콜슨이었다. 나중에 박물관의 1977년 《연차보고서Annual Report》에서 그는 사방에서 포위공격을 받고 있다고 설명했다.

> 대부분의 여론이 이 연구를 문제 삼기에 이르렀다. 생체실험 반대주의자들만이 반대를 하는 게 아니었다. 8,000통이 넘는 편지가 왔으며 세지도 못할 만큼의 전화가 왔다. 문의했던 사람들에게 만족할 만한 답변과 정보를 제공했지만 1976년 봄부터 운동을 주도한 생체실험 반대운동 지도부는 1년 내내 활기차고 짜임새 있게 항의운동을 전개했다. 광고들은 매체에 실렸으며, 비판들은 동물애호가 출판물에 낱낱이 기록됐고, 직원들과 이사들은 괴롭고 때로는 위협적인 편지와 전화를 받았으며, 시위 참가자들은 주말만 되

면 팻말을 들고서 항의했고, 선동을 일삼는 전단지가 배포됐으며, 연구를 지원하는 기금기관은 비판을 받았고, 박물관 기부자들은 (특히 기업과 사립재단은) 다양한 방식으로 압박을 받았다.[16]

박물관은 관내 동물복지위원회의 평가를 가동해 이 운동에 화답했다. 위원회는 이 연구가 실험용 동물 사용에 관한 연방규정을 준수했다고 평가했다. 실험에 유리한 소견이 나왔던 것은 놀랍지 않다. 평가를 진행했던 위원회 면면이 레스터 애론슨, 부하직원 매들린 쿠퍼, 이 계획에 의견을 개진했던 수의사였기 때문이다.

11월 항의운동은 박물관 이사회 이사장 로버트 굴렛을 목표로 잡았다. 신문광고 하나는 '이 남자는 이 불운한 고양이를 구해낼 수 있습니다'라는 제목을 달아, 굴렛과 박물관 실험실의 고양이 한 마리의 사진을 대문짝만 하게 실었다. 11월 20일 자동차, 오토바이, 자전거 수백 대가 참가한 '자동차 항의대Motorcade of Protest'는 박물관에서 굴렛이 살던 뉴욕의 상류층 거주지 서튼 플레이스 호텔까지 행진한 후에, 거기서 또다시 뉴욕 시장의 거주지 그레이시 맨션까지 행진했다. 전단지 역시 굴렛의 이웃들에게 살포되어, 그가 관장하는 고양이 성행동 실험의 세부사항을 낱낱이 보여줬다. 이웃 한 사람이

2장 동물해방 139

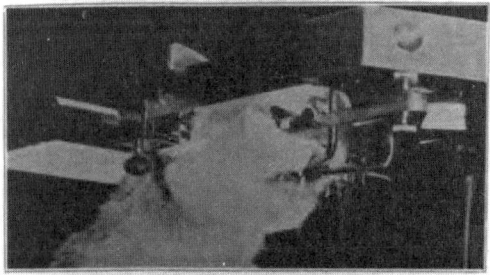

헨리가 처음으로 기획한 전면광고. 페긴 피츠제럴드가 속해 있는 밀레니엄길드Millenium Guild가 비용을 지불해 1977년 5월 3일 《뉴욕타임스》에 실렸다.

이 운동을 더 많이 알고 싶어 했을 때, 그 사람의 우아한 아파트에서 모임이 열렸으며 이후 열띤 토론이 이어졌다.

고양이의 두뇌를 제거하다니

옹호하기 힘든 실험이었고 그렇게 압박을 했으므로 박물관이 금방 흔들렸을 것이라고 예상할지도 모르겠다. 이 같은 기대는 당시 동물을 옹호하는 운동이라면 어느 것이든 성공하기 매우 힘들게 했던 여론의 세 가지 양상을 무시한 것이다. 첫째, 지도적 정치인들, 여론 주도층, 영향력이 막강한 신문과 방송이 동물에 관련된 문제를 결코 다루지 않았다. 진지한 사안으로 생각하지 않았던 것이다. 초기에 《뉴욕타임스》가 헨리가 제출한 문서를 활용하지 않고 거부했던 진짜 이유도 의심의 여지없이 그 때문이었다. 둘째, 과학자들은 동물실험에 반대하는 사람들을 완전히 경멸했다. 대부분의 과학자들은 이런 사람들이 무지하며 과학에 반대하는 광신도라고 생각했다. 보통은 이상한 종교나 신비주의 생각 몇 가지에 빠져든 탓이라고 보았다. 그리고 그들의 말을 경청하는 것은 물론이요, 그들에게 굴복할 이유는 더더욱 없었다. 결국 생체실험 반대운동은 단 하나의 실험도 중단시키지 못한 채 한 세기 넘게 존속했던 것이다. 셋째, 과학자가 여전히 누리는 높은 신망. 정치인들과 대다수 사람들은 별다른 의심 없이 과학자들이 과학을 가장 잘 알 것이라고 생각했다. 연구용 동물과 관련된 입법을 관장하는 하원의 농업위원회House Committee on Agriculture 토마스 폴리 의장의 다음과 같은 말이 전형적인 경우다.

> 살아 있는 동물실험을 대체할 수단이 있다고 생각하지도 않거니와, 반드시 필요한 의학 발전을 방해하지 않으려면 실험실의 권위에 대해서 별달리 관심을 보이지 않는 게 좋다고 생각한다.[17]

하지만 하원의원 한 사람은 그다지 편견이 없었고 유권자들의 편지를 상당히 받았던 터라 현장에 가서 상황을 둘러봤다. 나중에 뉴욕의 시장이 된 에드 코흐는 당시 맨해튼 출신의 젊은 하원의원이었다. 그는 나중에 박물관을 방문했던 일을 의회에 보고했다.

> 나는 그들에게 실제로 하는 일이 무엇인지 말해달라고 했으며, 그들은 실험실에 가서 우리에 있는 고양이를 봐달라고 했다. 좋다고 말했고, 실험실에 들어가보니 대략 35마리의 고양이가 있었다. 그것들은 깨끗한 우리에 있었고 아픈 곳이 하나도 없는 것처럼 보였던 터라 보살핌을 잘 받고

있는 것 같았다. 나는 실험을 설명하는 박사에게 물어봤다. "여기서 무슨 일을 합니까? 실험의 목적은 뭔가요?" 그녀는 말했다. "음, 고양이의 과다 과소 성 행태 효과를 관찰하는 게 목적입니다. 정상의 수고양이를 발정 상태의 암고양이가 있는 곳에 두면 수고양이는 암고양이와 교배하겠죠."
나는 말했다. "매우 합리적인 것 같군요."
그녀가 말했다. "이제 정상의 수고양이의 두뇌 일부를 손상시키고……."
여기서 나는 말을 막고서 물었다. "무엇을 손상시킨다고요?"
그녀는 말했다. "네, 두뇌세포 일부를 파괴한다는 겁니다."
나는 물었다. "그런 다음에는요?"
그녀는 말했다. "두뇌 일부가 손상된 수고양이를 암고양이와 암토끼가 있는 곳에 두면, 수고양이는 토끼와 교배할 겁니다."
나는 그녀에게 물었다. "암토끼는 이 모든 것을 어떻게 느낄까요?"
아무런 대답이 없었다.
나는 이 교수에게 말했다. "자, 이제 내게 말해주시죠. 두뇌 일부를 손상시켜 발광한 수고양이가 암고양이 대신 토끼와 교배할 것이란 사실을 발견했다는데, 그래서 얻은 게 뭔가요?"

아무런 대답이 없었다.

……나는 물었다. "정부의 지원금은 얼마죠?"

그녀는 말했다. "43만 5,000달러입니다."[18]

하원의원들은 웃긴 일이라고 생각했지만 그렇게 많은 정부의 돈이 이처럼 터무니없는 곳에 들어간다는 것도 어리석은 일이라고 생각했다. 코흐는 서면으로 무슨 이유 때문에 이 실험을 계속 지원하는지 보건원에 질의했고, 120여 명의 하원들도 이 실험에 관련된 사항을 문의했다.[19] 보건원의 예산 전체는 전적으로 하원에 달려 있었기 때문에 보건원은 무시할 수 없었다.

일반 사람들이 보건원에 보낸 편지는 굉장히 많았다. 《뉴욕타임스》는 이 실험의 기금을 지원한 보건원 과장 윌리엄 새들러 박사의 말을 보도했다. 대중의 불평과 하원의 문의가 홍수처럼 쇄도하는 바람에 업무가 마비됐다는 것이다. 처음에는 박물관의 동물복지위원회의 소견을 승인했지만 나중에 보건원은 박물관 스스로 진행한 평가가 만족스럽지 않다고 판단했다. 새들러 박사는 "이 실험에 깊숙이 개입한 사람은 누구든 평가 작업에서 제외돼야 한다"고 말하고서, 보건원이 직접 평가를 수행할 예정이나 '동물의 유지보수'에만 중점을 두

코흐 하원의원은 고양이 성행동 실험을 하고 있던 실험실을 조사하기 위해서 자연사박물관을 방문했다. 왼쪽부터 코흐, 토마스 니콜슨 박물관 관장, 헨리 스피라, 신원 불명의 언론인, 연구책임자 제롬 로젠, 고양이를 해부한 매들린 쿠퍼.

겠다고 진술했다.[20] 달리 말하면, 연구 가치 자체를 문제로 삼지도 않고 연구 가치와 실험을 하는 동안 동물이 겪는 고통을 비교해보려는 생각도 없다는 뜻이었다. 보건원 직원 한 명이 실험실을 감사하기 위해 뉴욕으로 날아갔다. 그는 다음과 같이 보고했다. "잘못된 점을 하나도 찾지 못했다. 평가를 했지만 동물들은 인도적으로 대우를 받았고 불필요한 고통은 받지 않았다." 하지만 동물의 '필요한' 고통을 무슨 근거로 규정하는가? 보건원은 이 질문에 직접 답하지 않았지만 보건원 소속 연구보호청 동물복지 직원인 로이 키네드 박사의 말을 통해서 박물관은 동물실험에 관련된 연방규정을 준수했다는 입장을 밝혔다.[21] 운동가들은 연방규정에 미비한 점이 있다는 사실을 보여줬을 따름이라고 생각했다.

코흐가 박물관을 방문한 다음 발생한 여파는 동물운동의 첫 번째 중요한 돌파구였다. 두 번째 돌파구는 예상치 못한 곳에서 나왔다. 1976년 10월, 미국과학진흥협회American Association for the Advancement of Science의 기관지이자 가장 인정받는 미국 과학잡지인 《사이언스Science》는 니콜라스 웨이드 기자의 4쪽짜리 기사 '동물권리: 보건원의 고양이 성행동 연구 때문에 재난에 빠진 뉴욕박물관'을 실었다. 기사의 서두는 인상적이었다. "홍보 재앙이 독가스처럼 뉴욕의 자연사박물관을 덮쳤으며, 온갖 수단을 동원해 재앙을 쫓아내고자 했지만 점점 심해지는 것처럼 보인다."[22]

잡지의 성격을 생각해도 그렇고 생체실험 반대주의자들이 비판했을 때 과학자들이 드러냈던 공고한 결속을 생각해도 그렇지만, 독자들은 웨이드의 기사가 레스터 애론슨을 진리를 탐구하는 순교자요, 그를 비판하는 인간들은 생각이 잘못된 고집쟁이라고 설명할 것이라고 예상했다. 하지만 웨이드는 새로운 접근법을 제시하며 등장한 동물권리 쪽 입장을 다루었다. 철학자들처럼 주류 동물애호가 단체에서 활동하지 않는 사람들이 동물권리에 대해서 저술한 작업을 결부시켰다. 그는 《동물해방》을 동물해방운동의 새로운 증거라고 설명하면서 이 책이 "동물복지를 새로운 방식으로 진지하게 돌아보게 했다"는 헨리의 말을 인용했다. 반면 박물관의 대응은 비판이 등장하면 반사적으로 나오는 통례의 반응이라고 묘사했다.

헨리 본인은 기사에서 매우 합리적인 인물로 그려졌다.

> 스피라는 동물권리운동을 하는 많은 사람들처럼 철두철미한 생체실험 반대주의자는 아니지만, 동물을 쓰지 않고도 과학자는 여러 가지 실험 목적을 달성할 수 있으며 교실에서 시연할 때 살아 있는 동물을 죽이는 행태는 야만스럽고 불필요하다고 생각한다.[23]

웨이드는 헨리라는 인간을 좋아했던 게 확실하다. 수년이 지난 후 그는 이 운동을 되돌아보면서 이렇게 말했다.

> 내가 그를 유능하다고 생각하는 이유는 친절하고 활달하고 온건한 사람이기 때문이죠. 그는 날카롭지 않았습니다. 사람들이 자신의 의견을 모조리 동의할 것이라고 기대하

지도 않았고. 하지만 그는 쾌활했으며 수가 넘쳤고, 듣기만
해도 재미있었습니다. 그래서 나는 취재거리로 매력적인
인물이라고 생각했죠. 나는 그가 장점이 많다고 보았기 때
문에 언제라도 이 사항을 통해서 헨리의 반대쪽 반응이 어
떨지 확인할 준비를 해두곤 했습니다.[24]

웨이드는 이 운동을 지원하는 헨리와 동물권리 단체가 실험을 반대하며 걸었던 몇 가지 주장을 받아들이지 않았다. 그는 기금신청서에 기술된 '차폐형sound retarded' 실험실이 외부 소음을 막기 위해서 계획된 게 사실이라는 박물관의 주장을 수용했다. 헨리가 말했던 것처럼 고양이의 울음을 가리기 위한 게 아니란 얘기였다. 고양이들이 지저분한 곳에서 살고, 불량한 먹이에 보살핌도 잘 못 받고 있었고, 마취 없이 수술을 받았다는 증거는 없다고 썼다. 그리고 실험자들이 가학적인 쾌락을 즐겼다는 주장은 '명백하게 어불성설'이라고 말했다. 하지만 실험을 하는 것 자체가 끔찍한 일이라고 고발하고 나섰을 때 웨이드의 해설은 미묘한 양날의 검 같았다.

명확하게 말해서 실험자들은 고양이의 귀와 눈을 멀게 하
고, 후각을 파괴하고, 두뇌 일부를 제거하고, 성기의 신경
을 잘라내고, 고환을 절개할 생각이었다. 실험심리의 관례

에 익숙하지 못한 사람들에게 이는 결코 유쾌하게 들리지 않는다. (……) 대중이 이 실험을 성토하는 이유는 실험심리학자와 보통사람이 본능적으로 잔인하다고 생각하는 기준이 다르기 때문이다.[25]

기사가 실렸던 매체의 본성을 생각했을 때 과학자들의 책임을 면제시킬 생각이 전혀 없었다는 사실을 주목할 만하다. 웨이드는 박물관이 수행한 '평가'가 결코 자율적인 게 아니었다고 비판했고, 비판하는 사람들에 대한 박물관의 대응까지 가혹하게 비난했다.

박물관의 몇 개 안 되는 공개 보고서들은 일반적인 용어로 기술됐던 반면 동물권리 단체는 세부사항을 낱낱이 지적하며 고발했다. 그리고 처음에는 기초연구는 모두 중요하다고 주장했다가 나중에는 고양이 연구는 '인간 문제와 매우 밀접하다'고 주장하는 등 핵심 방어 전략을 수정하기까지 했다.

웨이드는 박물관이 초기에 드러낸 입장이 진리에 가까웠다고 생각했다. 실험은 기초연구로서 평가돼야 한다는 게 맞다는 것이다.

웨이드는 이 논란에 자신의 입장을 덧붙였다. 그는 과학논문색인지수 Science Citation Index(SCI)를 검토했다. 이것은 과학지에 발표된 논문이 몇 번 인용됐는지 일러주는 지표다.

> 애론슨과 그의 동료들이 1962년 이후 발표한 고양이 논문은 21개로서, 이 가운데 14편은 과학논문색인지수가 시작된 1965년부터 1976년 3월까지 한 번도 인용되지 않았다. 과학 논문의 인용은 시간이 갈수록 줄어들기 때문에 계속 인용될 것 같지는 않다. 나머지 7편은 각각 11년 동안 평균 5.6회 인용됐다.
> 한 번도 인용되지 않는 논문이라면, 대략 발표된 논문의 반 정도가 이러한 운명을 겪는데, 지식을 조금이라도 증진시켰다고 보기는 어려울 것이다.[26]

독자들도 대부분 과학논문색인지수를 잘 알고 있던 과학자였기 때문에 이는 치명적인 자료였다. 헨리는 이 기사를 읽으면서 지금까지 견고했던 벽에 처음으로 금이 갔다고 생각했다.

또 다른 독자도 《사이언스》 기사의 중요성을 감지했다. 애론슨은 미국심리학회 소속 과학업무위원회 의장에게 편지로 해명했다.

모든 과학자의 후원자로서 과학진흥협회는 장기 회원인 나를 당연히 지원해야 했습니다. 하지만 처음에는 침묵으로 일관했고, 다음에는 웨이드가 《사이언스》에 쓴 기사와 협회가 편집자에게 선별해 보냈던 편지를 통해서 협회가 동물실험을 축소하고 결국은 폐지하는 게 목적인 운동에 공감을 표했다는 것이 명확해졌습니다. 《사이언스》 편집자의 입장이 과학진흥협회 지도부의 입장이라고 생각한다면 그들의 행보가 매우 실망스럽다고 생각합니다.[27]

과학진흥협회도 《사이언스》 편집장도 생체실험 반대운동에 동참했다는 게 사실이 아니라고는 해도, 웨이드의 기사는 유명한 과학잡지가 동물실험을 수행하는 과학자들을 의심하는 동시에 동물실험 반대자를 존중하고 진지하게 다룬 첫 번째 글로 기록되었다.

과학단체가 애론슨을 중심으로 뭉치는 대신 그를 내칠 수 있었을까? 애론슨은 분명히 그럴 수 있다고 생각했다. "국립학술원National Academy of Sciences이 이 문제에 관심을 쏟아야 하는 이유는 과학을 공격한 것이기 때문입니다. 하지만 그 당시 학술원이 이 문제를 열을 다해서 회피하려고 했다고 생각할 만한 타당한 이유를 잘 알고 있습니다."[28]

몇 년이 흐른 후 니콜라스 웨이드는 국립학술원이 애론

슨이 믿었던 것만큼 왜 지원을 하지 않았는지 한 가지 그럴듯한 설명을 내놓았다. 애론슨은 성행동 관찰 대상으로 삼았던 고양이의 이름을 정할 때 미국과학단체에서 활동하는 저명인사들의 이름을 붙이는 버릇이 있었다. 고양이 한 마리의 이름을 국립학술원 원장의 이름을 따서 지었다는 사실과 함께 이러한 소문이 돌았던 모양이다.[29]

주류 매체도 점차 새로운 동물권리 현상들을 주목하기 시작했다. 《뉴욕타임스》, 《시카고 트리뷴》, 《크리스천 사이언스 모니터Christian Science Monitor》, 《뉴스위크Newsweek》, NBC 텔레비전 뉴스는 현상들 가운데 가장 극적인 시위였던 박물관 항의를 보도했다. 보건원은 고양이 실험 기금 지원과 동물실험에 관련된 보건원 일반 기금규정 평가 작업을 수행함으로써 하원의원 121명에게 화답했다. 하지만 보건원은 평가 작업의 마무리를 전혀 서두르지 않았다.

완벽한 승리, 동물권리의 시대로

매주 하는 시위는 1976년 겨울부터 1977년 봄까지 계속됐다. 실험 역시 계속됐다. 하지만 이 동안 실험을 끝장낼 진전이 이루어졌다. 2월 애론슨은 국립아동보건인간개발연구소 소속 기금계약사무국의 도널드 클락 국장에게 8월 31일 연구가 끝나면 기금 갱신을 하지 않겠다고 서면을 통해 알렸다. 그는 두 가지 이유를 댔다. 첫째, 그는 7월에 은퇴할 예정이었다. (4월이면 66세였다.) 둘째, "생체실험 반대 단체가 최근에 비판하는 양상을 봤을 때 박물관은 이 연구를 계속할 최적의 장소가 아니라고 생각합니다. 왜냐하면 그러한 공격이 발생하면 박물관은 여타의 여러 기관들보다 방어하기가 훨씬 취약하기 때문이죠."[30]

하지만 애론슨은 기존의 기금이 한 해 더 연장돼야 한다고 요청했다. 이유는 "이 연구를 제대로 끝내기 위해서" 필요하다는 얘기였다. 클락은 정보가 더 필요다고 응답했고, 애론슨은 연장된 기간 동안 완료하고 싶은 네 가지 실험의 윤곽을 서면으로 제시했다. 대부분의 경우 기존에 획득한 자료를 분석하면 완료된다. 살아 있는 고양이로 실험을 더 하는 게 아니다. 하지만 제안된 실험 가운데는 추가로 '행동을 관찰'하는 게 포함되어 있었다. 이러한 요청이 있었음에도 박물관은 8월에 실험이 끝날 것이라고 운동가들에게 말했다.

헨리는 정보자유법을 통해 보건원의 문서를 계속 확보했다. 그래서 그는 박물관이 8월에 실험이 끝날 것이라고 사람들에게 말하고 있던 동안에도 애론슨이 실험 연장을 요청한 탓에 8월이 지나도 실험이 계속될 것이란 사실을 잘 알고 있었다. 이 때문에 시위는 계속됐다. 1977년 5월 전면광고 하나가 《뉴욕타임스》에 실렸다. "정신 차리고 생각해봅시다. 여기에 세금이 계속 나가면 좋겠습니까? 자연사박물관의 고양이 고문은 중단돼야 합니다." 라디오 진행자 페긴 피츠제럴드가 비용을 댔던 이 광고는 고양이 실험을 할 때 쓰이는 입체정위장치stereotaxic machine에 갇힌 고양이 머리를 크게 그려놓았다. 광고 하단에 실험은 8월에 중단될 것이라는 박물관의 발표를 적은 후 다음과 같이 설명해놓았다. "하지만 그들은 진실을 말하지 않았습니다. 그리고 현재 그들은 보건원에 고양이 성행동 실험을 계속할 기금을 요구하고 있습니다." 이 광고는 독자들에게 지역 하원의원과 뉴욕시 관리에게 항의 편지를 쓰라고 촉구했다. 실험이 중단될 때까지 '박물관이 요구하는 500만 달러의 보조금'을 보류시키라는 얘기였다.[31]

애론슨의 연장 요청안은 실험이 거의 1977년 8월 말이 되어야 완료될 것이라고 적시했다. 보건원은 그 시점에서 실험이 완전히 중단될 것이라고 결정했다. 5월 6일 클락은 3개월 뒤인 1977년 11월 30일까지 기금을 연장해주겠다고 애론슨에게 고지했다. "이 연장 기간 동안 연구 작업은 16차 연장신청서에 기술된 계획과 최종 진행 보고서 준비에 의거해 1977년 8월 31일까지 수집된 자료의 분석으로 제한될 것입니다."[32]

이론상 애론슨은 '행동관찰'을 완료하기 위해서 박물관의 지원금을 요청하는 게 가능했다. 하지만 박물관이 실제로 그렇게 하기에는 막중한 부담이 따랐다. 뉴욕시 시의회 연차 예산 심의를 하는 동안 폴 오드와이어 의장은 실험 중단을 약속받기 위해서 예산국장에게 박물관과 접촉하라고 요청했다. 그리고 예산이 통과되기 전까지 약속을 받았으면 좋겠다고 말했다. 1977년 6월 1일, 오드와이어는 박물관 항의운동을 하는 사람들에게 박물관이 1977년 8월 이후 실험 중단에 동의했다고 편지로 알렸다. 8월 22일 보건원 관리는 헨리에게 보낸 편지에 다음과 같은 사실을 확증해주었다. 첫째, 애론슨의 기금은 8월 31일 종료된다. 단 8월 31일 전까지 수집된 자료의 분석을 위해서 세 달을 연장하는 것은 예외로 한다. 둘째, 자연사박물관의 동물행동에 관련한 기금 신청은 '현재' 하나도 없다.[33]

상황이 이렇게 진행되는 동안 헨리는 박물관 반대운동을 함께했던 단체에서 매우 독립적인 활동가 한 명을 선택해 다른 형태의 공격을 하게 했다. 8월 레스터 애론슨이 살던 곳인 뉴저지 힐스데일 사람들은 익명의 편지를 받았다.

이 사람을 아십니까?
레스터 애론슨이 여러분의 동네에 살고 있습니다! 그는 여러분이 사는 힐스데일 시더 가 47번지에 살고 있습니다. 전화번호는 (201) 666-0175입니다.

> 애론슨은 40년 넘는 기간 동안 동물의 성행동 실험을 하면서 생활비를 벌었습니다. 그가 무슨 일을 했으며 어떤 논문을 발표했는지 상세히 설명한 내용을 첨부해놓았습니다. 이 서지목록 일부는 고양이 실험만 다루었지만 레스터 애론슨은 여러 종의 물고기, 개구리, 햄스터를 이용해 똑같은 실험을 했습니다.
> 동봉된 자료를 읽은 후 애론슨에게 전화를 걸어 당신의 생각을 그에게 말했으면 좋겠습니다.

편지에는 실험 내용을 설명하는 전단지 하나, 애론슨과 매들린 쿠퍼가 발표한 21가지 발표물 목록이 첨부됐다. 여기에는 〈수고양이의 생식기 제거와 성행동〉, 〈후신경구 제거에 따른 수고양이의 고도 성행동 지속성〉 같은 논문도 있었다. 매들린 쿠퍼의 동네에 살던 사람들도 비슷한 편지를 받았다. 다른 점은 박물관이 직접 작성한 기금신청서를 일부 발췌해 쿠퍼의 인건비를 보증하는 내용밖에 없었다. 발췌문은 다음과 같이 실험용 동물 집단을 선택했다는 내용도 언급했다.

1. 시각상실 – 양쪽 안와(眼窩) 적출
   A. 숙달된 성묘
   B. 3개월 됐을 때 실명한 새끼 고양이

2. 후각상실 – 두뇌 후신경구 제거
   A. 숙달된 성묘
   B. 3개월 됐을 때 실명한 새끼 고양이

 발췌문은 다음과 같이 시작하는 '연구 중요성' 항목도 포함시켰다. "이 연구는 거세 후 성행동 감소 요인을 연구하는 새로운 접근법을 제시한다."
 헨리는 이 전략을 '다다전술Dada tactics'로 불렀다. 다다이스트 마르셀 뒤샹이 변기를 미술관에 전시해 변기를 바라보는 새로운 시각을 만들었던 것처럼 헨리는 과학자의 발표물과 기금신청서를 실험실과 대학교 외부에 던져놓음으로써 다른 시각에서 평가받기를 원했던 것이다. 고양이 성행동 실험 반대운동이 성공을 거두었던 이 무렵 헨리는 더 큰 목표를 찾아 나섰다. 그 같은 작업을 정상으로 간주하는 과학문화를 바꾸는 것이었다. 편지의 진짜 목표는 애론슨과 쿠퍼가 아니었다. 비록 그들이 예전보다 인심을 잃었다 하더라도 헨리는 그 때문에 슬퍼하지 않았다. 목표는 과학자들에게 충격을 주는 것이었다. 특히 무엇을 연구할지 고심하며 연구를 시작한 지 얼마 안 되는 과학자들이 목표였다. 헨리는 (다시 익명으로) 미국의학연구회National Society for Medical Research에 편지 사본을 보냈다. 이 단체는 동물실험 옹호를 핵심 활동의 하나로 간주하는 곳이었다. 의학연구회는 자신의 월간지 《불레틴Bulletin》의 1면에 편지를 실었다. 이것이야말로 헨리가 바라는 바였다. 이 때문에 수천 명의 과학자들은 어느 날 본인이 작성한 기금신청서 발췌문을 받지 않을까 생각하게 되었다. 그 과학자의 동네 사람들도 마찬가지였다.[34]

고양이 실험의 종식이 공식 확정됐을 때 애론슨과 박물관은 여하튼 실험이 완료됐다고 말하면서 항의운동가들의 승리를 부정했다. 애론슨이 수많은 사람들이 은퇴하는 나이가 됐던 것은 확실하다. 하지만 본인이 직접 몇 가지 행동관찰이 포함된 작업을 위해서 1년 연장을 신청한 상태였다. 그렇기 때문에 애론슨으로서는 모든 작업을 다했으므로 실험이 끝났다고 주장하기는 힘들었다.

12월 운동가들은 실험실 구역 방문을 허가받았다. 그때즈음 실험실의 장비는 해체된 상태였다. 박물관의 연차보고서에서 관장은 이제부터 사육하거나 실험실에서 기른 동물로 생리학 지향의 실험연구를 하기보다는 자연 상태의 동물들과 그 현장에 관련된 실험에 더욱 매진할 것이라고 말했다.[35] 완벽한 승리였다.

완벽한 동물운동 초심자였던 사람이 수없이 많은 선배 운동가들이 얻지 못했던 승리를 어떻게 거머쥐었을까? 박물관 반대운동의 핵심 성공 요인이 무엇이라고 생각하는지 질문을 받았을 때 헨리는 어느 한 가지 요인을 특정하지 않았다.

> 전면광고는 정말 필요했다고 생각합니다. 매주 시위를 하는 것도 정말 필요했죠. 회사들과 입법가들이 보건원을 압박하게 하는 것도 정말 필요했습니다. 시와 주의 입법가들, 후원자와 기부자를 압박하는 것도 마찬가지입니다. 어느 순간 박물관은 실험을 계속하는 게 가치가 없다는 사실을 정확히 깨달았죠. 그들이 우리가 떠나지 않을 것이란 사실을 알았다는 것도 중요했습니다. 시간이 지나도 우리는 누군가에게 넘기고 떠나지 않았습니다. 우리는 계속 남아 있었습니다. 실험이 완전히 중단될 때까지, '실험실이 가동을 멈출 때까지'.

이 모든 조치들이 필요했던 것은 맞지만 운동을 시작할 때 중요한 결정을 정확하게 했다는 게 핵심이다. 가장 취약한 목표를 선택했던 것이다. 오늘날 이 전략은 매우 자명해 보인다. 완전한 동물실험 폐지를 강령으로 삼았던 운동에서 이 전략은 혁신이었다(완벽한 폐지를 목표로 잡지 않으면, 역적으로 몰리기 일쑤였다). 헨리가 운 좋게 이상적인 목표를 찾아냈던 것은 맞다. 하지만 헨리가 컴퓨터 검색을 통해서 물색한 목표 가운데 고양이 실험만이 승산이 있었던 것은 아니었다. 옹호하기 힘든 목표들을 언제라도 끄집어낼 준비가 되어 있었다는 사실은 1970년대 동물실험의 본질을 정확히 반영했다.

박물관 항의운동이 헨리가 계획했던 노선을 따라 순항한 것처럼 보일 수도 있지만 한 배에 탔던 사람들의 사이가 좋았다고 보기는 어려웠다. 이 운동은 의견들이 첨예하게 부딪치는 지점이 가득했기 때문에, 잘못했다가는 완전히 틀어질 가능성이 높았다. 니콜라스 웨이드 역시 이 문제를 명민하게 포착했다.

> 동물권리 단체들이 체제를 바꿀 만한 힘이 있었는지는 논란의 여지가 있었다. 단체들 대부분이 본래부터 한 명으로 이루어진 조직이었고 서로가 서로를 심하게 질투했다. 많은 사람의 이목을 끌어당겼던 박물관 반대운동조차 동물권리협회와 11개 단체협의체가 툭하면 불화를 일삼았다. 동물권리협회는 다른 날 집회를 열었고, 곧이어 함께 시위하는 행태도 그만뒀다. 전투적인 단체들이 협회의 시위 참여를 막았기 때문이다. 그럼에도 이 다양한 단체들이 하나로 뭉쳤던 이유는 모두가 코흐 하원의원을 싫어했기 때문일 것이다. 코흐는 하원에서 동물의 인도적 대우에 관한 위원회를 규정하는 입법을 끌어냈던 장본인이었다. 동물단체들은 코흐가 본인의 인기를 위해서 박물관 사태를 이용했

다고 비난했다. 단체들은 서로가 서로를 비슷한 명목으로 힐난했다. 예를 들어 동물권리협회도 박물관을 비판하고 기부를 유도하기 위해서 [헨리가 기획한] 광고를 이용했다는 비판을 받았다. 지난해 이 협회는 13만 6,000달러 정도의 예산을 초과 지출한 상태였다.[36]

헨리는 코흐를 비판하지 않았다. 사람들을 있는 그대로 받아들여야 하며, 그들의 실천을 통해 선한 일을 조금이라도 돕는다면, 그들의 동기를 비판해서는 안 된다는 게 헨리의 생각이었다. 해운노조위원회와 함께 활동했던 경험에서 비롯한 교훈이었다. 그들은 현직이고 자신은 퇴직했다는 이유 하나 때문에 큐란의 패거리에 반대하며 자신과 함께 활동하는 사람들도 있었다는 사실을 헨리는 잘 알고 있었다. 헨리는 그들이 선원들에게 노조의 의견을 불어넣을 때도 기꺼운 태도로 함께 활동했다. 코흐는 자신의 경력을 쌓기 위해서 박물관 운동을 이용했을 것이다. 하지만 그러면 어떤가? 코흐 역시 매우 실질적이 형태로 박물관 항의운동을 도왔다는 게 핵심이며, 그가 주목을 받기 위해서 그렇게 했다고 하더라도 항의운동에 조금도 해롭지 않았다는 것이다. 약하고 보호받지 못하는 존재를 대의로 삼으면 경력이 좋아질 것이라고 생각하는 사람들은 코흐뿐만이 아니었던 것은 확실하다.

2장 동물해방

웨이드는 옳았다. 동물운동의 성원들은 서로가 서로를 의심했던 것이다. 헨리는 온갖 오래된 반목들이 넘치던 이 운동에 초심자였던 탓에 어느 정도 괜찮았다. 하지만 그 역시 매우 보수적인 단체의 의심을 받았다. 엘리노어 몰베갯 변호사는 1977년 미국동물학대방지협회American Society for the Prevention of Cruelty to Animals(방지협회)의 법무자문위원으로 임명됐다.

> 어느 날 방지협회 사무총장은 골칫덩이 한 명이 오고 있다며, 내게 함께 회의에 참석했으면 좋겠다고 말했어요. 헨리 스피리와 회의를 하는데 증인으로 참석해달라는 얘기였고, 믿지 못할 사람이란 게 이유였죠. (……) 내가 도착했을 때 사무총장은 자신의 책상에 있었고 헨리는 의자에 앉아 있었어요. 사무총장은 그의 면전에 있는 책상에 총을 꺼내놓고서 이렇게 말했어요. "이제 회의를 시작해봅시다." 나는 사무총장이 헨리를 협박하려고 하는구나 생각했죠. 총과 함께 회의를 하다니, 마음이 매우 편치 않았고 살아서 나가고 싶었지만 헨리는 눈 하나 깜짝하지 않았어요. 물론 아무 일도 없었죠. 헨리는 회의를 계속했고 내내 메모를 했어요. 그 때문에 사무총장은 난처했을 것이라고 생각합니다.[37]

그 사무총장은 방지협회에 오래 있지 않았고, 헨리는 결국 후임자 존 컬버그와 긴밀한 업무관계를 마련했다.

헨리는 어느 단체든 운동과 무관하게 재정을 확충하기 위해서 운동을 기금 모음 수단으로 취급하면 결코 온화한 태도를 보이지 않았다. 그런 단체들은 운동을 한다는 명목으로 효과적으로 기금을 빨아들였지만 실제로 쓴 내역은 직원 봉급과 사무실 집세였다. 헨리는 유급 직원과 사무실 없이 활동했기 때문에 언제나 이 같은 사취 형태에 분노했다. 박물관 항의운동을 하는 동안 처음으로 그런 일이 발생했을 때 헨리는 혐오감을 느낀 나머지 곧장 공항 매표구에 가서 쉴 곳이 필요하다며 말했고, 어느 순간 카리브 해의 어느 섬에 당도해 있었다. 며칠 후 그는 마음의 안정을 찾지 못하고 뉴욕으로 돌아와 운동을 계속했다. (그는 이후 20년 동안 동물운동에 전념했지만 카리브 해의 섬에서 보냈던 게 그가 누린 마지막 휴가가 되었다.)

미국자연자박물관에게 승리를 거둔 결과 매년 60에서 70 마리가 훨씬 넘는 고양이들이 구원을 받았다. 헨리와 그의 동료들이 수립한 계획이 거둔 승리였고, 동물운동과 과학계 양쪽에 기록될 만한 승리였다. 시카고 대학의 저명한 과학철학자이자 피실험자 보호를 위한 국가위원회 National Commission for the Protection of Human Subjects 위원인 스티븐 툴민 박사는 자기가 느꼈던 공포를 다음과 같이 적었다.

인간문제에 관련된 의학연구를 찬성하지 않는 풍토는 동물에 관련된 의학연구 역시 찬성하지 않는다. 이러한 측면에서 뉴욕의 자연사박물관에서 벌어진 사단은 동물연구자들이 이제부터 사는 내내 직면할 수밖에 없는 험난한 국면을 알려주는 지표가 될 것이다.[38]

헨리는 훨씬 긍정적으로 표현했다. "동물권리의 시대로 진입한 것이겠죠."[39]

3장

아름다움을 꿈꿀수록
토끼는 아프다

전략적인 측면에서 봤을 때, 당신이 자연사박물관 항의운동 같은 활동을 하는 상태에서 다음번 과녁을 정해 편지·전화·팩스를 보낸다고 가정해보자. 그러면 사람들은 전보다 많이 주의할 것이다. 왜냐하면 당신이 성과를 거두었고…… 일을 시작하면 끝을 봤으며, 이기려고 하기 때문이며, 사람들이 이러한 사실을 알고 있기 때문이다. 항의운동만 생각해서는 안 된다. 야단법석을 일으킬 계획만 세워도 안 된다. 승리를 목표로 삼아야 한다.
— 헨리 스피라

국제사면위원회의 동물실험

자연사박물관 항의운동의 승리가 임박해지자 누구를 다음 목표로 삼아서 편지·전화·팩스를 보내며 투쟁할지 골몰하기 시작했다. 1977년 10월 11일, 국제사면위원회Amnesty International가 양심수의 투옥과 고문에 항거한 공로로 노벨 평화상을 수상했다는 소식을 신문에서 보고서 헨리는 결심을 굳혔다. 헨리는 영국에 본부가 있는 고통스러운 동물실험을 반대하는 국제연합International Association Against Painful Experiments on Animals(고통반대연합)에서 돌아다니던 한 가지 정보를 입수했다. 국제사면위원회가 눈에 보이는 흔적을 남기지 않고 고문을 할 수 있는지 알아볼 생각으로 덴마크의 연구자 단체를 지원하여 불로 달군 쇠막대로 돼지에게 전기충격을 가했다는 내용이었다. 헨리는 국제사면위원회의 이미지를 깎아내릴 생각은 없었다. 그는 국제사면위원회가 잔인한 정부와 비밀경찰의 희생자를 돕는 활동을 존경했다. 하지만 사면위원회는 그 같은 고결한 도덕적 기준이 있었기 때문에, 게다가 이제는 노벨 평화상을 수상하여 한층 도덕적 위상이 높아졌기 때문에 덴마크의 연구를 지원한 것은 동물을 실험도구로 삼는 관행을 합법화하는 결과를 빚었다. 따라서 결코 간과할 수 없는 사항이었다.

헨리는 사면위원회에 실험을 해봐야 의미가 없다는 내용의 편지를 보냈다. 고문기술자들이 고문한 흔적을 남기고 싶지 않다면 사면위원회의 연구 성과를 이용해 흔적을 지울 게 확실할 것이기 때문이다. 게다가 이러한 실험은 사면위원회의 전통과 가치와도 충돌한다는 말도 덧붙였다. 편지를 보내고 나서 헨리는 사면위원회 뉴욕지부 직원과 만났다. 그들이 이 문제를 단순한 홍보 문제로 취급하자 헨리는 여지없이 박

3장 아름다움을 꿈꿀수록 토끼는 아프다

차고 일어나 사안을 공개했다. 그는 다시 한 번 《아우어 타운》에 기사를 실어 사면위원회가 자기네 원칙을 저버렸다고 비난했다. 먼저 헨리는 사면위원회가 이 실험의 기금을 지원했다고 설명하고 고문의 비인간적 효과를 설파하는 사면위원의 문헌을 인용한 다음 이렇게 질문했다. "인간의 고통과 동물의 고통은 타당한 기준에 따라 구별되는가?" 헨리가 사면위원회의 인쇄물에서 발견한 구절은 한층 역설적이었다. "다양한 국가들에서 자행되는 고문은…… 가학적인 범죄가 아니라…… 의사의 진료라고 주장한다." 그런 다음 이 문장을 사면위원회 본부에서 실험에 관련된 내부 메모를 입수하여 위 구절과 한데 엮었다. "박사들은 돼지를 고문하는 게 아니란 점을 명확히 했으면 좋겠다." 헨리의 기사는 돼지가 마취됐기 때문에 고통을 겪지 않았다는 사면위원의 주장을 인용하며 꼼꼼하게 작성됐다. 하지만 독자는 이 주장을 믿을 수 없다고 추론할 수 있었다. 마취 상태에서 화상을 입거나 전기충격을 받은 동물은 회복하는 과정에서 여전히 고통을 겪을 수 있기 때문이다. 이 기사는 다음과 같이 경고하며 끝맺었다. 사면위원회가 실험 중지를 선언하지 않는다면, 자연사박물관 실험을 중단시키기 위해서 함께 활동했던 사람들이 사면위원회 반대 시위를 시작할 것이라고.[1]

국제사면위원회 미국 지부장은 "고도의 법적 윤리적 기

준에 따라 수행했다"며 실험을 옹호하는 반응을 보였지만, 사면위원회 내부 사람들을 포함해 다수가 살아 있는 동물로 하는 실험은 어느 것이든 반대했다는 사실도 인정했다. 이 때문에 이 문제는 국제사면위원회 집행위원회의 의제가 되었으며, 헨리는 11월 말에 열리는 위원회 회의가 끝날 때까지 항의를 연기해달라는 요청을 받았다.[2]

이것은 첫 번째 협상이었고, 이후 사면위원회가 회의가 열리기 전까지 행동에 착수하지 않았으면 한다고 요구할 때마다 협상은 계속 이어졌다. 헨리는 이에 동의했다. 이후에도 그는 이 문제를 못 풀었으니 다음 회의 때까지 기다려줬으면 좋겠다는 응답을 받았다. 이에 따라 1977년 11월 마감 시한은 1978년 3월로 연기됐고, 두 번째 회의 때도 결정짓지 못하게 되자 마감 시한은 1978년 9월로 연기됐다. 이 동안 헨리와 레너드 랙은 사면위원회에 이 실험이 의미가 없는 몇 가지 이유를 적은 메모를 전달했고, 희생물을 늘리지 말고 고문 희생자 돕기에 힘을 쏟으라고 촉구했다.

사면위원회가 문제를 연기하는 것밖에 아무 일도 하지 못하고 있는 동안, 다시 한 번 헨리는 단체 사람들에게 이러한 상황 때문에 이 실험을 공개하는 수밖에 없다고 말했다. 그는 사면위원회 뉴욕지부 바깥에서 대규모 시위를 계획하기 시작했다. 그는 매체들과 접촉해 계획을 알렸으며 매체들이 사면위원회에 논평을 요구하면 좋겠다고 말했다. 사면위원회 직원들은 자기네가 중남미에서 고문기술자를 압박했던 방식 그대로 당하고 있다고 헨리에게 불평했다. 헨리는 다음과 같이 응수했다. "맞습니다. 당신네는 그들이 하던 짓을 똑같이 하고 있어요."

헨리가 사면위원회 미국지부를 압박하는 동안, 런던에서 고통반대연합은 동물실험 지원을 중단시키기 위해서 사면위원회 위원장을 압박했다. 독일과 스웨덴에서 활동하는 동물단체들 역시 참여했고, 사면위원회에 속하는 수많은 회원들과 지지자들이 이 단체에 연락해 실험 반대 의사를 밝혔다. 1978년 9월 국제사면위원회 회의는 동물로 하는 의료실험을 더 이상 지원하지 않겠다고 결정했다.

이후 헨리가 설명했던 것처럼 이 사건은 '단기 운동이며, 두뇌 운동cerebral campaign'이었다. 사면위원회의 명성을 해치는 대중시위를 하지 않고서 거둔 승리였다. 사면위원회가 동물실험 정책을 바꾼 직후 헨리는 수표를 동봉한 편지를 써서 사면위원회 회원으로 등록해달라고 요청했다. 그는 《아우어 타운》의 독자 지지층에게 두 번째 승리를 짤막하게 설명하는 정도로 마무리했다. 인도주의 단체를 압박하는 행동은 그가 하고 싶지 않은 일이었고, 이후 다음 행보로 넘어갔다.

정의를 위한 싸움

1953년 뉴욕 주 의회는 동물보호 단체의 치를 떨게 한 법률을 통과시켰다. 메트컬프-해치 법Metcalf-Hatch Act으로 알려진 뉴욕 공중보건법 505조Section 505 of New York Public Health Law는 '유기동물점유권pound seizure'을 규정했다. 한마디로 연구자들에게 정부보조를 받는 동물보호소가 관리하는 유기견과 유기묘를 구입하고 사용할 수 있는 권리를 부여하는 게 핵심이었다. 특히 최소 200달러의 지원비를 받고서 사육된 개들이라면 연구자들은 5달러만 내고서 얻을 수 있다는 뜻이었다. 연구자들은 동물보호소에 공식 요청서를 제출하면 충분했고, 보호소는 동물을 넘겨주든가 정부보조금을 모조리 포기하든가 둘 중 하나였다. 대부분의 보호소들은 공공기금을 포기할 만한 여유가 없었다.

연구공동체는 미국 전역의 보호소들이 해마다 수천 마리에 이르는 유기견과 유기묘를 살해했다고 주장했다. 과학자들이 유기동물을 죽이기 전에 그들에게서 무엇인가를 배울 수 있었다면, 죽이는 것 말고 다른 유익한 방법을 사용하지 않았을까? 다른 한편으로 이 법은 동물복지 단체를 모욕했다. 길 잃은 동물의 복지를 염려하는 사람들이 다수의 보호소를 만들었다. 그들은 동물들을 위해서 주인을 찾아주려고 했으며, 그렇게 하지 못할 경우에는 최소한 책임지고 고통을 겪지 않게 했다. 자신이 보호하던 개와 고양이를 연구자에게 넘겨주는 일은 최후에나 생각해볼 고려사항이었다.

뉴욕의 동물복지 단체들은 26년 동안 메트컬프-해치 법을 폐지하려고 애를 썼다. 폐지 법안은 주의회에 수차례 올랐으며 1977년과 1978년 드디어 통과됐다. 하지만 상원 보건위원회 의제로 채택되지 못해 결국에는 실패했다. 보건위원회에 법안이 올라갔다고 하더라도 다른 주 상원의원이 표결에 참가하므로 통과하기는 힘들었을 것이다. 미국의학연구회는 법령 폐지 방해 책동이 성공했다며 자랑하고 다녔다.[3]

헨리의 동료 한 명은 박물관 항의운동을 하는 동안 메트컬프-해치 법이 동물복지운동의 무능력을 가장 극명하게 보여주는 상징이라고 언급했다. 당시 헨리는 박물관 운동에 전력투구를 하고 있었지만, 동료의 이 말을 잊지 않았다. 늘 그렇듯 보통 시민이 이 문제를 어떻게 판단할지 생각해보면 항의운동을 시작해도 그는 충분히 승산이 있다고 보았다.

> 나는 단순하게 생각했습니다. 거리를 지나는 보통 사람이라면 피난처로 규정된 보호소의 동물을 실험실로 보내는 짓거리를 바라지 않을 것이라고 보았죠. 상식적인 사람들이 이 짓을 "야, 정말 멋진 일인데"라고 말할 것이라고 생각하지 않았던 거죠.

헨리는 무능력함이 상징처럼 동물운동계에 박혀 있으면 좋을 게 없다는 사실을 잘 알고 있었다. 1979년 초반 헨리는 이 상징을 없앨 수 있을지 타진에 나섰다.

박물관 항의운동을 할 때처럼 메트컬프-해치 법 반대운동의 첫 단계는 정보자유법에 따라 검색하는 일이었다. 뉴욕 보건부 추산 결과, 1978년에 여섯 개 남짓한 연구소가 2,000마리가 넘는 개와 고양이를 포획했다는 사실이 밝혀졌다. 다음 단계는 동물운동이 법안 폐지를 왜 하지 못했는지 그 이유를 찾는 것이었다. 동물복지운동의 관점에 봤을 때 상원 보건위원회 위원장인 타키 롬바르디 공화당 상원위원이 원흉이었다. 분노한 동물단체들은 그를 매도하는 기사를 발표했다. 메트컬프-해치 법을 온전히 유지하는 대가로 제약기업의 돈을 받았다고 고발할 정도였다.

헨리는 열린 태도로 혼자서 문제가 무엇인지 찾기로 결심했다. 헨리는 비상근 언론인이었던 터라 자연스럽게 뉴욕주 주도인 올버니의 주의회 기자실에서 조사 작업에 착수했다. 거기서 헨리는 기자실의 운영 방식을 알려줄 만한 주의회 직원을 알려달라고 부탁했다. 그는 직원의 이름을 받았고 곧장 만나러 갔다.

나는 이렇게 말했어요. "저기, 기자실에서 이곳 체계를 알려줄 사람을 물었는데 당신을 지목했습니다. 내가 여기에 온 이유는 메트컬프-해치 법 때문입니다. 당신의 도움을 바라진 않지만 공정한 기회를 얻을 권리는 있다고 생각해요. 그리고 공정한 기회를 얻는 단 하나의 길은 저 법안이 어떻게 작동하는지 아는 거죠……. 당신이 나라면 어떻게 하는 게 좋을까요?" 그러자 그가 이렇게 말했어요. "내가 당신이라면 전화로 롬바르디 의원에게 대화하고 싶다고 말할 겁니다. 롬바르디 의원은 공정한 저격수shooter로 명망이 높아요. 그에게 대화를 원한다고 말하세요. 보좌관에게 가서 롬바르디 의원과 회의를 하고 싶다고 하세요."

헨리는 이 조언을 수용했고 롬바르디의 보좌관은 약속을 잡아주었다. 이후 뜻밖의 우연이 생기는 바람에 상황은 헨리에게 이롭게 돌아갔다. 회의를 하기 전 시간을 때우기 위해서 헨리는 구내 술집에 갔다. 여기서 그는 어느 여자와 대화를 나누게 됐는데, 우연치 않게도 롬바르디 지역구 병원의 중환자실 담당 간호사였다. 그녀는 헨리에게 알바니에서 무슨 일을 하는지 물었고, 그가 유기동물점유권을 거론했을 때 그녀는 이 문제에 관심을 보였다. 헨리는 같이 회의를 하자고 권유했고, 그녀는 그렇게 했다. 롬바르디 지역구에 사는 고참급 보건전문가와 함께한다는 사실이 상원 보건위원회 의장과 동물권리를 논의할 때 도움이 될 수도 있겠다고 그는 생각했다.

헨리는 롬바르디 의원에게 공정한 저격수라는 말은 들었지만, 상원 보건위원회에 유기동물점유권 문제가 한 번도 의제로 올라간 적이 없었다고 말했다. 이 때문에 동물을 걱정하는 많은 사람들이 깊게 좌절하고 있다고 덧붙였다. 그는 법안 폐지에 대해서 롬바르디 의원 개인의 도움을 요청하는 것은 아니며, 이 문제를 논의하고 표결에 부치는 기회를 딱 한 번 달라고 말했다. 롬바르디 의원은 사람들이 이 사안에 관심이 많다는 점을 보여줄 수 있다면 논의에 붙이겠다고 응답했다.

사람들이 메트컬프-해치 법 폐지에 얼마나 많은 관심이 있는지 롬바르디 의원에게 보여주기 위해서 헨리는 사람들을 조직할 필요가 있었다. 그는 뉴욕 주에서 찾을 수 있는 동물보호 단체들에게 모조리 연락하여 메트컬프-해치 법 폐지연합Coalition to Abolish Metacalf-Hatch(폐지연합)을 구성했다. 단체의 레터헤드letterhead(편지지 윗부분에 인쇄된 개인·회사·단체의 이름과 주소—옮긴이)에 따르면 폐지연합의 운영위원회는 헨리를 포함해 다음과 같은 사람들이 들어갔다. 뉴욕 라디오의 저명인사 페긴 피츠제럴드, 《아우어 타운》의 편집장 에드 카야트와 알린 카야트, 뉴욕에 본부를 둔 미국동물학대방지협회 사무총장 존 컬버그, 개인 자격으로 박물관 항의운동 광고비를 지불한 동물의친구 대표자 리자이너 프랑켄버그 등이다. 레터헤드에는 30여 곳의 '후원단체' 목록도 있다. 방지협회와 미국동물애호협회Humane Society of the United States(애호협회)처럼 비교적 규모도 크고 인정도 받았던 단체 몇 곳, 지역의 동물 보호소협회, 이보다는 작지만 훨씬 급진적인 동물해방 단체 등이었다. 폐지연합은 이 운동을 위해서 추가로 모금을 했지만 이보다 훨씬 중요한 사실은 따로 있었다. 첫째 이 단체가 인상적인 레터헤드를 제시했던 것, 둘째 헨리가 지지자 네트워크에 접속하게 되었던 것. 폐지연합은 운동의 운영 방식을 바꾸지 않았다. 언제나 그랬던 것처럼, 헨리는 여러 사람들의 생각을 존중하며 그들과 폭넓게 협의했지만, 연합에 형식적 구조는 전혀 없었고 의사결정을 내리기 위해서 운영위원회가 열린 적도 없었다.

이즈음 헨리는 국제동물권리Animal Rights International(동물권리)란 이름의 단체를 직접 조직했다. 이 단체 역시 헨리 본인을 대변하며 활동할 때 쓸 만한 레터헤드에 지나지 않았다. 연합의 일부로서 활동할 목적이 아니었기 때문이다. 이후 헨리는 현재까지 이어지는 방식으로 동물운동을 운영하기 시작했다. 완전히 혼자서 활동을 하지는 않지만 언제나 간결한 형태로 작업했다. 1주에 몇 시간밖에 일하지 않는 한두 명의 지지자와 함께했던 것이다. 린다 페트리는 13년 동안 일요일마다 자원봉사를 했지만, 다른 봉사자들은 이보다 짧은 기간 동안 일하다 갔다. 보통은 다른 외적인 이유 때문에 지원활동을 지속하지 못했다. 비키 앨리프처럼 컬럼비아 대학에 입학원서를 넣거나 10대 마이크 갤린스키처럼 활동하던 록밴드가 성공하거나 하는 식이었다. 갤린스키가 떠났을 때 후임으로 모린 커니가 왔다. 이제부터 보겠지만 그녀 역시 헨리가 나중에 소의 안면낙인 반대운동에 나섰을 때 핵심 역할을 수행했다. 커니가 결혼해 떠날 차례가 되자, 그녀는 헨리에게 프랑스어가 가능한 동료인 파비엔 지아드를 소개해주었다. 지아드는 레바논으로 돌아가기 전까지 활동했다. 이 글을 쓸 당시 헨리의 도우미는 제시카 크레이그다. 보통 그녀는 본업인 출판일을 하러 사무실로 가기 전까지 이른 아침에 작업을 한다.

동물권리 단체의 성격은 비과세 비영리 기관이었는데, 헨리의 활동자금을 지원하는 기부자가 있을 때 유용했다. 한때 페긴 피츠제럴드는 헨리의 핵심 자금원이었다. 나중에 다른 기부자들이 재정 지원을 했다. 비과세 단체로 허가를 받은 1985년 이후 방지협회, 애호협회, 매사추세츠 방지협회Massachusetts SPCA처럼 기금을 모을 수 있게 되었다. 이후 헨리는 존 호이트, 폴 어윈, 프레드 데이비스, 거스 손턴, 존 컬버그, 로저 카라스 등 위 단체를 대표하는 사람들과 긴밀하게 협력하기 시작했다. 그들은 전통적인 동물복지운동의 유력자들로서, 100만 달러나 1,000만 달러 정도의 예산을 돌리는 단체를 관리했으며, 헨리가 독자적으로 만날 수 있는 사람들보다 훨씬 많은 지지자들과 접촉할 수 있었다. 헨리와 이들이 원대한 목표를 내걸고 협력했기 때문에 동물운동 구파舊派와 동물권리운동 신파新派의 사이는 가까워졌다.

연합 구축은 헨리가 운영하는 단체의 전매특허가 되었다. 여러 단체들이 연합에 참여했던 터라 수많은 쟁점들에서 의견이 달랐지만 메트컬프-해치 법 폐지를 원했기 때문에 연합했다. 이렇게 규합함으로써 헨리는 1인 단체 이상의 위광을 얻었고, 단체들은 소속 회원들에게 유기동물점유권 폐지운동에 참여한다고 말할 수 있었기 때문에 서로에게 나쁠 게 없었다.[4]

폐지연합은 각기 단체에게 연락해 단체 소속 회원과 지지자들에게 메트컬프-해치 법을 어떻게 생각하는지 자신들의 의사를 롬바르디 상원의원 사무실에 전달하라고 촉구했다. 헨리는 지역신문 편집장에게 보내는 서신 표준을 작성해 사람들에게 주었다. 폐지연합은 메트컬프-해치 법 관련 정보를 뉴욕 주에서 발행되는 신문들에게 보냈으며, 헨리는 기사를 실어주는 곳이라면 어디라도 송고했다.

편지가 상원의원 사무실에 해일처럼 쏟아져 들어갔다. 상원의원들은 낙태나 사형 같은 문제보다 메트컬프-해치 법 폐지를 촉구하는 편지를 더 많이 받았다고 전했다. 하지만 헨리는 우편배달부가 편지를 배달할 때까지 가만히 기다리고 있지 않았다. 그는 주의회에서 친분을 쌓기 위해 매우 자주 올버니에 갔다. 말쑥한 옷을 입고 올버니에서 활동하는 로비스트의 이력에 비하면, 헨리는 내세울 게 거의 없었다. "'스피라 저 친구 아니요? 동물 뭐라는 사람인데.' 지난주 의원 한 사람이 의사당 통로에서 다른 이에게 물었던 말이다. '운동화에, 팬암Pan Am 가방을 매고, 추레한 바지를 입었던데요.'"[5] 헨리가 튀었던 이유는 옷차림만이 아니었다. "그의 화법은 극적이다. 폐지주의자, 철학자, 자유주의자의 말들로 가득했다. 자신의 주장을 설명할 때면 가방에서 실험용 동물에 관련된 작은 책자나 사진을 끄집어냈다." 헨리는 의원들에게 자신의 생각만 전달한 게 아니었다. 투표를 어떻게 할지 물었고 항의운동의 활동을 평가하는 그들의 답변을 기록하기도 했다.

1979년 봄이 됐을 때 이 쟁점은 올버니에서 유명한 사안이 되었다. 롬바르디 의원은 상원의 보건위원회 의제로 올리겠다는 약속만큼은 훌륭하게 지켰다. 그는 다른 일도 했다. 영향력을 발휘하여 공정하게 일을 처리했던 것이다. 법안을 위원회에서 상원 본회의로 상정하기 위해서는 위원회 과반수의 표가 필요했다. 위원이 참석하지 않으면 그 위원의 유효표는 반대로 간주됐다. 이 때문에 헨리는 위원회 위원들 전원에게 반드시 공청회에 참석해달라고 요청했다.

롬바르디 의원은 동물보호 단체가 보내는 편지들을 받게 됐죠. 그는 법안이 본회의에 올라가면 통과되기 위해 싸울 것이라고 말했기 때문에 사람들은 더 환호했죠. 그래서 우리는 그에게 가서 말했어요. "당신은 그곳에 가서 법안을 위해서 싸울 건가요?" 그런데 그는 "아닙니다"라고 말했어요. 그래서 나는 "하지만 당신은 이 모든 일을 하겠다고 말했죠"라고 상기시켰어요. 그러자 그가 "네, 본회의에 올라가면요. 하지만 아직 상정되지 않았죠"라고 말하더군요. 그래서 나는 그 점을 롬바르디 의원에게 말했어요. 그랬더니 그가 이렇게 말하더군요. "의원들에게 전화를 걸어 출석해 줬으면 좋겠다고 말하겠소."

위원회는 이 법안을 논의했고, 4월 24일 표결에 부친 결과 찬성 8 반대 3이 나왔다. 본회의에 상정된 것이다. 강력하게 폐지 반대 로비 활동을 한 곳은 다음의 생물의학 연구기관이었다. 의학협회 뉴욕지부Medical Society of the State of New York, 수의학협회 뉴욕지부New York State Veterinary Medical Society, 농업단체협회회Council of Agricultural Organizations. 물론 미국의학연구회도 로비에 나섰다. 뉴욕 주가 유기동물점유권 법을 폐지한다면 다른 주도 따라 나설 것이라고 두려워했다. 롬바르디 의원은 이러한 주장을 반복하며 법안을 폐지하면 의료연구소의 비용이 증가될 것이라고 말했다. 특히 사육된 개와 고양이는 보호소에서 얻는 개나 고양이보다 훨씬 비싸다고 했다. 그리고 법안을 폐지하면 살해되는 동물의 수가 증가할 것이란 말도 덧붙였다. 이유는 보호소도 유기동물을 죽일 테고, 실험실도 실험용으로 사육된 동물을 죽여야 할 게 뻔하다는 얘기였다. (전자의 결과가 나타난다고 해도 최소한 후자의 현상이 생기는 것은 아니라고 헨리는 기대했다. 즉 개와 고양이의 구입비용이 증가하면 연구자들은 그렇게 많이 사용하지 않을 것이란 뜻이었다.)

1979년 5월 7일 표결에 들어갔을 때, 44대 13으로 법안 폐지가 압도적으로 우세했다. 4주 후 본회는 121대 17의 결과로 법안 폐지를 승인했다. 상원에서 중요한 승리를 거둔 후, 헨리는 세심하게 신경을 써서 누구도 체면을 잃지 않게 했다. 헨리는 폐지 법안에 찬성한 상원을 생각하는 기사를 작성했다. 이 기사는 '공정하게 발표할 기회를 제공해주었다며 반대측 대표 롬바르디 상원의원'까지 배려했다.[6] 헨리는 메트컬프-해치 법이 폐지된 이후에도 롬바르디 상원의원을 비롯한 뉴욕 주 입법자들과 우호적인 관계를 지속했다.

이제 남은 법안 폐지 절차는 휴 캐리 주지사의 서명이었다. 주 보건위원회 위원장은 본인의 과학자 고문들의 생각과 똑같이 폐지에 반대했다. 하지만 선거 전 동물단체의 질문에 응답하면서 캐리는 "폐지를 위해서 솔선해 싸우겠다"고 대답했다. 헨리는 캐리에게 항의편지를 쓰라고 지지자들에게 촉구했다. 캐리가 본인이 했던 말을 상기하도록 말이다. 어느 텔레비전 쇼에서 캐리는 폐지 법안에 서명을 할 것인지 질문을 받았지만 명확히 답변하지 않았다. 헨리는 주의회 의사당 앞에서 시위를 계획하기 시작했다. 하지만 그럴 필요가 없었다. 캐리 주지사는 1979년 6월 17일 이 법안에 서명했다.[7]

헨리는 이 항의운동을 지지한 사람들에게 편지를 썼다. "27년 만에 처음으로 뉴욕의 동물보소호들은 실험실용 창고가 아니게 되었습니다." 이 승리는 동물운동이 인간의 정의를 구하는 운동만큼 효과적으로 조직화할 능력이 있다는 사실을 보여줬다. 승리의 여파는 결코 보호소 동물에 국한되지 않아야 했다.

> 사람들은 변화를 일으킬 만한 능력이 있다고 믿을 때 행동에 나섭니다. (……)
> 따라서 메트컬프-해치 법 폐지는 정의를 위한 싸움에서 한 발짝 전진한 겁니다. 머지않아 현대적이고 훌륭한 대안이 있음에도 '안전한' 검사를 명목으로 수백만 마리에 이르는 동물을 실명케 하고 중독시키는 관행 같은 문제를 끝내기 위해서 연합이 등장할 테죠.[8]

새로운 동물운동

메트컬프-해치 법이 폐지됐을 즈음, 동물운동에서 무엇인가 새로운 일이 발생했다는 사실이 명확해졌다. 헨리가 이끌었던 운동은 광범위한 현상의 일부였다. 1978년 2월 미시간에서는 비비를 이용한 자동차 충돌실험을 멈추게 한 항의운동이 발생했다.[9] 영국의 사냥 방해 단체들은 나라 곳곳에 흩어져 여우가 다니는 길목에 사냥개의 주의를 흐트러뜨리는 냄새를 뿌려놓았다. 가장 오래된 동물학대 반대 협회들 가운데 한 곳인 왕립동물학대방지협회Royal Society for the Prevention of Cruelty to Animals(왕립방지협회)는 젊은 개혁가들 중심으로 새롭게 위원회를 꾸렸다. 그들은 리처드 라이더의 지도를 받았는데, 그는 1977년 왕립방지협회 의장이 되었다. 라이더는 동물실험을 가혹하게 비판한 《과학의 희생물Victims of Science》의 저자이며 '종차별주의'를 고안한 장본인이었다. 라이더의 주도로 왕립방지협회는 처음으로 여우사냥을 반대했고, 제도로 고착된 동물 고통의 양상들이 나타나면 어느 것이든 강력하게 문제를 삼기 시작했다. '동물권리'는 주류로 이동했다.

라이더는 1977년 8월 캠브리지 트리니티 대학교에서 역사상 처음으로 동물권리 학술대회를 조직했다. 철학자, 정치인, 과학자, 성직자, 작가, 동물활동가가 참여했고, 130명이 서명한 '종차별 반대 선언Declaration Against Speciesism'을 선포했다.[10] 다른 학술회의들도 연이어 개최됐다. 1979년 5월 24일부터 27일까지 동물과 윤리학 분야에서 활동하는 신세대 철학자들이 '공공정책의 도덕적 토대: 윤리학과 동물'을 주제로 학술대회를 하기 위해서 버지니아 블랙스버그에 소재한 버지니아 공과대학에 모였다. 발표자들은 다음과 같다. 《동물의 도덕적 지위The Moral Status of Animals》를 출판한 스티븐 클락, 《동물권리를 주장한다The Case for Animal Rights》를 발표한 톰 레이건, 《동물권리와 인간의 도덕성Animal rights and Huamn Morality》을 출간한 버나드 롤린, 그리고 나. 레이 프레이는 반대 측 입장을 대변했다. 그는 곧이어 《이해와 권리: 동물권리를 반대한다Interests and Rights: The Case Against Animals》를 출간했다.

블랙스버그 학술대회에서 발표된 논문을 묶어 펴낸 책을 보면, 발표자 가운데 한 명만 빼고 전원이 이름 옆에 학교와 학부를 병기했다. 예외의 인물은 간단하게 표기했다. "헨리 스피라, 뉴욕 주 뉴욕시." 헨리는 수많은 교수들 사이에 있었으므로 당연히 어울리지 않을 것 같았다. 그가 교수처럼 말하지도 않았고 교수 같은 차림새도 아니었던 것은 확실하다. 이면에서 박물관 항의운동과 국제사면위원회 항의운동의 승리를 도왔으며 메트컬프-해치 폐지운동의 승리를 눈앞에 두었던 헨리는 자기가 겪은 경험을 근거로 가장 잘 아는 주제를 논의했다.

우리는 힘없고 취약한 존재를, 지배받고 억압받고 착취받는 모든 희생물을 동정합니다. 극도의 고통을 가장 광범위하고 가장 체계적으로 받으면서도 이 모든 게 사회적으로 허용되는 존재는 인간이 아닌 동물입니다. 무슨 방법이 통할까요? 사회적인 투쟁을 효과적으로 벌일 때 필요한 토대는 어떤 형태일까요?

헨리는 자기가 진행한 운동과 성공한 이유를 설명하고서 다음과 같이 계속 투쟁하자고 열렬하게 촉구하며 끝을 냈다.

우리는 노예 폐지론의 지도자 프레더릭 더글러스의 말을 기억할 필요가 있습니다. "투쟁이 없다면 진보도 없다. 자유를 지지한다고 말하면서도 운동agitation을 깎아내리는 사람들은 천둥 번개 없이 비를 바라는 사람들이다. 그들은 강줄기 없는 바다를 원한다. 권력은 요구가 없는 한 아무것도 용인하지 않는다. 그랬던 적도 없었고, 그렇게 할 예정도 없으리라."[11]

새로운 출판사들은 점차 커져가는 운동의 다양한 요소들을 엮기 시작했다. 영국잡지 《더 비스트The Beast》는 1979년 7월 창간했다. 6개월 후 미국판 《어젠다: 동물해방 저널Agenda:

3장 아름다움을 꿈꿀수록 토끼는 아프다

1979년 버지니아 블랙스버그 '윤리학과 동물' 학술대회에 참가한 사람들. 왼쪽부터 피터 싱어, 톰 레이건, 제임스 레이첼스, 스티븐 클락(동물과 윤리학에 관련된 글을 썼던 철학자들), 헨리 스피라.

A Journal of Animal Liberation》창간호를 발행했다. 이 잡지 2호는 헨리의 기사를 실었고, 서두에서 그는 무엇인가 새로운 사건이 감지됐다는 사실을 보여줬다.

> 동물권리를 옹호하는 분위기가 감돈다. 권리는 지성, 성별, 나이, 계급, 인기, 피부색 혹은 생물종과 무관하다는 사실을 많은 사람들이 알게 되었다. 동물도 인간처럼 쾌락과 고

통을 생생하게 느낀다.

"무슨 방법이 통할까?"라고 묻고서 자신의 접근법을 다음과 같이 요약해 응답했다.

이 문제에 답할 때 이로운 귀중한 전통이 존재한다. 그것은 인간의 자유를 위한 투쟁이다. 그리고 여기서 얻었던 근원적인 교훈은 온순하면 투쟁하지 못한다는 것이다. 하지만 사회적 태도, 권력관계, 과학적 가능성을 헤아리면서 대담하게 행동하는 동시에 세부사항에 주의를 기울이는 게 필요하다.[12]

눈먼 토끼는 아름답지 않다

박물관 항의운동은 실험실에서 해마다 대략 70여 마리의 고양이를 구출했다. 뉴욕의 유기동물점유권은 매년 수천 마리의 개와 고양이를 필요로 했다. 하지만 매년 수백만 마리의 동물들이 안전성 검사를 이유로 고통을 겪었고 도살됐다. 헨리는 안전성 실험을 위해서 동물을 사용하는 관행에 커다란 충격을 가하면 박물관 항의운동이나 메트컬프-해치 법 항의운동 때보다 고통에 빠진 동물의 수가 수천 배는 줄어들 것이란 사실을 잘 알고 있었다.

1974년 헨리가 뉴욕 대학에서 강의를 듣고 있을 때 나는 광범위할뿐더러 잔인하게 자행되는 안전성 검사를 설명했다. 이 검사 때문에 동물이 겪는 고통은 검사를 받는 제품의 가치에 비하면 너무 막대했다.

화장품과 기타 물질들은 안구 손상 검사를 받는다. 표준 방법은 존 드레이즈 박사의 이름을 본 딴 드레이즈 검사다. 토끼는 가장 널리 쓰이는 동물이다. 검사가 필요한 제품의 농축액이 토끼의 안구에 투입된다. 며칠에 걸쳐 반복 투입하는 경우도 있다. 그다음 상처를 입은 크기, 팽창과 적화의 정도, 기타 손상 유형에 따라 손상이 측정된다. 대형 화학기업이 고용한 연구원 한 사람은 다음과 같이 반응고도highest level of reaction를 설명했다. "각막이나 안구 구조에 심각한 내부손상이 발생해 시각이 완전히 손상된다. 동물은 갑자기 눈을 감는다. 눈을 긁고, 껑충 뛰면서 도망치려고 할 것이다."
토끼는 눈을 감거나 긁어서 물질을 성공적으로 제거할 가능성도 있다. 이것을 막기 위해서 요즘은 보통 동물에게 머리만 나오는 구속 장치를 입혀서 꼼짝 못하게 한다. 금속집게를 사용해 눈꺼풀을 이격시켜 동물의 눈을 항구적으로 개방해놓기도 한다. 결국 동물은 안구에 투입되는 물질의

화상자극을 받아도 도움을 결코 받지 못한다.[13]

30년 동안 드레이즈 검사는 인간의 안구에 손상을 입힐지 모르는 물질을 검사하기 위해서 널리 사용됐다. 이 검사를 어떻게 하면 좋을까?

동물연구 반대자들은 동물실험이 세포나 조직 연구 같은 다른 방법으로 대체가 가능하며 당연히 그렇게 해야 한다고 주장한다. 하지만 동물실험 옹호자들은 이러한 주장이 동물실험을 끝장내고 싶어 하는 희망 섞인 생각일 뿐 이러한 대안의 가치를 객관적으로 평가한 게 아니라고 말한다. 적어도 한 사람은 그처럼 희망을 품었다고 비판을 받기가 힘들었다. 데이비드 스미스 교수는 동물실험 반대자의 비판을 막는 데 주력했던 영국실험연구옹호협회British Research Defence Society(실험옹호협회)의 의장이었다. 1978년 《동물실험의 대안들Alternatives to Animal Experiments》이라는 제목의 책에서 스미스는 실험옹호협회가 선동한 연구결과를 발표했다.[14] 스미스는 대부분의 연구 분야에서 거론되던 대안들의 허점을 짚어냈다. 그럼에도 스미스는 발전 중인 대안을 높게 평가할 만큼 마음이 충분히 열려 있었다. 대안적 방법이 살아 있는 동물로 하는 검사가 제공하는 정보와 비등하거나 더 많은 정보를 줄 가능성이 진짜 있다고 말했던 것이다. 그는 한 분야를 지목하며 특별히 언급해두었다. "드레이즈 검사를 대체하는 방법을 찾고자 하는 훌륭한 사례가 있는 것 같다. (……) 미용 산업과 화학비료 산업이 힘을 모으면 대안 준비가 어렵지 않을 게 확실하다."[15]

스미스의 논평은 옥스퍼드 대학에서 박사를 받은 생화학자 앤드류 로언의 소개로 헨리의 관심을 끌었다. 로언은 의료 실험에서 동물을 대체하기 위한 기금Fund for the Replacement of Animals in Medical Experiments(대체기금)이라 불리는 영국의 자선 단체에서 동물검사의 대안을 마련하기 위해서 작업했다. 이후 그는 애호협회가 새롭게 창설한 동물문제연구소Institute for the Study of Animal Problems에 자리를 잡았고, 헨리의 고문 집단에 속하게 되었다. 당시 헨리에게 과학 분야 조언을 책임졌던 레너드 랙도 드레이즈 검사를 목표로 삼는 게 좋다고 동의했다. 에소Esso 연구소 소속 한 명, 유니언 카바이드Union Carbide 소속 한 명, 이 두 명의 독물학자toxicologist는 몇 년 전 유력 독물 학술지 한 곳에 관행화된 드레이즈 검사가 신뢰할 만한 자료를 산출하지 못한다는 사실을 입증하는 논문을 게재했다. 사람이 다르면 동일한 화학물질로 검사를 해도 결과가 다르다는 것이다.[16] 드레이즈 검사가 야기하는 고통을 논외로 치더라도 공공의 안전성이란 근거에 따라 이 검사를 대체해야 하는 강력한 이유가 있었던 것이다.

드레이즈 검사를 목표로 삼은 다른 이유도 있었다. 헨리가 말했던 것처럼 "사람들은 눈에 비눗방울이 조금이라도 들어갔을 때 어떤 느낌을 받는지 잘 알고 있었다". 때문에 그들은 드레이즈 검사를 받는 토끼를 동정할 수 있었다.[17] 그리고 누구든 토끼를 동정하기 어려워한다면 정확히 어떠한 일인지 보여주기만 하면 충분했다. 미국 행정부 소속 소비자제품안전위원회Consumer Products Safety Commission(안전위)는 이 실험이 어떻게 진행되는지 보여주는 컬러 영화를 제작했다. 영화는 기술자 훈련용으로 기획됐지만 누구든 복사본을 구매할 수 있었다. 헨리도 복사본을 사들였다. 안전위에서 헨리는 드레이즈 검사를 받는 토끼 눈의 손상 정도를 다양하게 보여주는 컬러 슬라이드 필름 한 벌도 구매했다. 슬라이드 필름은 기술자가 살아 있는 토끼의 안구와 슬라이드 필름에 나오는 토끼의 안구를 비교할 때 쓰라고 발표한 것이었다. 영화와 슬라이드 필름은 완벽한 시위 도구였다. 이 때문에 드레이즈 검사가 토끼의 눈에 무슨 일을 하는지 거짓되거나 잘못된 정보를 제공한다고 아무도 주장할 수 없었다.

드레이즈 검사 반대운동은 지금까지 헨리가 했던 대중운동의 두 가지 한계를 넘어섰다. 첫째는 동물의 수이고, 둘째는 동물의 종이다. 개와 고양이를 위하는 운동은 대중의 공감을 사기가 쉬웠지만 사랑스럽지 않은 동물이라면 문제될 게 없다는 생각을 강화시켰다. 헨리는 이 같은 한계를 깨고 싶었으며, 진짜 문제는 모든 동물은 고통을 느낀다는 사실이란 점을 전달하고 싶어 했다. 하지만 자칫 잘못하여 무리하게 운동을 했다가는 대중의 지지도 완전히 상실할 수 있었다. 예를 들어 쥐를 쓰는 검사를 반대하는 운동을 한다고 생각해보라. 드레이즈 검사는 규정에 따라 백색증albino(선천성 색소결핍증) 토끼를 대상으로 했다. 그들은 색소가 결핍되어 있기 때문에 손상이 가해지면 어느 것이라도 확인하기 쉬웠기 때문이다. 하얀 토끼는 순수의 상징이기는 했으나, 기대할 만한 공감의 수준을 생각하면 쥐보다는 높겠지만 개보다는 낮을 것이다.

드레이즈 검사는 수천여 기업들이 미국 곳곳에서 진행했지만 박물관 항의운동을 승리로 이끈 후 헨리는 승리하기 위해서 목표를 특정해야 한다는 생각을 다시 한 번 굳혔다. 화장품 기업들이 특히 약점이 많아 보였다.

> 이 문제는 다음과 같이 상정될 수 있었다. 토끼를 실명시킬 만큼 샴푸의 가치가 있을까? 화장품 산업이 이 검사를 하는 것은 앞뒤가 너무 안 맞았다. 화장품 산업은 꿈을 팔려고 하지만, 토끼에게는 악몽을 만드는 게 현실이다. 그들이 실제로 하는 일의 실상을 폭로하면 산업의 이미지가 실추될 위험이 따를 것이다. 눈먼 토끼는 아름답지 않다.[18]

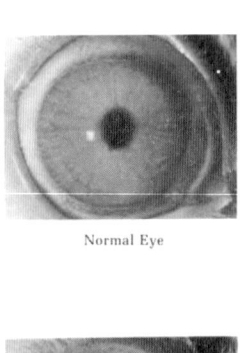

Normal Eye

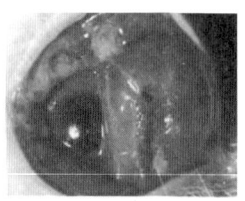

1 Hour

2-3 Redness > 2 Opacity
1 Iritis   4 Chemosis

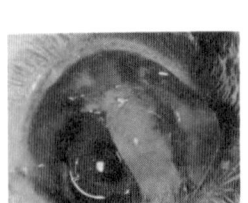

24 Hours

3 Redness   1 Opacity
2 Iritis   > 3 Chemosis

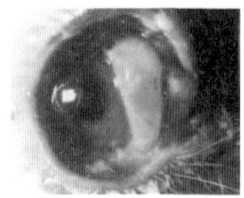

48 Hours

3 Redness > 1 Opacity
2 Iritis   3 Chemosis

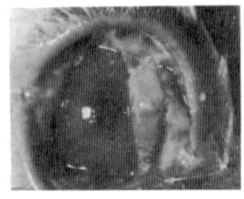

72 Hours

3 Redness > 1 Opacity
2 Iritis   > 2 Chemosis

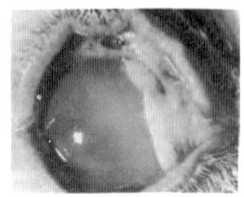

7 Days

3 Redness   4 Opacity
2 Iritis   2 Chemosis

미국 소비자제품안전위원회는 요청이 들어오면 위의 컬러사진들을 기술자들에게 발송했다. 일정 시간 이후 검사물질이 토끼의 안구에 가하는 손상 정도를 측정하는 드레이즈 검사를 할 때 도와줄 속셈이었다. 헨리는 이 사진들이 운동에 쓸모가 있다는 사실을 깨달았다.

화장품 산업이 판매하는 제품의 보잘것없는 성질도 중요했다. "'자, 마스카라를 만들기 위해서 토끼의 눈을 멀게 합시다'라고 말하는 사람은 거의 없다고 나는 생각한다."[19]

정보자유법은 이번에도 중요했다. 미국에서 동물실험을 하는 단체들은 농무부에 연차보고서를 제출해, 첫째 얼마나 많은 동물을 사용했지 보여주고, 둘째 (실험을 할 때 마취를 안 해서 고통을 주었다면) 왜 마취를 하지 않았는지 이유를 설명해야 했다. 헨리는 화장품 업계를 대표하는 레블론과 에이본 두 곳의 보고서를 요청했다. 보고서는 두 기업이 드레이즈 검사를 했다는 사실을 확증해주었다. 레블론의 1977년 보고서는 그해 2,000마리의 토끼를 사용했다고 전했다. 보고서는 간결하게 다음의 사실을 지적했다. "검사를 할 때 마취는 전혀 하지 않는다. 이유는 관련된 검사의 성격 때문이다."

0.01퍼센트를 요구하자

화장품 기업을 다루는 표지기사에서 《타임》은 레블론을 '화장품 업계의 제너럴 모터스'라고 불렀다. 1978년 이 회사의 미용제품 매출액은 10억 달러 정도였다.[20] 소매점보다 방문판매를 주로 했던 에이본의 매출액이 조금 높았지만, 레블론은 강력한 광고 전략을 펼쳤던 탓에 에이본조차 좇지 못했던 아름다움의 이미지를 창출했다. 레블론을 목표로 삼았던 것도 이러한 이미지 때문이었다. 매우 섬세하게 구축된 이미지여서 드레이즈 검사처럼 추한 것과 연결시키면 변색되기가 매우 쉬웠다.

레블론 항의운동을 해서 얻을 만한 게 무엇이 있을까? 목표는 명확했다. 레블론이 자사 제품을 토끼에게 검사하는 행태를 중단시키는 것이었다. 그런데 그렇게 요구하는 게 맞았을까? 《뉴욕타임스》에 동물검사 문제를 표지기사로 다루었던 기업 담당 기자 바너비 페더는 나중에 헨리가 운동의 적합한 성과로 봤던 것을 설명했다.

> 기업 담당 기자로서 내가 헨리의 레블론 항의운동 조직 방식에 흥미를 느꼈던 사항은 그가 주저하지 않고 진짜 유명한 기업을 목표로 삼았다는 점이죠. 레블론은 대부분의 운동가들이 넘보기 힘든 거물 중의 거물이어서 상당한 위험이 따르거든요. 헨리는 레블론이 이해관계가 명확한 대기업이란 사실을 잘 알고 있었죠. 그리고 이해관계가 무엇인지 확인하고 서로의 이해관계가 일치하는 영역을 찾을 수 있다면 실제로 성과를 거둘 수 있을 것이라고 생각했죠.[21]

레블론에게 토끼를 이용한 제품 검사를 중단하라고 요청하면 곧장 정면충돌이 발생할 게 뻔했다. 정부 규정에 따라 기업들은 제품 안전성 증거를 제출해야 했지만, 제품의 안전성 증거로 인정받을 만한 드레이즈 검사의 대안은 승인되지 않은 상태였다. 레블론과 동물의 이해관계가 일치하는 영역을 찾아내기 위해서 헨리는 레블론에게 드레이즈 검사의 중단을 요청할 생각을 접었다. 대신 레블론에게 비동물성 검사의 연구개발을 지원하라고 요청하기로 결정했다. 헨리는 화장품 산업의 몇 가지 재정 사항을 자세히 조사한 후 업계 총수입의 0.01퍼센트는 110만 달러 정도이므로 드레이즈 검사의 대안을 개발하는 긴급 연구 계획 기금을 마련하기에 충분할 것이라고 추산했다. 0.01퍼센트라면 화장품 회사 때문에 동물이 겪는 고통을 끝내기에 알맞은 양처럼 보였다. 광고비만 한 해에 1억 6,200만 달러를 사용하는 레블론의 경우 총수입의 0.01퍼센트라면 연간 17만 달러 정도였다.[22]

레블론에게 드레이즈 검사 중단을 요청하는 것보다 수입의 0.01퍼센트를 요구하는 게 승산이 있었던 게 사실이긴 하나 또 다른 이유도 작용했다. 화장품 산업 전체가 드레이즈 검사를 중단한다면 매년 1만 마리 정도의 토끼가 생명을 구했을 것이다. 하지만 가정용품, 의약품, 농약품, 화학제품 원료 때문에 드레이즈 검사를 받는 토끼의 수는 적어도 그보다 열배는 더 됐다. 이러한 산업들은 화장품 산업과 같은 약점이 없었다. 그들은 결코 아름다움의 이미지를 포장하지 않았기 때문에 그들이 토끼로 실험하는 행태를 폭로하더라도 위협이 되지 않을 터였다. 대부분 이름 없는 회사들이었고, 그게 아니라면 일반 사람이 구매하지 않는 제품들이었다. 궁극적인 목표가 드레이즈 검사를 없애는 것이라면 레블론, 에이본 등 기타 화장품 기업들이 검사를 중단하는 것보다 대안을 만드는 게 원래의 목표에 부합하는 것 같았다.

1978년 9월 레너드 랙과 헨리는 레블론의 프랭크 존슨 대외 담당 부대표에게 편지를 보내며 운동을 시작했다. 여기서 화장품 산업의 동물검사를 대체할 만한 몇 가지 과학적인 생각들을 개관해놓았다. 이러한 방법들은 "현행 방법보다 더욱 빠르며, 많이 싸고, 화장품 소비자의 안전을 효율적으로 보장한다"고 주장했다. 편지는 드레이즈 검사의 대안을 찾는 게 바람직하다는 스미스의 논평을 인용했고, 상세한 설명이 필요하면 읽어볼 만한 과학 논문의 서지목록도 자세하게 첨부했다. '동물검사를 대체하는 방법을 찾는 것은 인도주의적인 방향'이라는 내용은 5쪽짜리 편지 말미에서 딱 두 줄만 언급했을 따름이다.

아무런 응답도 없이 몇 달이 지나갔다. 기업을 흔들어볼 생각에 헨리는 레블론 주식을 1주 사들고 주주총회에 참석했다. 레블론의 회장이자 최고경영자인 미셸 베르주라크는 회사 역사상 가장 많은 배당금을 주겠다고 발표했고, 이윽고 질의 응답 시간이 되었다. 이 순간 헨리는 자리에서 일어나 토끼의 눈을 멀게 하는 '잔인하고 괴상한' 검사를 중단하라고 촉구했다. 베르주라크는 유감스럽지만 "인간을 해롭게 할 것이냐, 동물을 해롭게 할 것이냐" 사이에서 선택했다고 응수했다.[23]

 1979년 6월까지 헨리는 메트컬프-해치 법 반대운동을 하느라 매우 바빠서 이 문제를 더 이상 진전시키지 못했지만, 캐리 주지사가 법안 폐지에 서명을 마치자마자 다시 긴급하게 레블론 문제로 돌아왔다. 프랭크 존슨은 회의를 하기로 합의했고, 6월 28일 아침 헨리는 안내를 받아 존슨의 사무실로 갔다. 센트럴파크가 내려다보이는 인상적인 장소였다. 존슨은 친절했으며 헨리가 하는 말을 경청하는 것처럼 보였지만, 레블론이 어떠한 비동물성 제품 검사 연구를 하고 있는지 명확히 밝히지 않았다. 상황은 더욱 나쁘게 돌아갔다. 회의를 하다 보니 렉이 대안을 설명한 메모를 레블론의 과학연구 담당자에게 건네지 않았다는 게 확실해졌기 때문이다. 회의가 끝난 후 헨리는 렉과 평가를 한 다음 레블론이 진지하게 생각하지 않는다고 결론 내렸다. 헨리는 편지를 보내 메모를 레블론 과학연구 담당자에게 건네지 않은 것은 "우리가 했던 회의를 쓸모없게 만들었을 뿐만 아니라 신뢰 있는 소통을 저버리는 일"이었다고 지적했다. 헨리는 자신이 제안한 내용에 대해서 '적절한 때 응답해'달라고 부탁했다.

한 달이 지난 후 헨리는 미셸 베르주라크에게 편지를 보냈다.

친애하는 베르주라크 귀하.

9개월 전 우리는 프랭크 존슨 씨에게 살아 있는 동물을 쓰지 않고도 화장품 안전성 검사를 할 수 있는 대안을 작성해 보냈습니다. 여기에 수정판을 첨부합니다. 1979년 6월 28일 우리는 마지막 편지를 직접 전달했습니다. 복사본도 첨부합니다. 이후 비서에게 전화를 세 차례 했지만, 존슨 씨는 아무런 응답도 하지 않았습니다.

존슨 씨는 사람만 보면 매우 유쾌한 사람일지 몰라도 우리를 노골적으로 경멸하고 고의로 모욕한 행동을 한 셈이죠. 우리는 대화를 하려고 했는데 그는 그다지 중요하게 생각하지 않은 것 같습니다.

귀하께서 저희가 앞서 제안한 여러 가지 가능성을 현명하게 생각해보면 좋겠습니다.[24]

여러 동물단체가 모이다

레블론이 정중하나 무의미한 대답을 꾸준히 일삼자, 헨리는 메트컬프-해치 법 폐지연합을 드레이즈 검사 폐지연합Coalition to Stop Draize Rabbit Blinding Test(드레이즈폐지연합)으로 개편했다. 새로운 연합의 원칙은 1979년 8월 23일 5쪽 분량의 계획안에서 자세히 드러나 있고, 헨리는 여기서 연합의 목적을 개괄했고, 운동이 드레이즈 검사 폐지에 그치지 않을 것이란 점을 애초부터 명확히 했다.

- 화학약품 검사 때문에 매년 수천만 마리의 동물을 희생시키는 등 감독기관들이 강제하는 낡아버린 관행에 도전할 것.
- 특수하고 구체적인 목표로서 단일하고 기괴하며 광범위하게 사용되는 동시에 약점이 뚜렷한 동물검사인 드레이즈 시각 손상에 집중할 것.
- 현실적이고 실제적이며 승산이 있는 운동을 전개하여 생경하고 고통스럽고 낡아빠진 방법을 정밀하고 현대적이며 폭력을 쓰지 않는 과학으로 대체하여 선례를 만들 것.

나머지 계획안 내용은 첫째 드레이즈 검사를 설명했고, 둘째 동물권리운동이 최근 거둔 승리를 짤막하게 고찰했으며, 셋째 지금까지 이 동물실험의 대안을 만들지 못한 이유를 논의했고, 넷째 레블론과/이나 에이본을 압박하고, 법안을 만들어 비동물성 방법을 개발하는 즉시 규제 기관의 승인을 강제하는 등 다양한 접근법을 고찰했다.[25] 헨리는 꾸준히 자신의 정책을 솔직하게 공개하면서 이 계획을 드레이즈폐지연합이나 이 운동을 알고 싶어 하는 화장품 기업과 사람들에게 보내줬다.[26]

연합은 400여 단체 이상이 참여하고 회원 수가 100만 명에 이를 만큼 커졌다. 기본 운영비는 애호협회, 방지협회, 동물학대반대협회 시카고지부 같은 대형 단체가 책임졌다. 언젠가 한번은 애호협회가 드레이즈폐지연합을 지지하는 내용의 편지를 25만 명의 사람들에게 보냈으며 한동안 연합을 지원하기 위해서 비상근 직원을 고용했다. 이와 무관하게 드레이즈폐지연합은 유급직원이 없었다. 헨리 본인도 고등학교 교사를 계속했으며 여유 시간이 될 때 운동을 했다.

미국의 동물단체들이 악명이 높은 이유는 동물을 위해서 싸우는 게 아니라 서로 간에 싸우느라 에너지를 낭비했기 때문이다. 그래서 이질적인 단체들을 하나로 구축한 것은 이례적인 성과였다. 헨리의 성공 요인은 서로 의견이 다르다 하더라도 단체들이 연합에 참여하고 싶게 만든 것이었다. 드레이즈폐지연합의 과학 담당 고문이요 당시 애호협회 직원이었던 앤드류 로언은 연합을 '헨리의 장기'가 발휘된 결과라고 설명했다. 그렇다고 헨리가 다른 사람들의 의견을 경청하지 않은 것도 아니었다. 반대로 그가 쓰는 방법은 몇 가지 방안을 내놓은 다음 주변 사람들 한 명 한 명의 반응을 살피는 식이었다. 가까이 있으면 대화를 했고 보통은 전화를 사용했다. 사람들의 의견은 쟁점마다 다양했지만 로언, 엘리노어 몰베것, 나, 1990년에 사망한 레너드 랙은 언제나 함께했다. 물론 결정은 헨리의 몫이었다.

드레이즈 반대운동을 시작할 무렵 목표를 기업 하나로 좁힐 것인지 화장품 산업 전반으로 넓힐 것인지 의견이 분분했다. 연합에서 가장 큰 단체인 애호협회는 하나로 좁히는 전술에 반대했다. 소송이 두려웠기 때문이다. 근거가 전혀 없는 것은 아니었다. 어느 슈퍼마켓은 채용을 할 때 인종차별을 한다는 이유로 시위를 하는 단체 하나에 소송을 제기해 승소를 얻어냈다. 이 슈퍼마켓이 딱히 다른 곳보다 인종차별을 심하게 하지 않았다는 게 이유였다. 헨리는 그대로 추진했고 어쨌든 레블론을 목표로 삼았다. 로언은 이렇게 회상한다. "이 때문에 애호협회 내부는 불안과 혼란이 상당히 커졌지만 반대운동은 계속됐고, 그 시점에서 협회는 발을 뺄 생각을 하지 않았습니다."[27]

신문들이 드레이즈 검사와 폐지연합을 기사로 내보내기 시작했지만,[28] 레블론이 이 문제를 진지하게 생각할 만큼 충분하게 충격을 주지는 않았다. 1979년 12월 헨리는 미셸 베르주라크에게 다시 편지를 썼다. 이번에는 토끼를 실명시키는 드레이즈폐지연합 레터헤드가 새겨진 봉투를 썼으며, 회의를 갖자는 내용이었다. 1980년 1월 16일 베르주라크 대신 존슨과 또다시 회의를 하게 되었다. 연합을 대변하기 위해서 헨리는 앤드류 로언, 페긴 피츠제럴드, 엘리노어 몰베것을 대동했다. 존슨에게서 무엇인가 구체적인 확답을 얻어낼 생각으로 헨리는 드레이즈 검사의 대안을 검토하는 몇 가지 구체적인 긴급 프로그램을 제안해 보냈다. 그럼에도 회의는 아무런 소득도 없이 요식행사로 끝났다. 참석자들은 그 같은 광경을 목도했고, 집사 같은 사람이 무슨 음료수를 먹고 싶은지 물었지만 헨리의 제안에 관련된 언질을 하나도 못 받고 떠났다. 다음 달 존슨은 헨리의 제안을 화장품 산업계의 소위원회 화장품·세면제품·방향제품 협회Cosmetic, Toiletry, and Fragrances Association(화장품협회)에 보냈다고 편지로 알려왔다. 이것은 연합이 원했던 행보가 전혀 아니었다.

레블론이 드레이즈 검사에 관련해 아무런 조치를 취하지 않았던 이유는 미국 기업 경영자들의 인식 탓 때문이었다. 그들은 비동물성 제품 검사가 사업에 좋다고 생각해본 적이 없었던 것이다. 일찍이 바너비 페더가 말했던 대로였다. "사업을 추적하는 레이더망에 걸리지 않았던 게죠".[29] 헨리는 어떻게 해야 이 문제가 레블론의 1순위 과제로 올라설지 생각하기 시작했다.

세상을 바꾼 광고

1977년 오길비 앤 매더 Ogilvy & Mather 광고대행사에서 임원으로 근무하는 마크 그래엄은 15번가를 걷다가 박물관 항의운동을 하던 헨리의 자원봉사자 한 명에게 전단지 한 장을 받았다. 여기에는 실험장치가 고양이 머리를 고정한 사진이 실려 있었다. 그래엄은 실험을 설명한 내용을 읽고서 분노했고 전단지를 디자인하고 싶은 욕망이 크게 일었다. 그는 그 여성에게 명함을 주며 이 운동을 지도하는 사람에게 건네주라고 말했다. 헨리가 명함을 받아서 챙겼다. 2년 후 그는 명함을 꺼내 그래엄에게 레블론과 드레이즈 검사 반대 광고 디자인을 도와줄 생각이 있는지 물었다. 헨리와 그래엄은 점심시간마다 만나서 계속 회의를 하며 광고를 어떻게 할지 의견을 주고받았다. 결국 그들은 이 책 '들어가는 말'에 나오는 광고로 낙착을 보았다. 지금까지 동물운동이 했던 대부분의 광고와 달리 이번에는 디자인이 좋았고 레블론 같은 대기업이 하는 광고처럼 전문가의 솜씨가 돋보였다.

광고시안을 들고서 헨리와 그래엄은 센트럴파크에 있는 페긴 피츠제럴드의 널따란 아파트를 찾아갔다. 그녀는 자신이 운영하는 밀레니엄길드가 《뉴욕타임스》 전면광고 게재 비용을 대겠다고 약속했다. 1980년 4월 15일 광고가 나왔을 때 반향은 엄청났다. 항의 편지가 노도처럼 레블론으로 쇄도했고, 기부금과 성원이 담긴 편지들이 밀레니엄길드로 쏟아졌다. 여기서 확보한 기부금을 이용해 광고를 계속 이어갔다.[30]

레블론은 언론 성명을 발표해 '아름다움을 위해서 토끼의 눈을 멀게 한다'는 사실을 부인했다. 레블론은 '화학물질 원료'나 '알려진 자극제'로 토끼를 실험하지도 않는다고 발표했다. 더욱이 드레이즈 검사는 '화장품이 눈을 자극할 가능성을 검토할 때 활용되는 일반적인 표준 과학 절차'이며, '소비자 안정성과 화학제품을 담당하는 연방정부의 기관'이 이용했고, 현재까지 대체하는 방법은 존재하지 않는다는 것이다. 성명은 레블론이 '이 검사를 대체하는 방법을 적극적으로 모색'했지만 현재까지 하나도 발견하지 못했다고 말했다.[31]

일말의 진실이 없지는 않았다. 화장품 산업이 토끼의 눈에 넣는 물질은 다른 회사들이 검사하는 합성세제나 화학물질 원료보다 자극이 덜할 것 같았다. 드레이즈 검사는 표준검사로서 아직까지 대안이 없다는 점도 맞는 말이다. 따라서 레블론을 드레이즈 검사 반대운동의 첫 번째 목표로 선택한 것은 잘못된 것처럼 보였다. 그렇지만 수천 마리의 토끼들이 화장품 검사 때문에 여전히 고통을 겪는 상태였다. 화장품 업계는 자기네보다 심하게 동물을 괴롭히는 기타 산업들이 목표가 되지 않았기 때문에 헨리에게 고려해달라고 했지만 헨리의 생각은 달랐다. 레블론은 적극적으로 대안을 찾고 있다고

3장 아름다움을 꿈꿀수록 토끼는 아프다

1980년 4월 15일 레블론의 로저 셸리 투자자관계 담당 부대표는 《뉴욕타임스》에 게재된 광고를 보는 순간 "그날 주가가 떨어질 것이라고 생각했다"고 말했다. 이 광고가 도화선이 되어 미국 화장품 산업이 하는 드레이즈 검사는 중단되었다.

주장했지만, 헨리는 회의를 하고 답변을 기다리는 내내 레블론이 대안을 모색하는 단 하나의 실험연구도 보여주지 못한 이유가 무엇인지 궁금할 따름이었다.

관료체제를 움직이다

레블론의 본질적 버팀목은 '소비자 안전성과 화학제품을 담당하는 연방정부의 기관'이 드레이즈 검사를 사용했다는 점이다. 이 문구는 꼼꼼하게 뜯어볼 필요가 있었다. 왜냐하면 연방정부 기관 어느 곳도 드레이즈 검사를 엄격하게 요구하지 않았기 때문이다. 대신 감독기관은 기업들이 제품이 안전하다는 적절한 증거를 제시해야 한다고 요구했다. 아니면 제품을 판매할 때 안전성 정도가 알려지지 않았다고 밝히는 경고 문구를 붙여야 한다고 요구했다. 화장품 대기업이나 가정용 제품 대기업 어느 한 곳도 그 같은 문구를 제품에 붙일 생각을 결코 하지 않았다. 감독기관들은 드레이즈 검사 자료를 적절한 증거로 언제나 인정했고, 적절하다고 인정할 만한 다른 종류의 증거를 아는 사람이 한 명도 없었기 때문에 제조사들은 드레이즈 검사를 계속 사용했다.

이러한 상황 때문에 대안 개발을 위해서 제조사를 설득하는 것만큼이나 감독기관을 설득하는 것도 시급했다. 감독기관들이 대안적 검사의 결과를 인정할 생각이 없다면 대안을 개발해봐야 아무런 의미가 없었다. 그래서 헨리는 레블론 항의운동을 계속하는 동시에 다양한 층위에서 정부를 압박했다. 몇 가지 얻어낸 성과가 있었다. 정부 소속 규제관계합동기관Interagency Regulatory Liaison Group은 헨리가 반대운동을 시작하기 전에 동물성 안전성 검사 방법이 얼마나 어리석은 일인지 폭로했다. "부식성 물질은 눈을 자극할 가능성이 있다고 추정되며" 토끼의 눈을 검사 대상으로 삼아서는 안 된다는 성명을 일찌감치 발표했던 것이다. 《케미컬 위크Chemical Week》조차 이 조치를 환영했다.

> 이 검사가 남용됐다는 점은 맞다. 분별이 있는 사람이라면 부식성 탄산수가 눈을 자극한다는 사실을 입증하기 위해서 드레이즈 검사를 하지 않을 것이다. 과거에도 그랬던 것처럼 말이다. 하지만 정부의 감독기관들은 드레이즈 검사 요건을 완화시켰다. 이것은 드레이즈폐지연합이 노력한 결과로 보이며 이 때문에 연합은 기탄없이 칭찬을 받을 만하다.[32]

9월 미네소타의 공화당 소속 데이비드 뒤렌버거 상원의원은 상원에서 이 문제를 거론했다.

일전에 나는 텔레비전 쇼 〈20/20〉을 시청하고 있었다. (……) 한 가지 쟁점은 드레이즈 검사를 계속 승인한 관행이었는데 텔레비전을 보다가 나는 당황했다. 기자가 질문했을 때 연방정부 관리가 대답하는 방식 때문이었다. 예를 들어 기자는 무슨 이유 때문에 연방정부가 그렇게 고통스러운 검사를 사용하며 동물의 고통을 치료하지 않는지 질문했다. "그런 식으로 생각한 사람이 한 명도 없었습니다." 연방관리가 했던 대답이었다.

뒤렌버거는 드레이즈 검사의 신뢰성을 의심하는 결의안을 제출했다.

이제 결의안이 제출됐으므로 상원은 비동물성 검사 대안을 개발하고 인준하기 위해서 소비자 제품안전성위원회, 환경보호청Environment Protection Agency, 식품의약국Food and Drug Administration이 연구하고 예산을 책정해야 한다고 생각한다.[33]

이 같은 결의안은 구속력이 없지만 (흔치는 않지만) 표결에 들어가면 정부기관은 어느 정도 압박을 받는다. 결의안은 위원회로 넘어갔고 거의 2년 동안 체류했다. 1982년 8월 11일

상원은 결국 표결에 부쳤고 마침내 통과됐다. 그때쯤에는 많은 일들이 지나간 상태였다.

레블론의 대응

레블론은 광고를 보고서 적극적으로 응답하지 않았지만 경쟁사 에이본은 그러지 않았다. 1980년 4월 25일, 에이본은 토끼를 보유하기 위해서 예산을 사용하지 않았으며 최근에 국부마취 활용을 높이고 검사물질의 희석을 요구하는 새로운 지침을 채택했다고 발표했다. 더 나아가 드레이즈 검사 횟수를 축소하는 방법을 연구하고 있다고 발표했다.[34]

화장품 산업의 대표 기관인 화장품협회도 긍정적인 반응을 보였다. 에이본의 요청을 받고서 시험방법대책위원회Test Systems Task Force를 조직하여 검사 횟수를 불필요하게 늘리지 않기 위해서 컴퓨터를 이용해 검토가 확정된 물질들의 목록을 편찬하기 시작했다. 10월 6일부터 7일까지 화장품협회는 워싱턴에서 회의를 열었고 과학자들, 제품 안전성 규제 담당 정부기관 소속 관리들, 동물운동 단체 회원들이 모여서 드레이즈 검사를 논의했다. 회의에 모인 사람들은 이 검사는 당연히 수정돼야 하며 대안을 찾기 위해서 연구 계획이 마련돼야 한다고 의견의 일치를 보았다. 하지만 한 사람도 제안할 생각을 하지 않았고 어떻게 제안해야 기금을 받을 수 있을지 전망

조차 안 보였다.[35]

　헨리는 여기서 터프츠 대학의 세포배양 전문가 윌리엄 더글러스 교수를 만났다. 더글러스는 단순히 과학자로서 호기심을 느껴서 회의에 참석했다고 밝혔지만 헨리는 그에게서 강한 인상을 받았고 이 운동에 끌어들이고 싶은 생각이 솟구쳤다. 회의가 끝난 후 헨리는 보스턴으로 찾아가 더글러스에게 연구계획안을 만들어달라고 부탁했다. 세포배양을 활용해 드레이즈 검사의 대안을 확보하는 게 골자였다. 헨리의 부탁에 따라 더글러스는 안구은행에서 획득한 인간의 각막에서 세포를 배양하는 방안을 작성했다. 토끼가 아니라 인간 세포가 원본이었고, 토끼를 활용할 때보다 비용도 적게 들어갔다. 헨리는 이 제안이라면 레블론이나 재정이 넉넉한 생체실험반대협회가 기금을 줄 만하다고 생각했다. 마침내 헨리는 뉴잉글랜드생체실험반대협회New England Anti-Vivisection Society를 설득해 더글러스의 연구기금을 받아냈다.

　《뉴욕타임스》에 광고를 게재한 이후 또 다른 결과도 있었다. 실험용 동물사육자, 공급자, 실험실의 동물사육 기술자용 전문잡지 《랩 애니멀Lab Animal》의 수잔 파울러 편집장이 주도한 결과였다. 파울러는 본인이 직접 실험용 동물로 작업했던 적이 있었고, 이 때문에 마음이 편치 않았다. 그리고 이 주제를 다루면 침체에 빠진 잡지가 살아날 것이라고 생각했다.

《뉴욕타임스》의 광고는 그녀가 세웠던 계획의 발판이 되었다. 그녀는 헨리에게 전화를 걸어 《랩 애니멀》과 대담을 했으면 좋겠다고 부탁했다. 보통 동물운동의 적으로 간주되는 독자들이 보는 잡지라서 그녀는 내심 헨리가 주저하지 않을까 생각했다. 하지만 헨리는 동물복지를 완전히 다르게 생각하는 사람들과 접촉할 기회라고 생각하고 덥석 받아들였다. 이 때문에 《랩 애니멀》의 1981년 1월호는 그 어느 때보다 커다란 논란을 손쉽게 불러왔다. 《뉴욕타임스》 광고에서 사용된 토끼의 사진이 표지를 장식했고, '생체실험 반대주의자의 의견'을 싣기로 결정한 이유를 밝히는 파울러의 사설을 통해서 이 문제를 풀어갔다. 대담은 7쪽에 걸쳐서 이루어졌고 중간중간 다람쥐원숭이, 중국햄스터, 아연도금을 한 금속 우리 사진을 끼워 넣었다. 사진에서 헨리는 상냥하게 웃고 있었다. 대담을 할 때는 솔직했지만 냉정했다. 그는 동물해방론의 급진적 성격을 숨기지 않았지만 인간권리운동에 뿌리를 두고 있다는 점을 공들여 강조했다. 그리고 결코 과학을 반대하지 않는다는 말도 덧붙였다.

파울러는 대담이 발표되자 다음과 같은 상황이 전개됐다고 말한다.

실험용 동물산업 전반이 전면적 대화를 하기 시작했어요.

상황을 훑어보면 동물을 대상으로 작업하는 사람들은 동물을 매우 깊게 염려했지만 "나는 동물이 잘살고 행복하고 다치지 않았으면 좋겠다"고 아무도 말할 수 없었던 것 같아요. 사람들은 그렇게 할 수가 없었어요. 하지만 헨리와 나눈 대화를 발표함으로써 대화의 물꼬가 열렸어요. 그는 반대 측 사람들을 악마로 생각하지 않았기 때문에 업계 종사자 모두가 그에게 응답하고 그의 생각에 대답하는 길이 열릴 수 있었죠. (……) 그리고 이 대화는 최소한 16년 동안 잡지에서 계속 이어졌어요.[36]

여세를 몰아 레블론을 압박하기 위해서 5월 13일 수백여 명의 사람들이 레블론 본사 건물 밖에서 모였다. 토끼복장을 하고 온 사람들도 있었다. 시위는 로저 셸리 레블론 투자자관계 담당 부대표에게 진한 인상을 남겼다.

언젠가 점심을 먹고 있을 때 제너럴 모터스 건물이 있는 5번가에서 엄청나게 많은 사람들이 시위를 했어요. 아마 그곳은 뉴욕시에서 가장 유명한 사거리일 겁니다. 뒤에는 플라자 호텔이 있고, 앞에는 제너럴 모터스 건물이 있으며, 옆에는 센트럴파크와 다른 지역 시내로 연결되는 5번가가 있는 곳인데 수백여 명의 사람들이 모여 있었죠. (……) 뉴욕에서 활동하는 주요한 과학작가, 과학전문 기자, 과학 담당 신문기자나 방송기자 모두가 시위대 중간에서 사람들을 취재하고 있었어요. 그리고 저녁 뉴스와 아침 신문은 우리를 한방 먹였죠. 일찍이 무하마드 알리의 적수도 맞아본 적이 없는 공격이었을 겁니다.[37]

로저 셸리가 이 시위를 기억할 만한 이유는 충분했다. 얼마 후 레블론에서 이 문제를 총괄하던 프랭크 존슨이 사임하고 셸리가 그 자리를 이어받았기 때문이다. 투자자 담당에서 직무를 바꾼 후 셸리는 충격을 받았던 게 확실하다.

나 혼자서 2만여 통의 편지에 서명했죠. 토요일과 일요일에 비서가 준비한 편지는 신발상자에 빼곡하게 담겨 있었고, 편지를 보낸 사람들에게 답장하기 위해서 내 서명을 기다리고 있었죠. 편지를 보낸 사람이 주주든, 소비자든, 고용자든, 나라 곳곳에서 동물운동을 하는 사람이든 관계없이 답변을 보냈어요. 이 때문에 나는 손에 쥐가 났습니다. 하지만 더욱 중요한 게 있었죠. 우리가 처리해야 할 문제가 무엇인지…… 레블론 이사회에게 핵심을 짚어주었다는 겁니다.

협상, 대안 연구 시작

레블론이 존슨에서 셸리로 담당자를 교체한 것은 나쁘지 않은 신호였다. 기업이 홍보 수준을 넘어서는 조치를 할 것이라고 기대됐기 때문이다. 셸리는 헨리가 시간이 되는 대로 빨리 만나기로 결심했다. 전에 존슨의 사무실에서 회의를 했던 것과 달리 비공개로 휴게실 같은 곳에서 만나 음료를 주문하고 얘기를 시작했다. 셸리는 공감대를 찾기 어렵지 않을까 예상했다.

> 나는 헨리를 만나면 논쟁할 것이라고 생각했습니다. 헨리는 화장품 산업의 동물검사를 반대하는 동물권리 단체의 감정을 전달할 테고 반면 나는 소비자, 주주, 고용인, 회사를 대변할 테니까요. 이 문제에 대해서는 서로가 서로를 반박할 거리가 너무나 많았죠.
>
> 하지만 헨리를 만나고 나서 내 선입견이 잘못됐다는 것을 깨달았습니다. 당시 나와 베르주라크는 헨리가 기업을 노련하게 압박한다고 생각했거든요. 그를 만난 내 첫인상은 이랬어요. "입장이 확고하고 자기 생각을 전혀 의심하지 않는 사람이군. 우리를 자기가 보기에 올바른 길로 인도하면서 화해를 모색하기도 하고, 들을 줄도 알고, 공생할 만한 길까지 준비해놓았구만."[38]

셸리와 헨리가 안면을 익히며 레블론 역시 생존할 수 있는 '올바른 일'을 탐색하는 동안에도 헨리는 압박의 수준을 유지하기 위해서 애를 썼다. 블루밍데일에서 했던 시위를 포함해 규모가 전보다 작은 시위가 몇 차례 열렸다. 항의운동에 참가한 사람들은 지역 소매점에 가서 레블론의 제품을 구비해두지 말라고 부탁했다. 열두 살 먹은 소년 한 명이 레블론의 제품을 팔지 말라며 세 곳의 소형 백화점을 설득했다는 이야기도 보도됐다.[39] 높은 시청률을 자랑하는 〈20/20〉과 〈스피크 업 아메리카Speak Up America〉는 드레이즈 검사 항의운동을 다루었다. 전문지 《케미컬 위크》는 '화장품 회사들, 드레이즈 검사 때문에 뜨거운 맛을 보다'라는 제목의 기사를 실었다.[40] 10월 7일, 두 번째 전면광고가 《뉴욕타임스》에 실렸다. 토끼의 눈에 무엇인가 넣는 대형 사진과 함께 다음과 같은 문구가 적혀 있었다. "레블론에게는 혐오감을 줄이면서 미용제품을 검사하는 방법이 틀림없이 존재합니다."

11월 29일, 항의운동은 국제적으로 전개됐다. 영국, 독일, 프랑스, 오스트레일리아, 뉴질랜드, 남아프리카에서 동시에 일어났던 것이다. '레블론 토끼의 날을 기억하라'를 내걸고 영국에서 열렸던 집회는 가장 규모가 컸다. 빠르게 성장한 단체인 동물을돕자Animal Aid의 창립자 진 핑크는 영국의 주요 도시에서 활동하는 3,500명의 활동가를 끌어들여 레블론 판매점이 있는 하이스트리트 상점가에서 항의운동을 벌이며 드레이즈 검사의 실상을 설명하는 전단지 4,000장을 배포했다. '레블론은 토끼를 고문한다'라고 적힌 딱지도 공공장소에 출현했다.[41]

레블론에서 셸리는 상급자들과 논의하며 적극적인 행보를 보이지 않는다면 이 문제가 소멸될 가능성은 거의 없다고 설명했다. 초기에 그는 애를 먹었다. 동물권리운동의 압력 때문에 후퇴하는 것처럼 비치는 게 싫었던 사람들이 저항을 했던 것이다. 하지만 셸리가 경영진과 접촉한 후에는 다음의 사실을 깨달았다.

> 그런 생각은 회사의 최고 경영진도, 바로 밑 임원들도 받아들이지 않았어요.(……) (이사회와 최고 경영진의) 의제는 달랐어요. 레블론이 과거 50년 동안 버텼으며…… 이후에도 계속 오랫동안 살아남을 것이며 '기업책임'이라는 상투적인 문구가 작동하기 시작한 때가 왔다는 것이었죠.[42]

11월이 되자 레블론이 대안 연구 지원을 진지하게 고민하고 있다는 게 명확해졌다. 로저 셸리에게 보낸 편지에서 헨리는 "당신이 적극적으로 관심을 갖고서 드레이즈 안구검사의 대안 개발에 나서서 정말 힘이 났고 매우 감사합니다"라고 적었다. (편지에서 헨리는 셸리를 '친애하는 로저'라고 적었는데, 프랭크 존슨과 18개월 동안 논의하고 서신을 보낼 때는 언제나 '친애하는 존슨 씨'였다.) 편지는 레블론이 처한 상황을 긍정적인 용어로 묘사했다. '우아하고 상상력이 풍부한 과학과 효과적이고 능률적인 안전성 검사를 결합한 개척자'가 됨으로써 화장품 산업의 지도자로 올라설 기회가 왔다는 내용이었다.[43]

이러한 단계에서 헨리와 셸리가 쌓은 서로에 대한 신뢰는 중요하게 작용했다.

> 무슨 일이든 가치나 관점이 다른 사람과 관계할 때 처음에는 속지 않을까 생각합니다. 사람들은 알고 싶어 하죠. "모종의 합의에 도달했다고 해도, 그걸로 끝일까? 말만 그럴 뿐 더 많은 것을 바라는 게 아닐까?"[44]

헨리는 레블론이 첫걸음만 떼면 충분하다고 셸리에게 확신을 불어넣었다. 그렇게 하면 레블론 항의운동도 끝날 것이라고 말했다. 레블론의 최고위 경영진을 확신시키기 위해서 셸리는 헨리와 그들의 만남을 주선했다.

> 내가 설명할 사항은 극히 적었어요. 최고위층 몇 사람이 헨리를 만난 다음에는 특히 그랬죠. (……) 레블론 관리부서는

제너럴 모터스 건물에 있었고, 최고위 경영진 사무실이 있던 층에서 당시 헨리 같은 사람을 알고 지내던 사람은 한 명도 없었죠.

중요한 것은 셸리가 헨리의 관점을 수용했다는 것이다. 이렇게 하는 게 상생의 길이라는 것이다.

당시 레블론이 화장품 산업의 선도자로 올라서는 한 가지 방법은 어느 기업도 지금까지 하지 않았던 일을 해내는 것이었습니다. 그래서 대학에 기금을 제공해 드레이즈 안구 자극 검사의 대안 마련에 착수하기로 결정했죠.[45]

헨리는 자신의 과학자 인맥(특히 앤드류 로언)을 가동해 확실하게 후속 작업을 했다. 헨리와 접촉한 연구자들은 레블론에게 기금만 있으면 드레이즈 검사의 대안을 찾아볼 의사가 있다고 편지를 썼던 것이다. 몇 가지 제안을 검토한 후 헨리와 셸리 모두 가장 이상적인 연구 장소는 뉴욕 어퍼 이스트 사이드의 록펠러 대학이라고 생각했다. 록펠러의학연구소Rockefeller Institute for Medical Research로 일찌감치 명성을 떨쳤던 록펠러 대학은 생물의학연구와 대학원 교육만 하는 곳이었다. 16명의 노벨상 수상자를 배출했던 이력만 봐도 국제적으로 선도하는 연구기관이라는 게 충분히 입증됐다. 헨리는 매우 저명한 기관이 비동물성 대안 연구를 주도했으면 싶었다. 기금을 받는 곳의 지위도 두 가지 이유 때문에 중요했다. 첫째 훌륭한 기관일수록 실행 가능한 드레이즈 검사 대체 방법을 마련할 가능성이 높고, 둘째 지금까지 지극히 천대받던 분야를 연구함으로써 시험관 독물학 분야가 전례 없이 힘을 받을 게 확실했다. 헨리가 나중에 지적했던 대로였다. "괴상해 보이는 생체실험 반대주의의 쟁점은 이제 수백만 달러를 벌어들이는 기업이 많은 돈을 지원하는 사안으로 바뀌었고, 가장 존경받는 의학연구 기관까지 참여하는 사안이 되었다."[46]

헨리와 셸리는 록펠러 대학 동물실험연구소 소장 데니스 스타크 박사를 만나서 자신들의 관심사항을 전달했다. 스타크가 드레이즈 검사 대안 개발을 목적으로 레블론의 기금을 받기로 했을 때 셸리는 베르주라크와 노벨상 수상자인 조슈아 레더버그 록펠러 대학 총장의 회의를 주선했다. 여기서 레블론은 비동물성 안전성 검사 연구를 지원하기 위해서 3년 동안 75만 달러를 제공하기로 결정했다. 이것은 헨리가 처음에 얻고자 했던 0.01퍼센트보다 많은 금액이었다. 베르주라크는 이 제안을 레블론 이사회에 상정하는 게 매우 중요하다고 생각했다. 이사회는 만장일치로 승인했다.[47]

역사를 만들다

셸리는 플라자 호텔에서 주요 언론사를 모아놓고 기자회견을 실시했고, 여기서 베르주라크는 록펠러 대학의 대표에게 1회차 기금을 수표로 전달했다. 기자회견 날은 1980년 12월 23일이었는데 추웠고 눈이 왔던 탓에 셸리는 기자들이 모습을 보이지 않을까봐 걱정했다. 하지만 기우였다. 200여 명의 기자들과 방송사 직원들이 도착해 이 기금은 '레블론의 사회적 양심을 보여주는 증거'라고 말하는 베르주라크의 연설을 경청했다.[48] 헨리가 이 말을 들었다면 만면에 미소를 금치 못했겠지만 그는 그곳에 없었다. 레블론은 헨리를 초대하지 않았고, 헨리 역시 항의운동이 절정일 때 빠지게 됐지만 영리하게 동의했다. 베르주라크가 했던 연설의 2부는 헨리가 제안한 결과였다. 그것은 헨리가 다음 행보를 시작할 때 도움이 됐으며 레블론이 공격을 받고 있을 때 무풍지대에 있었던 화장품 회사들에게 레블론이 우아하게 복수를 하는 방식이었다.

> 드레이즈 검사는 레블론만의 문제가 아니며 개인의 미용·위생 제품을 만드는 기업들 모두가 공유하는 문제입니다. 이에 나는 관련 기업들 모두에게 이 연구 계획에 동참하기를 호소합니다. 에이본, 브리스톨-마이어스, 엘리자베스 아덴, 질레트, 존슨 앤 존슨, 에스테 로더, 로레알, 맥스 팩터,

3장 아름다움을 꿈꿀수록 토끼는 아프다

> 메이블린, 녹셀, 프록터 앤 갬블은 레블론과 똑같이 소비자 안전성을 염려한다고 생각하며 우리와 함께할 것이라고 믿습니다.**49**

셸리는 이날을 잊지 못했다.

> 레블론은 자신의 활동에 긍지를 느꼈습니다. 회사 사람들 모두 기분 좋게 저녁에 귀가했다고 합니다. 아이들이 토끼 검사를 하는 추한 사람들처럼 자신들을 흘겨보았지만 이제는 아니기 때문이죠.**50**

드레이즈페지연합은 보도자료를 발표했다. 언론인들은 유명한 동물권리 단체가 대기업을 상대로 승리했다고 의기양양하게 선언하는 모습을 기대했다. 그러나 보도자료에는 처음부터 끝까지 이 사건을 레블론이 '주도'했고, 그들은 '개척자의 행보'를 보였으며, '역사적 돌파구'를 마련했다고 칭찬하는 내용이 쓰여 있어 놀라지 않을 수 없었다. '승리'라는 말은 없었고 레블론이 협박이나 압력 때문에 이렇게 결정했다는 언급도 전혀 없었다.

우리는 역사를 만든 레블론과 록펠러 대학을 치하한다. 이 행보는 잔인한 동물검사를 상상력이 풍부한 인도적인 과학으로 대체하기 위해서 대기업과 선도적인 연구기관이 협력한 첫 번째 중요한 사례다. (……) 이로써 안전성 검사 때문에 살아 있는 동물 수천만 마리가 겪는 고통을 끝낼 수 있으리라.[51]

폐지연합의 보도자료는 "모두가 힘을 합쳐…… 이 역사적 개막의 약속을 실현할" 희망을 비치고, '실행 가능한 계획을 신속하고 세심하게 구축한 공로로' 미셸 베르주라크, 로저 셸리, 록펠러 대학의 핵심 인물에게 감사를 표하며 끝맺었다.

레블론을 넘어서

헨리는 레블론이 약속한 조치를 취하는 즉시 항의운동을 멈추겠다고 언질을 주었다. 항의운동은 매우 잘 돌아갔기 때문에 동물권리운동 내부에는 레블론이 드레이즈 검사를 멈출 때까지 운동을 계속하기를 원한 사람들도 있었다. 영국에서 활동한 진 핑크는 "시위는 계속될 것"이라고 선언했다.[52] 헨리는 자신의 신용을 토대로 이보다 더 큰 목표를 계획하고 있었기 때문에 이러한 사태는 위협거리였다. 이 때문에 헨리는 핑크는 물론이요, 레블론을 계속 공격할 의사가 있는 미국의 동물단체에게 (베르주라크가 연설에서 밝혔던 것처럼) 다른 화장품 회사에게 공이 넘어갔다고 말했다. 그리고 드레이즈폐지연합은 레블론 항의운동을 계속하는 것보다는 에이본 항의운동을 준비하는 게 맞다고 덧붙였다.

헨리는 에이본 주식회사 데이비드 미첼 회장에게 편지를 썼다.

> 의심의 여지없이 레블론은 록펠러 대학에 연구기금 75만 달러를 제공함으로써 기준을 세웠습니다. (……) 레블론이 보여준 것은 대기업도 건설적이고 혁신적이며 실질적인 방식이 있으면 이에 따라 미래를 설계할 수 있다는 것이죠. 우리는 에이본도 다르지 않을 것이라고 기대합니다.[53]

편지는 격려하는 내용도 있었지만 시위의 가능성을 비치는 등 미묘하게 위협하는 내용도 있었다. 에이본 역시 레블론의 상황을 예의주시했던 터라 별다른 설득이 필요 없었다. 1981년 3월 18일 에이본은 보도자료를 발표해 드레이즈 검사의 대안을 연구하기 위해서 화장품협회가 창설한 기금에 75만 달러를 기부하기로 약속했다.

헨리는 브리스톨-마이어스로 넘어갔다. 항의운동을 전개할 경우 약점이 많은 기업이었다. 이곳 역시 클레롤Clairol 계열 제품을 생산했기 때문에 화장품 산업과 관련이 있었지만 화장품보다 제약품 비중이 훨씬 컸기 때문이다. 헨리는 이 기업을 발판으로 대안 마련에 제약산업을 끌어들이고 싶었다. 브리스톨-마이어스는 기금을 내기는 했지만 에이본보다 성의가 없었다. 부당한 강탈행위의 희생자라고 생각했는지 화장품협회에 자의로 기부한 액수는 20만 달러였다. 헨리가 보기에 충분한 액수가 아니었다. 이 정도는 브리스톨-마이어스의 회사 규모에 걸맞지 않았으며 레블론과 에이본의 기부금과 비교해도 알맞지 않다고 생각했다. 진 핑크도 생각이 같았다. 그 역시 협상에 참여했고 대체기금 모금 활동을 하고 있었다. 헨리는 브리스톨-마이어스를 크게 다루는 광고를 만들어 언론에 실을 준비까지 마쳐두었다. 1981년 8월 21일 헨리는 브리스톨-마이어스의 리처드 겔브 회장에게 무뚝뚝한 문체로 편지를 써 보냈다.

> 작년 브리스톨-마이어스의 실험실은 수천여 마리의 무고한 동물을 감금했습니다. 영장류 77마리, 개 236마리, 고양이 219마리, 기니피그 1,507마리, 햄스터 106마리, 토끼 2,845마리, 설치류는 헤아릴 수 없을 정도로 많았죠. 살든 죽든 모두가 고통을 겪을 수밖에 없었습니다.
> 동물들이 고통에 허덕이는 동안 브리스톨-마이어스는 500만 달러를 들여서 귀사의 제품을 홍보했습니다. 세상은 정

당하고 공정해야 하며 인간도 동물도 해쳐서는 안 된다는 게 상식이라고 생각합니다. 귀사가 계획적으로 동물을 실명시키고 중독시키고 가스를 투입해 결국 죽게 만들었다면, 첫째 소비자를 '보호'하기 위해서 활용되는 낡아빠진 검사를 개량하고, 둘째 귀사의 제품 때문에 동물이 받는 고통을 줄이기 위해 수익의 일부를 써야 할 책임이 있습니다. 그리고 지구 곳곳에 사는 많은 사람들은 이러한 상황에서 균형을 잡고 싶어 합니다. 동물이 심하게 겪는 고통을 줄일 수만 있다면 2분 동안 귀사의 텔레비전 광고를 시청할 의사가 있다는 뜻이죠.

우리는 3달 동안 귀사의 직원과 대화를 하면서 공조하고 협동하는 방법을 찾고자 노력했습니다. 하지만 귀사는 동물의 고통을 게임처럼 생각하는 것 같았습니다. 그것도 영리한 속임수를 쓰는 게임 말이죠. (……) 그리고 귀사에는 악명 높은 기록이 있습니다. 귀사는 아이들이 잃어버린 동물과 죽을까봐 두려움에 빠진 동물을 보호하는 뉴욕의 동물보호소를 가장 완강하고 오랫동안 습격했죠. 귀사의 관점으로 보면 이 노예 거래는 이득이 너무나 뚜렷하죠. 1977년 귀사는 동물학대방지협회 뉴욕지부에서 558마리의 개와 163마리의 고양이를 강탈해갔습니다. (……) 개는 한 마리당 단돈 7달러 14센트, 고양이는 3달러 44센트만 지불했죠. 원래대로라면 귀사는 개 한 마리당 130달러를, 고양이 한 마리당 22달러를 지불했어야 했죠. 흥미로운 사실은 귀사가 비용을 줄이기 위해서 유기동물을 뒷거래한 내역은 현재까지 공표되지 않은 상태입니다.

실험용 동물 때문에 발생한 귀사의 책임 문제는 끝나지 않았으니 안심하시길. 우리는 모든 수단을 가동해 귀사가 도덕적 책임을 지게 할 계획입니다.[54]

이 편지가 발송된 후 헨리와 브리스톨-마이어스는 회의와 논의를 몇 차례 가졌다. 11월, 진 핑크가 전화로 한 최종 협상은 늦게 시작해 밤이 돼서야 끝났다. 드디어 브리스톨-마이어스는 대체 기금에 지원하는 10만 달러를 포함해 총액 50만 달러의 지원을 약속했다. 이에 따라 헨리와 진은 브리스톨-마이어스에 항의하는 대중운동을 하지 않기로 결정했다.[55]

초기에 브리스톨-마이어스가 심한 압력에 굴해서 대안 연구를 지원했던 것은 맞지만 나중에 가서는 참된 지지자로 거듭났다. 1983년 생물화학·세포 독물학 연구부Biochemical and Cellular Toxicology Department를 만들어 약물검출 시험관 방법을 개발했다. 또한 학술대회를 후원했고, 산업계 전반에서 시험관 검사의 응용 방법을 개발하고 확인하는 사람들이 모여서 만든 단체인 산업시험관 독물학회Industrial In-Vitro Toxicology

Group의 설립을 도와주기도 했다. 에이본 역시 나중에 가서는 열광적으로 대안들을 장려했다. 헨리가 봤을 때 대안 모색이야말로 상생의 길이었다는 사실이 입증된 셈이었다.

1981년 5월 11일 헨리는 방지협회 법률고문 엘리노어 몰베것, 미국 동물학대방지협회 대표와 함께 소비자제품안전위원회의 리처드 그로스 위원장과 만나 회의를 하며 안전위의 드레이즈 검사 규정에 관한 입장을 물었다. 기업들이 소비자안전위가 요구하기 때문에 드레이즈 검사를 할 수밖에 없다고 주장하지 못하게 할 속셈이었다. 소비자안전위는 "안전위 관리는 드레이즈 검사를 대체하는 방법이 있다면 충분히 수용할 의사가 있다는 내용의 초안을 작성할 것"이라며 기록을 남겼다. 1982년 1월 마침내 위의 내용을 담은 편지가 작성됐고, 편지 서두에 소비자안전위가 드레이즈 검사를 대체하는 '적절한' 자료를 수용하겠다는 내용이 들어갔다. 모호했지만 이제 길은 열렸고, 드레이즈폐지연합은 정부가 드레이즈 검사 자료를 요구했다면서 소비자안전위원회의 규정을 이용하려고 하는 기업들을 모조리 반박할 수 있었다.[56] 나중에 소비자안전위는 개정판 드레이즈 검사 규정을 발간했다. 이 결과 수용 가능한 자료를 제출하기 위해서 기업들이 사용하는 토끼의 수는 절반으로 줄어들었다. 소비자안전위는 특정한 마취제 사용을 권장했고, 위원회 스스로 관례적으로 행하던 드레이즈 검사를 중단했다.[57] 연방정부가 입장을 천천히 바꾼 행태는 실망스러웠지만 이 때문에 화장품 산업을 넘어서는 효과가 파급됐으며, 결국은 훨씬 많은 수의 동물들이 드레이즈 검사로 받는 고통에서 벗어날 수 있었다.

화장품협회의 기금은 계속 불어났다. 에스테 로더, 맥스 팩터, 샤넬, 메리 케이 화장품은 다른 기업들과 똑같이 기금 조성에 동참했다. 화장품협회는 이 기금으로 새로운 동물검사대안연구본부Center for Alternatives to Animal Testing(대안연구본부)를 창설할 계획이라고 공표했다. 기금은 처음에 100만 달러를 지급하고 나중에도 비슷한 액수를 집행할 계획이라고 했다. 많은 사람들이 제안서를 제시했고 이 가운데 앨런 골드버그의 제안서가 승인을 받았다. 그는 미국에서 명망이 높은 의학대학인 볼티모어의 존슨 홉킨스 대학에서 작업하는 연구자였다. 1981년 9월 21일 존스 홉킨스 대학은 첫 번째 기금 100만 달러를 수령했다.

헨리는 새롭게 창설된 대안연구본부를 예의주시했다. 그런 기관은 자칫하면 조직의 세력 확대만 꾀하는 기관으로 변질되기 쉬웠고, 이런 행태는 대안연구본부를 세우기 위해서 노력한 사람들이 결코 원했던 게 아니었다. 처음의 모습은 정확히 예상한 대로였다. 골드버그 본부장은 연구 계획을 가동하기보다는 기금 확대와 기부금 유치에 열을 올렸다. 헨리는 이 사태를 바로잡아야겠다고 생각했다. 하지만 헨리는 골드버그에게 직접 편지를 쓰지 않았다. 그에게 보낼 편지의 초안을 작성해 그의 주변 동료들과 대안연구본부 설립에 관련된 사람들에게 보냈다. 초안과 함께 이 편지는 헨리가 계획한 것이며 골드버그에게 보낼 예정이니 편지를 읽고 의견을 달라는 내용도 있었다. 초안의 논조는 강했다. 골드버그의 기금 모집 행태에 대해서 헨리는 이렇게 적었다. "과연 당신이 장기적인 전망에 따라 최선을 다해서 실험용 동물과 화장품 업계와 과학자 공동체의 권익을 높이는 활동을 하고 있는지, 아니면 할인판매점에서 홍보 상품을 무차별 판매하여 돈벌이를 하고 있는지 자문해보기 바랍니다." 편지 초안은 이미 모금한 기금을 활용하는 행태를 다음과 같이 비판했다.

> 당연한 일이지만 이 기금을 조성한 목적은 단기간 연구로는 결과를 얻지 못하는 혁신적 연구 프로그램을 개발하는 겁니다. 하지만 현재 입수한 자료에서 실적을 찾아보니 혁신적 프로그램의 흔적을 전혀 볼 수가 없으며 계획의 흔적조차 전무합니다.
> 오히려 상당한 금액의 기금이 기존 연구에 '부정하게 들어간' 상황이 연출됐습니다. 이미 보건원에서 엄청난 기금의 수혜를 받아서 어쨌든 진행됐던 연구들이죠.

이 때문에 화장품협회가 기금을 조성하려고 노력한 결과는 무위로 끝나버렸습니다. 기존에 하던 연구 외에 새롭게 추가된 게 하나도 없기 때문입니다.

초안은 골드버그가 평가고문단을 자신의 친구들과 연고자들로 구성했다며, 독자적인 의견을 보유한 과학자들로 다시 구성해야 한다고 제안하면서 끝맺었다.[58]

편지는 초안에 그쳤으며 결코 골드버그에게 보내지 않았다. 헨리가 계획했던 대로 몇 주가 지나자 헨리의 편지를 받은 동료들은 골드버그에게 계속 불편한 말들을 전했다. 헨리와 골드버그가 직접 대결한 적은 없었지만 골드버그는 헨리의 생각을 알아챘고 마음에 새겼다. 그들의 관계는 한동안 빡빡했지만, 대안연구본부가 비동물성 검사 방법을 선도하고 나서자 헨리는 있는 힘껏 지원했다. 10년이 지난 후 대안연구본부 10주년 기념행사 때 골드버그는 올바른 길로 인도하기 위해서 헨리가 썼던 전략을 웃으며 말할 수 있게 되었다.

헨리가 전년 가을 워싱턴에서 만났던 터프츠 대학의 세포배양전문가 윌리엄 더글러스도 화장품협회에 기금신청서를 제출했다. 그는 자신이 근무하는 터프츠 대학 세포배양 연구단이 100만 달러의 기금을 받기를 원했다. 그가 제출한 신청서는 다른 두 곳과 함께 본선까지 올라갔으나 존슨 홉킨스 의과대학의 명성에 밀렸다. 하지만 기회를 완전히 놓친 것은 아니었다. 뉴잉글랜드생체실험반대협회는 인간 각막에서 채취한 세포를 이용하는 안구자극 검사를 개발한 공로로 더글러스에게 20만 달러를 수여했다. 1981년 4월 8일 터프츠 의과대학 기념행사에서 협회장인 로버트 포드 판사는 1회차 지원금으로 10만 달러짜리 수표를 끊어서 더글러스에게 건넸다. 기관지 《레버런스 포 라이프Reverence for Life》는 이 사건을 '역사적인 순간'이라고 설명했다. "동물성 실험과 제품 검사의 대안을 마련하기 위해서 동물권리 단체가 의학연구소와 손을 잡은 것은 지금까지 한 번도 없었다."[59]

뉴잉글랜드반대협회는 1982년 5월에 창간한 기관 소식지 《인 터치In Touch》를 후원하기도 했다. 잡지는 독물학 영역에서 대안에 관련된 소식을 전했다. 윌리엄 더글러스는 잡지의 편집진이었고 드레이즈 검사의 대안을 찾는 창간호 특집 기사에 관여하기도 했다. 기사에는 더글러스가 두 명의 동료가 연구하는 모습을 흐뭇하게 바라보는 사진이 실렸다. 한 명은 여자였고 현미경을 응시하고 있었다. 사진 설명은 다음과 같았다. '터프츠 대학에서 연구를 하고 있는 스탠 스필먼, 제인 아가자니안, 빌 더글러스.'[60] 사실 사진의 여성은 다이앤 로미오였고, 아가자니안보다 훨씬 어린 연구자였다. 사진 설명의 오류는 실수가 아니었다. 아가자니안은 뉴잉글랜드반대협회가 기금을 제공한 연구를 전혀 하지 않았지만 더글러스는 그녀의 이름을 신청서에 올렸다. 연구원의 인건비를 높게 책정한 근거를 마련할 속셈이었다.

이 사기행위는 더글러스가 저지른 소소한 부정들 가운데 하나였다. 아가자니안이 기금신청서에 기재된 경비 요구 항목을 검토하고 있던 어느 날 아침이었다. 그녀는 약국에서 다량의 '생물학적 유동체 채집장치biological fluid collection units'를 구매한 후 받은 영수증을 우연히 발견했다. 이게 도대체 무슨 일인지 의아해하고 있을 때 그녀는 누군가 영수증에 '람세스Ramses'라는 단어를 써놓은 것을 알아냈다. 유명한 콘돔 상표였던 것이다. 괴상한 일이었지만 아가자니안은 더글러스가 과학적 목적으로 콘돔을 썼을 것이라고 추측하고 비용을 처리하고 넘어갔다. 하지만 더 이상한 사건이 발생하기 시작했다. 더글러스는 대학원생 로빈 베네딕트를 고용할 것이라고 그녀에게 말했다. 그녀는 인근 매사추세츠 공과대학에서 연구하는 동료라고 했다. 이후에도 더글러스는 기금신청서에 기재되지 않은 출장비를 청구하기 시작했다. 여기에는 베네딕트가 수업을 듣기 위해서 워싱턴D.C.와 시카고로 가는 비용도 있었다. 대학원생이 수업에 참석하기 위해서 가는 건데 연구비를 지불한다는 것은 들어본 적이 없는 일이었다. 더글러스의 직원들이 의심스럽게 사용된 비용이 1만 달러에 육박한다는 사실을 발견했을 때 직원 한 명은 증거를 들고서 포드 판사를 찾아갔다. 포드는 최근에 열렸던 뉴잉글랜드반대협회의 연차총회에서 더글러스를 칭찬했던 터라 곧장 경찰에 연락하지는 않았다. 대신 그는 문서를 터프츠 대학에 보냈다. 이 문제가 공개되지 않고 처리됐으면 하는 바람 때문이었다. 내부 감사를 통해 부정하게 비용이 청구된 사례가 더 많았다는 게 폭로됐다. 더글러스는 갑작스럽게 활동을 중단하고 사무실을 폐쇄했다. 헨리는 더글러스가 연구를 계속해야 한다면서 학장과 면담을 주선해달라는 말을 듣고서 무엇인가 잘못됐다는 것을 깨달았다. 하지만 재론의 여지가 전혀 없었다. 형사고발하겠다고 으름장을 놓자 더글러스는 사임에 동의했다.

한동안 더글러스는 다른 대학에서 연구를 계속할 생각으로 신청서를 검토했다. 이 계획은 로빈 베네딕트가 실종됐다는 소식이 나왔을 때 좌절됐다. 신문들은 그녀를 '사라진 미인'이라고 설명하면서, 그녀가 유력 대학교수와 관계가 있다고 언급했다. 이야기는 하나씩 밝혀졌다. 베네딕트는 매력이 넘치는 스물한 살의 매춘부였다. 그녀는 생물학 학위도 없었고 매사추세츠 공과대학을 다니지도 않았다. 사라진 날, 그녀는 친구에게 고정 고객 한 명인 더글러스를 보러 갈 것이라고 말했다고 한다. 더글러스는 경찰에게 자기가 그녀의 고객인 것은 맞지만 고객 이상의 관계였다고 말했다. 그들은 친한 친구였으며 함께 시간을 보낼 때도 있었다는 것이다. 섹스는 관계의 일부였을 뿐이라고 강변했다. '관계가 친밀했다'고는 해도 베네딕트는 더글러스와 함께 시간을 보낼 때도 비용을 청구했다. 그녀는 시간당 100달러를 받았고 대부분 뉴잉글랜드 반대협회의 지원금에서 지출됐다.

더글러스는 베네딕트가 사라진 날 자신의 집에 왔다는 사실을 부인하지 않았다. 마침 아내는 외출한 상태였다고 한다. 하지만 곧 베네딕트는 떠났다고 주장했다. 더글러스의 이야기는 수상한 구석이 있었다. 길가 쓰레기통을 뒤지던 남자 한 명이 쇠망치와 랩으로 싸인 피 묻은 셔츠를 발견했기 때문이다. 셔츠는 더글러스가 입던 옷이었고, 쇠망치는 장인에게서 빌려온 것으로 판명됐다. 더글러스의 혐의를 입증하는 증거가 강화되자 (여전히 시체는 발견되지 않았지만) 그는 양형 거래plea bargain(유죄를 인정하는 대신 협상을 통해 형량을 경감하거나 조정하는 제도―옮긴이)를 통해 우발적 살인죄로 해줄 것을 간원했다. 그는 그녀가 쇠망치로 자신을 먼저 공격했고, 우발적으로 그녀를 살해했다고 주장했다. 이후 그는 시체를 대형 쓰레기통에 던졌으며 쓰레기통은 쓰레기매립지로 운반됐다.

더글러스는 18년형을 선고받았다. 그는 감옥에서 헨리에게 연락을 했다. 가석방심리를 할 때 필요한 추천서 때문이었다. 헨리는 거절했다. 더글러스는 형을 채웠고, 현재는 자유의 몸이 되었다. 터프츠 대학은 유용된 공금을 뉴잉글랜드반대협회에 되돌려주었다. 로빈 베네딕트의 시체는 결코 발견되지 않았다.[61]

4장

운동은 갈등을 겪으며
진보한다

대안을 개발하는 사람들이 있다면 그들은 대안을 연구할 의지가 있는 연구자들일 것이다. 감독기관이 요건들을 바꾸게 하려면 똑같은 활동을 한다고 해도 우리 같은 사람들보다 동물연구자들이 나서는 게 좋다. 내 말의 뜻은 진지하게 변화를 고민할 생각이라면 이 같은 사람들이 필요하다는 것이다. (……) 그들을 재교육할 생각이라면 우리는 선하고 당신은 악하며 당신을 교화하기 위해서 한방 먹일 것이라고 말해서는 안 된다.
— 헨리 스피라

드레이즈 검사를 넘어서

1982년경 드레이즈 검사 항의운동은 성과를 거두었다. 7월 레블론은 위원회를 설립해 불필요한 드레이즈 검사를 하지 않도록 확실하게 감독했고, 이 결과 1979년에는 2,200마리였던 수치가 1981년에는 1,431마리로 감소하는 등 매년 사용하는 토끼의 수가 줄었다고 보고했다. 에이본은 동물이 조금이라도 불편할 것이 예상되면 언제나 국부마취를 사용하는 정책을 채택했다. 브리스톨-마이어스는 예전에 드레이즈 검사를 했을 때보다 동물을 적게 사용한다고 발표했다. 세 곳 모두 드레이즈 검사의 대안을 마련할 속셈으로 기획된 연구 프로그램을 꾸준히 지원했다.

헨리와 진 핑크 둘 다 항의운동을 통해서 확실하게 확보한 승리의 원동력을 계속 이어가고 싶어 했다. 하지만 어떻게 할 것인가? 드레이즈 검사는 완벽하게 사라진 게 아니었다. 대안이 마련되어 적어도 드레이즈 검사만큼의 신뢰성을 보여주기 전까지는 말이다. 여전히 몇 년이 더 필요했다. 과학자들이 대안을 찾을 게 분명했던 드레이즈 검사 반대운동을 사람들이 열광적으로 계속해나가게 하기란 불가능했다. 어쨌든 현재 화장품 대기업들은 대안 연구에 자금을 대고 있었기 때문에 더 이상 목표로 삼기가 곤란했다. 예전부터 헨리는 다음에 무엇을 할지 잘 알고 있었다. 1978년 헨리와 레너드 랙이 레블론에게 초안 형태로 최초의 제안을 했을 때부터 그들은 드레이즈 검사뿐만 아니라 그보다 광범위하게 활용되는 반수치사량 방법LD50을 대체할 필요가 있다고 언급해두었다. 이 방법은 피검 집단의 절반이 죽을 때까지 물질의 치사량lethal dose을 측정하며, 보통은 쥐 40마리 아니면 생쥐 200마리, 개 20마리가 사용된다. 동물이 무슨 종류든 검사하는 물질이 무엇이든 동물 절반이 죽을 때까지 조금씩 물질을 늘리면서 투약한다.

1980년 즈음 미국에서만 매년 500만 마리의 동물이 반수치사량 방법의 대상이 되었다. 거의 드레이즈 검사보다 20배 정도 되는 수치였다. 반수치사량이 얼마만큼 고통스럽게 하는지 헤아려보기란 어렵지 않다. 표본의 절반이 죽는 수치를 찾는 과정에서 동물들은 전부 다 죽어버리거나 회복할 때까지 십중팔구 병에 걸리기 때문이다. 이 검사는 보통 14일 동안 지속되며 6개월 동안 하는 경우도 있다. 경련, 헐떡임, 구토, 내출혈, 떨림, 마비 같은 증상들이 발생한다. 동물들이 물질을 섞은 먹이를 먹지 않으면 식도에 관을 삽입해 억지로 먹였다. 상대적으로 해로운 물질이라면 동일한 방법이 사용될 것이며, 동물의 절반을 죽이기 위해서는 막대한 양의 물질을 투입해야 한다.

반수치사량은 동물에게 엄청난 고통을 주고 있음에도 별다른 과학적인 근거도 없이 계속 확대됐다. 정확성의 의미가 완벽하게 없는데도 관료주의와 수학적 정확성이 합심한 사례로 보는 게 맞겠다. 반수치사량은 1927년 인슐린이나 감심제digitalis 같은 약품의 효능을 측정하기 위해서 개발됐다. 이 같은 물질들은 치유량과 치사량의 차이가 얼마 되지 않았다. 이후 이 약품들은 순수한 형태로는 활용되지 않았기 때문에 그것들의 정확한 효과를 결정하는 방법을 찾는 게 필요했다. 하지만 이 방법은 수학적으로 정확한 결과를 산출했기 때문에 곧장 새로운 약품이나 제품의 유독성을 평가할 때 표준 방법으로 정착했다. 립스틱, 오븐 세척제, 물감 희석제, 증류수, 식품 착색제, 크리스마스 장식용 눈 등 이 모든 제품들은 보통 최소한 2종의 동물을 이용한 반수치사량 수치를 승인했다.[1] 이런 식으로 활용되는 반수치사량은 수학적으로 정확해 보이지만 환상일 뿐이다. 반수치사량 수치는 종마다 예측하기 힘들 만큼 달랐으며, 심지어 같은 종이라도 계통이 다르면 수치도 달랐다. 쥐나 개에게 14일 동안 다량의 식품 착색제를 섭취시킨 후 정확한 반수치사량 수치를 측정한다고 해도 1년 동안 소량의 착색제가 인간에게 독성물질을 얼마만큼 축적시키는지 정확히 말할 수가 없었다. 이 때문에 드레이즈 검사의 경우와 마찬가지로 동물실험을 반대하지 않는 사람들조차 반수치사량이 낡은 방법이라고 생각했다. 세계보건기구 독물학 고문인 게르하르트 츠빈덴 박사는 이렇게 말했다. "전문가 대부분은 현대의 독물학 관행이 소모적인 행동이라고 생각했다. 과학적 창의성과 상식을 버려둔 채 생각 없이 표준절차에 매달리는 행태였다."[2] 헨리는 이 말을 항의운동에 알맞게, 간결하게 바꾸기만 하면 충분했다. "반수치사량은 상식에 반한다. 개를 죽이려고 아이보리 비누를 몇 개나 먹어야 하는지

알 필요가 있을까?"³

헨리는 이 새로운 의제의 한 가지 양상 때문에 마음이 불편했다. 박물관 항의운동을 할 때 그는 실험이 완전히 끝날 때까지 항의는 끝나지 않을 것이라고 강조했으며 정확히 그 말대로 했다. 국제사면위원회와 메트컬프-해치 법 항의운동을 할 때도 똑같이 성공을 거두며 끝을 냈다. 하지만 드레이즈 검사는 여전히 수행되는 상태였다. 헨리는 이기지 못한 채 빠져나온 것일까? 1982년 1월 헨리는 드레이즈폐지연합 소속 회원들에게 편지를 썼다. "우리의 승리는 계속 이어질 겁니다. 승리할 때까지 운동은 계속해야 합니다." 드레이즈폐지연합은 드레이즈 검사가 폐지될 때까지 온전하게 남았으며 여기서 확보한 동력을 발판으로 다른 동물검사와 투쟁할 것이라고 약속했다.

헨리는 새로운 목표를 찾는 동시에 드레이즈 검사 항의운동의 동력을 이어갈 생각으로 은퇴를 앞당겼다. 그는 고등학교 교사로서 즐겁게 근무했지만 하고 싶어서 한 일은 아니었다. 이때부터 그는 동물운동 전업 활동가가 되었다. 퇴직기금과 사회보장기금을 통해서 한 달에 500달러를 수령했을 뿐만 아니라 국제동물운동 대표로서 연봉 1만 5,000달러를 받았으며, 해마다 4,800달러 정도의 지출비용을 본인에게 환급했다. 운도 따랐다. 그는 활동을 위해서 돈을 모금할 필요가 없었다. 국제동물권리에 실제로 기부할 의향이 있는 사람들이 그를 지원했기 때문이다. 1980년, 예를 들어 헬렌 레너는 블루밍데일에서 레블론 항의운동을 선전하는 작은 책자를 우연히 발견했다. 당시 그녀는 드레이즈 검사에 대해서 무지한 상태였고, 우리에 갇힌 토끼 사진을 보고서 충격을 받았다. 그녀는 시위에 참여했고, 어떻게 도움을 줄 수 있을지 나중에 헨리에게 물었다. 그녀와 그녀의 남편 시드는 함께 활동에 관여하면서 헨리가 운동을 할 때 광고와 다른 비용을 지불해주었을 뿐만 아니라 조언자로 참여하기도 했다. 그녀는 대형 단체에 기부하는 것보다 훨씬 효과적이라고 생각했다. "블랙홀로 흘러가기라도 하는지, 어디에 쓰이는지 도대체 알 길이 없었죠." 바바라 클랩 역시 나중에 헨리를 돕는 자기만의 방식을 찾아냈다. 애초에 그녀는 그에게 유산을 남길 생각이었다. 헨리는 지금 돈을 주는 게 좋겠다고 말했다. 그래야 기부금을 통해서 하는 활동을 본인이 직접 평가할 수 있기 때문이었다. 그녀는 승낙했고, 헨리가 얻어낸 성과 때문에 기뻤던 나머지 이제는 관심 있는 사항이라면 헨리와 함께 활동을 하며 재정을 지원했다. 본인이 직접 계획을 제안할 때도 있으며 기부할 게 있다고 생각하는 사람이라면 헨리에게 소개도 해주었다. 답례로 헨리는 꾸준히 자신의 활동을 기부자들에게 알렸다. 자주 전화를 했으며 보고서와 잡지기사를 보내주었고 그들의

반응과 생각을 청취했다.[4]

드레이즈 검사 항의운동을 하는 동안 헨리는 국제적 접근법을 중요하게 생각하게 되었다. 독물학 단체는 국제적 단체며 제품들은 국경을 가로질러 거래된다. 미국산 제품의 중요한 시장 한 곳이 판매를 하기 전에 특정한 검사를 요구하면 이에 따라야 한다. 미국이 요구하는 방법이 아니라도 말이다. 따라서 반수치사량 반대운동 역시 국제적인 운동이어야 한다고 생각했다. 1981년 5월 헨리는 동물단체 동물을돕자가 초청하여 영국으로 건너갔다. 버밍엄 집회에서 그와 진 핑크는 환호하는 지지자들에게 반수치사량 폐지를 위해서 국제적인 운동을 조직할 것이라고 말했다.[5] 드레이즈 검사 항의운동을 할 때처럼 연합을 만들어 운영하겠다는 뜻이었다. 미국 쪽 반수치사량 폐지연합Coalition to Abolish the LD50을 조직하기 위해서는 레터헤드의 윗줄에 적힌 표제만 바꾸면 충분했다. 운영위원회와 후원단체는 여전히 그대로였기 때문이다.

반수치사량 항의 활동을 위해서 헨리는 새로운 조언자를 끌어들여, 때때로 자신의 생각을 검토해주던 조언자 집단을 확충했다. 마이런 멜먼이 뉴욕의 모빌 오일Mobil Oil의 독물학 보건환경 책임자로 있었을 때 헨리는 실험실에서 동물 사용 평가에 착수했다는 소식을 들었다. 일반적으로 화학물질을 동물에게 섭취시켜 검사를 할 때는 보통 3년에서 5년 정도 소요됐는데 멜먼은 이 방식을 쓰지 않고서 화학물질의 장기 효과를 측정하려고 애를 썼다. 멜먼이 주도한 덕분에 모빌은 물질의 독성 정보를 산출하는 컴퓨터 모형, 조직 배양, 박테리아 검사의 초창기 선도자로 올라섰다.[6] 멜먼은 대화에 동의했고 그들은 일을 마친 후 자주 커피를 마시며 모임을 갖기 시작했다. 멜먼은 중요한 정보를 전혀 손실하지 않고도 독물학이 90퍼센트 정도는 손쉽게 동물 사용을 줄일 수 있으며 다른 분야도 98퍼센트 정도 가능하다고 생각했다. 헨리는 반수치사량이 '문화지체' 때문에 표준 독성검사로 잔존하고 있다고 예상했는데 그대로 들어맞았던 것이다. 드레이즈 검사와 똑같았다. 고통이 적은 검사들이 사용되지 않았던 이유는 뒤렌버거 상원의원이 인용한 연방관리의 말처럼 "그런 식으로 생각한 사람이 한 명도 없었기" 때문이다.

그러면 어떻게 해야 생각하게 만들까? 헨리가 이 상황을 바로잡기 위해서 가장 좋은 방법을 찾고 있는 동안 펜실베이니아 동물권리협회Pennsylvania Animal Rights Coalition(펜실베이니아협회)는 1982년 10월 14일 필라델피아의 스미스클라인 국제본사 앞에서 동물검사 반대시위를 하겠다고 공표했다. 펜실베이니아협회는 1982년 1월 헨리가 조직한 반수치사량협회와 함께 활동할 목적으로 조직된 곳이었지만 스미스클라인 베크만SmithKline Beckman의 오른팔 격인 제약회사 스미스클라인이 1980년 3만 1,839마리의 동물을 사용했다는 정보를 입수한 후 독자적인 시위를 계획했다. 이 기업은 좋은 먹잇감이었다. 스미스클라인 임원이 회상했던 것처럼 "이제 막 본사 옆에 새로운 호텔을 지었던 터라 본사 근처에서 시위를 할 것이라고 하니 골치가 아팠죠".

헨리는 스미스클라인과 접촉하여 펜실베이니아연합의 소식지 복사본을 전달했다. 여기에는 시위 계획이 공표되어 있었으며 연합이 시위를 단념케 할 만한 몇 가지 제안을 스미스클라인에게 제시해두었다. 스미스클라인의 짐 루소 임원은 생의학연구소연합Association for Biomedical Research의 프랭키 트럴 사무총장에게 자문을 구했고, 그는 헨리와 대화를 하는 게 좋겠다고 말했다. "헨리라면 밖에서 손가락질을 하면서 모든 게 끔찍하다고 말하기는커녕 그들의 입장을 이해하려고 노력할 것이란" 게 이유였다. 스미스클라인은 트럴의 조언을 받아들여 헨리와 대화하기로 결정했다. 헨리는 펜실베이니아연합과 손을 잡고서 스미스클라인에게 요구할 생각으로 제안서 한 뭉치를 작성했다. 헨리는 제안이 수용되면 시위 중단을 위해서 중재하겠다고 약속했다. 10월 5일 헨리는 스미스클라인의 자회사 소속 연구기관인 스미스클라인 앤 프렌치 연구소SmithKline & French Laboratories의 스탠리 크룩 부소장과 만났다. 두 시간 넘게 논의한 끝에 크룩은 제안을 모조리 수용했으며, 10월 8일 서면으로 협정을 맺었다.

> 나는 이달 말 열리는 이사회 회의에 이 사안을 상정하여 연구소의 동물 사용을 축소시키기 위해서 전보다 노력하고 공식 계획안을 개발할 필요가 있다고 요청하겠습니다.
> 당사는 귀하의 기관과 제약사협회 혹은 기타 제약기업협회가 공동으로 후원하는 토론회 개최를 권고하기로 결정했습니다. 이 토론회는 동물 사용 축소 사업의 진척 과정을 발표하고, 장차 이 문제를 대처하기 위해서 과학적 규제의 권고사항을 마련할 계획입니다.
> 당사는 적절한 포럼을 개최하여 동물 사용 문제에 대해서 산업계와 식품의약국의 협업을 계속 권장하겠습니다. 그리고 당사는 동물 의존을 줄이는 동시에 과학적 규제의 요건이 만족할 만한 성과가 있으면 전문기관을 통해서 계속해 공표해나갈 생각입니다.[7]

시위는 취소됐다.[8]

크룩의 편지에 언급된 제약사협회는 149개의 연구기반형 제약기업들을 대표하는 동시에 대부분의 신규 처방 약품을 담당하는 단체였다. 크룩은 제약사협회의 연구개발 부문 회원이었다. 그는 헨리에게 첫째 제약사협회가 이미 반수치사량 문제를 논의하고 있으며, 둘째 반수치사량은 연방감독기관의 요구사항이 아니라고 회원사들에게 권고할 준비를 마쳤다고 말했다. 10월 11일, 헨리는 검사 단계를 모조리 검사해야 한다는 내용의 메모를 협회에게 보냈다. 협회는 발 빠르게 조치했다. 1982년 10월 21일, 제약사협회는 새로운 소식지를 발행했다. "수많은 동물을 이용해 수학적으로 엄밀하게 반수치사량 수치를 측정하는 고전적 반수치사량은 정당성을 상실했다. (……) 규제요건은 이러한 입장을 수용해야 한다."[9]

다른 기관들도 곧바로 이어받아 비슷한 성명을 발표했다. 화장품협회, 비누세제협회Soap and Detergent Association, 미국의학연구회도 동참했다.[10] 1983년 2월, 헨리는 보건복지부 소속 국립독성물질관리프로그램Department of Health and Human Services' National Toxicology Program 책임자 데이비드 랄 박사에게 편지로 다음과 같이 촉구했다. "복지부가 주도하는 고전적 반수치사량의 광범위한 사용행태를 검토해야 하며 규제절차 역시 바꿔야 합니다." 3월 3일, 랄은 답신에서 이 검사가 시대착오라고 설명했다. "화학물질이 인간에게 얼마나 유해한지 유용한 정보를 전혀 주지 못한다"는 것이다. 그는 국립독성물질관리프로그램은 반수치사량을 사용하지 않는다고 덧붙였다.[11]

이제 헨리는 관료체제를 공격할 준비를 마쳤다. 뉴저지 트렌턴 자선행사에서 헨리는 래플(기금모금용 추첨식 복권)을 받았는데 덕분에 공짜로 지역신문의 광고지면을 확보했다. 1983년 5월 3일, 철창을 슬프게 바라보는 개의 사진을 크게 다룬 전면광고 하나가 《트렌터니언Trentonian》에 실렸다. 사진 위에는 다음과 같은 질문이 있었다. "이 동물을 죽이려고 누군가에게 돈을 지불할 생각인가요?" 개의 사진 옆에는 다음과 같은 말이 적혀 있었다. "반수치사량은 수백만 마리의 실험실 동물을 끔찍한 고통에 시달리게 하면서 죽음에 이르게 합니다……. 그리고 당신은 그 비용을 지불하죠!" 사진 밑에는 반수치사량을 설명하는 내용이 있었으며, 지역구 하원의원에게 편지를 쓰고 적당한 감독기관을 접촉해 반수치사량 종식을 요구하라고 독자들에게 촉구했다.

이 광고가 트렌턴 주민만 겨냥한 것은 아니었다. NBC 〈투데이 쇼Today Show〉는 반수치사량 문제에 관심이 있었는데 이 광고로 말미암아 확실하게 미끼를 물었다. 광고가 나간 후 어느 날, 헨리는 〈투데이 쇼〉에 출연해 제인 폴리와 700만 명의 시청자에게 반수치사량을 설명했고 관료들을 정면으로 비난했다.

헨리: 동물의 고통을 보면서 즐거워하는 사람은 없어요. (……) 대단히 타성적인 관료주의의 결과죠. 지난 55년 동안 이런 식이었습니다. 업계들도 그건[반수치사량] 필요

없다고, 제약사협회도 필요 없다고, 화장품협회도 필요 없다고, 의학연구회도 필요 없다고 말하는 시점에서 어떻게 해야 관료들을 움직이게 할지…….

제인 폴리: 그게 필요하다고 누가 말하던가요?

헨리: 이 반수치사량을 준비한 사람이 누구인지는 모릅니다. 하지만 감독기관 사람들을 행동에 나서게 하기란 매우 힘들 것이라는 생각이 들었죠.

제인 폴리: 환경보호청인가요? 식품의약국인가요?

헨리: ……그들은 반수치사량을 방어했죠.

제인 폴리: 그게 진실이군요.

헨리: 공개토론에서 기관들은 그것을 변호할 생각이 없었지만 필요는 했겠죠. 비록 규제사항으로 명문화되어 있지 않았다고 해도 말이죠.

제인 폴리: 그들은 그게 명문화된 사항이 아니라고 했다는 거군요.

헨리: 핵심은 이런 겁니다. 반수치사량 검사를 하지 않고는 아무도 화학물질을 섭취하지 않았다는 것이고, 이것이야말로 가장 판에 박힌 관행이란 겁니다.

하지만 대담을 하는 동안 모든 게 헨리의 뜻대로 된 것은 아니었다. 폴리는 헨리에게 반수치사량 반대운동이 겪고 있

1983년 5월 3일 《트렌터니언》에 게재된 이 광고로 말미암아 헨리는 〈투데이 쇼〉를 시청하는 700만 명의 시청자들에게 반수치사량을 설명하는 기회를 얻었다.

는 중요한 난점들 한 가지를 제기했다.

> 제인 폴리: 쥐에 관심 있어 하는 사람이 있을까요? 쥐를 썼을 때 냉정하게 생각하고 비난할 사람이 있을까요? [화면에 나타난] 광고를 보니 비글을 썼군요. 실상을 보면 검사를 할 때 거의 대부분 쥐만 쓰죠. 쥐가 싸거든요. 비글은 비싸고. 비글의 얼굴로 동정을 사는 건 조금 잘못된 게 아닐까요.
>
> 헨리: 핵심을 짚었다고 생각합니다. 대부분 쥐를 씁니다. 의심의 여지가 없는 사실이죠. 개가 쓰일 때도 있고, 포유류가 쓰일 때도 있고, 기니피그가 쓰일 때도 있고, 기타 다른 것들도 쓰이죠……. 대부분의 사람들이 동물이 아프지 않기를 바란다는 사실과 연관시키려고 했습니다. 개는 가족이며 인기가 있죠. 하지만 나는 사람들이 이를 통해서 연관시킬 수 있다고…….
>
> 제인 폴리: 그래서 그 점을 노리는 전략이었다는 건가요?
>
> 헨리: 기본적으로 설치류가 들어간 광고는 사람들이 보기 힘들어 하죠. 물론 동물의 인기 정도가 기준이 돼서는 안 된다고 생각하지만 그게 고통과 쾌락의 차이를 말할 수 있을까요?

광고는 《워싱턴 포스트》에도 실렸으며, 헨리는 여러 차례 매체에 모습을 드러냈다. 수많은 사람들이 헨리의 제안에 응하여 연방감독기관에 항의 편지를 썼다. 《사이언스》에 실린 어느 기사는 다음과 같이 보도했다. "운수부Department of Transportation 유해물질국Office of Hazardous Substances 소속의 운이 나쁜 직원 한 명은 작년에 유해물질국의 반수치사량 검사 추정 요건을 항의하는 천여 통의 편지에 포위됐다."[12]

유럽에서 반수치사량 반대운동을 하는 사람들도 미국과 보조를 맞췄다. 1983년 8월, 유럽위원회European Commission 소속 약물검사 전문가위원회는 새롭게 개발된 약물은 전부 반수치사량 검사를 받아야 한다고 규정한 1975년 유럽경제공동체European Economic Community 지침을 수정하면 유럽에서 도살되는 동물의 수를 4분의 1가량 줄일 수 있다고 보도했다. 전문가들은 이 검사는 꼴사납기 짝이 없으며 독성기제를 섬세하게 연구한 결과를 바탕으로 교체해야 한다고 말했다.[13]

뉴욕의 빌 그린 하원의원은 동료 하원의원 73명의 서명을 받은 편지를 작성해 연방감독기관에게 반수치사량을 없애야 한다고 요청했다. 그린은 감독기관들에 기금을 할당하는 하원위원회에 참석했기 때문에 기관들을 압박할 수단이 있었다. 하원과 일반 사람들이 압력을 넣었을뿐더러 과학자 공동체 내부에서 반수치사량을 반대하는 여론까지 커지자 식품의

약국은 1983년 11월 9일 하루 동안 과학자들, 화장품·약품 산업 대표들은 물론이요 의약국과 연방감독기관 5곳의 관료들이 참가하는 토론회를 개최했다. 헨리 역시 이 토론회에 참여해 자신의 주장을 역설했으며, 그곳에는 마침 동물복지운동계에서 관록과 명망을 자랑하는 두 명의 인사, 클리블랜드 애이모리와 크리스틴 스티븐슨도 자리해 있었다.

여기서 감독기관 관리들은 연이어 헨리가 과거에 말했던 내용을 반복해 말했다. 개리 플램 식품의약국 관리는, 당국에는 "반수치사량 검사의 필요성을 상술하는 규정이 하나도 없었습니다. (……) 반수치사량은 가치가 한정돼 있으며 다른 검사로 했으면 좋다고 생각합니다"라고 말했다. 화장품협회 소식지는 다음과 같이 보고했다. "고전적 반수치사량 검사는 안전성을 평가할 때 '한계'가 따르며, 그보다 동물을 적게 사용하는 한계 검사나 범위측정 연구는 유독성 정보를 충분하게 제공할 수 있다는 의견의 일치가 형성됐다."[14] 제약사협회 대표는 나중에 이렇게 말했다. "이 모임에서 식품의약국은 처음으로 이 같은 입장을 명확히 했죠."

《뉴 사이언티스트New Scientist》는 이 모임을 불필요한 동물 연구 종식운동이 거두었던 '중요한 승리'라고 묘사했다. 그럼에도 이 모임은 연방의 전체 감독기관 내부에서 발생한 모순들을 해결하지 못했다. 환경보호청은 농약과 독극물일 경우 반수치사량의 일부 방식을 요구했던 반면 운송부는 화학물질 같은 것의 수송방법을 결정할 때 수정된 반수치사량 방식을 요구했기 때문이다.[15] 기관들은 자신들의 공식 입장을 강화하여 발표하겠다고 약속했고, 1984년 실제로 그렇게 했다.[16] 이후 환경보호청도 동참했다. "반수치사량만 측정할 경우 동물 사용을 억제하며" 동물을 적게 쓰는 '제한' 검사를 제안했던 것이다.[17]

차악을 선택하자

규제기관 바깥은 물론이요 내부에서도 고전적 반수치사량을 쓰지 말자고 점차 합의하게 된 것은 환영할 만한 소식이었지만 동물운동계 사람들이 이것이 무엇을 뜻하는지 이해하기 시작하자 동물운동계 몇몇 분파들이 헨리를 비난하고 나섰다. 제인 폴리는 이 문제를 〈투데이 쇼〉에서 제기했다.

> 헨리: 6마리만 써도 200마리를 사용해 얻는 것과 똑같은 자료를 얻을 수 있다고…… 과학단체는 말하고 있습니다.
> 제인 폴리: 그러면 살아 있는 동물로 반수치사량 검사를 하지 말라는 게 아닌 건가요? 당신은 수백만 마리의 동물을 죽이지 말라고 했잖아요?
> 헨리: 나는 선별 절차 같다고 생각합니다……. 고통과 죽음

의 세계가 있다고 생각해보죠. 이 세계를 가장 빨리 끝장내는 방법은 무엇일까요? 그리고 지금 당장 할 수 있는 가장 빠른 길은 무엇일까요?…… 60에 200마리를 사용하는 고전적 반수치사량을 없애야 합니다. 예를 들어 6마리를 사용하는 근접치사량approximate lethal dose 같은 다른 방법도 있습니다. 왜냐하면 어쨌든 범위측정값을 얻으면 되니까요. 피검 집단의 절반을 죽여도 진짜로 관심을 갖는 사람은 한 명도 없어요.

동물권리운동을 하는 수많은 활동가들에게 이러한 생각은 이단이었다. 동물검사는 어느 것이든 동물권리를 위반하는 것이었고 중단돼야 마땅했다. 헨리의 궁극적 목적은 다른 활동가들만큼 급진적이었지만, 얼마 안 있어 목표를 이룰 것이라고 기대하는 것은 자기가 생각해도 솔직히 비현실적이라고 생각했다. 그러면 그는 어떻게 해야 옳았을까? 근접치사량 검사(대략 6마리의 동물에게 투입하는 물질량을 조금씩 늘려가는 방법)가 반수치사량과 진배없다고 여기며 안전성 검사 때문에 끔찍한 고통에 시달리는 동물의 수를 90퍼센트 줄일 가능성을 저버려야 하는가? 무엇 때문에 그래야 하는가? 이렇게 하면 동물검사는 더욱 완벽하게 끝장날 것인가? 왜 그래야 하는지 이해하기 힘들었다. 인권운동을 했던 경험 때문에 헨리는 변화는 조금씩 일어나는 것이지 한 번에 혁명적으로 일어나지 않는다고 생각했다. 동물검사를 하나도 용인하지 않겠다고 해도 동물검사를 완벽하게 폐지하지 못한다면 무슨 이유로 그렇게 해야 하는가? 도덕적 순수성을 유지하는 게 중요했을까? 헨리는 그런 식의 도덕성에 개의치 않았다. 그의 생각은 이랬다. 현재 동물들은 고통을 겪고 있으며 일부 동물들이 고통을 겪지 않도록 현 상황을 바꿀 수 있다면 그렇게 하는 게 맞다고.

헨리가 주도한 운동이 미국의 대기업들과 맞서 싸워 승리를 쟁취하는 한 그를 비판하는 사람들은 소수일 수밖에 없었고 무시되기 일쑤였다. 하지만 사태가 안 좋게 돌아가면 옆에서 관망하던 사람들은 언제라도 개입할 태세를 갖추었다.

실험실에서 동물을 구출하다

감독기관들의 반수치사량 사용 중단을 끌어냈던 것 외에도 헨리는 대기업까지 끌어들이고 싶어 했다. 예전에 수많은 화장품 기업들을 설득해 드레이즈 검사 대안 연구에 기금을 출자하게 만들었던 만큼, 같은 방식으로 반수치사량 운동을 전개해도 좋았을 것이다. 그렇지만 그는 다른 접근법을 생각했다.

현시점에서 우리는 동물실험도 하고 소비자에게 깨끗한

이미지도 주고 싶은 기업들에게 돈을 끌어내는 공식을 확보했다는 사실을 깨달았다. 하지만 지금까지 했던 활동을 재평가하기로 결정했다. (……) 우리의 전략이 고통과 죽음의 총량을 신속하게 줄이는 가장 좋은 방법이 아닐 수도 있다고 생각했다. 고통을 줄이고 방법을 바꾸는 진정한 전문가들은 대학이 아니라 기업들에 있을 것이라는 판단이 들었다. 대학은 기금을 많이 모금해 연구하는 게 중요한 곳이다. 업적을 자랑하려면 빠르게 성공을 노릴 수밖에 없을 것이다. 하지만 그걸로 끝이다. 어쨌든 우리는 미국의 모든 의과대학에게 무보수로 기금을 제공하는 역할을 하고 싶지는 않다. 이에 따라 우리는 전략을 바꿨다. 우리는 프록터 앤 갬블에게 돈은 관심이 없다고 말했다. 바라는 것은 동물 사용을 축소하고 대체하는 내부 계획안과 프로그램이며, 계획안을 발표해 여타의 기업들에게 본보기가 되는 것이라고 말했다.[18]

헨리가 드레이즈 검사를 반대하고 나섰을 때 레블론은 대기업처럼 보였지만 타이드 세제, 아이보리 비누, 치약, 처방전이 필요 없는 약품을 제조하는 프록터 앤 갬블(피앤지)에 비하면 보잘것없는 기업이었다. 피앤지는 140여 개의 기업을 소유하고 260여 개의 브랜드를 보유한 진정한 의미의 다국적기업이었다. 피앤지가 동물 사용 축소 입장을 발표하면 지금까지 동물권리운동이 건드리지 않았던 거대한 산업계에 커다란 영향을 줄 게 확실했다.

헨리는 편지 몇 통을 보냈지만 돌아온 반응은 정중한 무시였다. 그는 피앤지 주식 1주를 구입한 후 1982년 오하이오 신시내티 본사에서 개최된 정기총회에 참석했다.

사람들은 피앤지가 어지간한 도시에 육박할 만큼 거대한 기업이라고 생각했을 것이다. 욕실에 가보면 전부 다 동일한 상표일 것이라고 누구나 예상한다. 나는 그런 기업의 주주총회에 참석했는데 모든 사람들은 정장에 넥타이를 매고 있었다. 반면에 나는 운동화에 카키 바지와 티셔츠를 입고서 손을 들었다. 회장은 내게 예의가 없다고 말했다. 나는 해운노조 활동을 할 때 마이크를 많이 써봤으며 마이크로 발언할 권리도 있었고 마이크 쓰는 법도 잘 알고 있었다. 그 자리에는 정기총회에 빠짐없이 참석하는 여자 한 명이 있었다. 그녀는 자기가 어떻게 회장과 만났는지 말한 뒤에 칵테일 한 잔을 마시며 회장과 이런저런 얘기를 나누었다. 그들의 이런 모습은 총회장에서 매우 자연스러웠다. 내가 손을 들기 전에 그녀가 말을 시작했던 까닭에 나는 회장과 얘기를 시작할 방도가 없었다. 내가 말하려 했던 내용은 그녀가 말한 후에 회장이 꺼내든 사안과 알맞지 않았기 때문이다. 결국 나는 기회를 잡았다. (……) 피앤지의 동물 사용 자료가 담긴 문서를 들고서 관련된 사항을 모조리 질문했다. 그들은 답변을 준비하느라 엄청나게 많은 시간을 사용했다. 기본적으로 준비가 전혀 안 됐던 것이다. 이 때문에 회장은 [총회에서] 나가야 할지 말아야 할지 알지 못했다. 나는 문서와 자료를 계속 꺼냈다. 그리고 회장은 나를 위해서 피앤지의 회의를 주선해보겠다고 말했다. 회장이 연단에서 떠나기 전 내가 가는 길을 막고서 말했다. "내가 만나서 얘기할 사람이 누구입니까?"

정기총회가 끝난 후 어느 날, 헨리는 오웬 버틀러 회장에게 친절한 어조로 편지를 썼다.

당신과 만나서 즐거웠으며 어제 열렸던 정기총회에서 몇 가지 관심 사항을 말해보는 기회를 주셔서 감사합니다. 당신이 넌지시 말했던 것처럼 검사 체계의 효율성을 제고하는 동시에 실험용 동물 사용을 축소하고 대체하는 것은 우리의 공동 관심사입니다.[19]

헨리는 "회의가 끝난 후 우리가 나눈 대화에 따라"라고 말하며 편지를 마무리했고 제프리 플레이스 연구개발 부담당자를 만났다. 또한 그는 1983년 1월 플레이스와 피앤지 소속 과학자들과 만났다. 과학자들은 비동물성 검사를 이미 시행하고 있다고 설명했다. 그렇게 하는 게 최첨단 독물학의 경향이며, 신제품을 검사할 때 다른 방법보다 값도 싸고 더욱 빠르며 신뢰도 높은 방식이란 게 이유였다. 그들은 또한 다음의 두 가지를 위해서 적극적으로 노력하겠다고 약속했다. 첫째, 산업계 내부에서 비동물성 검사를 진작하는 것. 둘째, 달리 방법이 없어서 동물성 시험을 할 때는 수를 줄이거나 겪는 고통을 축소하는 것.

피앤지는 1983년 5월 대안연구본부에서 열린 심포지엄에서 연구 결과를 발표했다. 여기서 그들은 고전적 반수치사량 검사를 '상하법up/down'이라고 불리는 검사로 바꾸자고 제안했다. 이 방법은 물질을 투입한 동물 중독의 적정한 범위를 찾기 위해서 고저량high and low dose을 이용하되 동물은 훨씬 적게 사용한다. 9월 피앤지는 사보에 '실험실에서 동물을 구출하다'라는 제목의 기사를 실어 직원들에게 이 사실을 널리 알렸다. 이 기사에서 헨리는 기업의 이러한 활동을 공개적으로 지지하고 나섰다.

피앤지가 성과를 올렸다는 소식은 과학 공동체는 물론이

요, 동물권리운동 지도부에게도 알려졌다. "피앤지는 진지하고 주도적인 태도로 실험용 동물 사용을 축소하고 대체하는 활동을 함으로써 선견지명과 실천력을 보여주었습니다." 헨리 스피라 전국동물권리단체연합 위원의 말이다. "다른 기업들도 피앤지를 본받아 동참하기를 희망하고 기대합니다."[20]

레블론 때와 똑같이 기업이 올바른 방향으로 나아가면 헨리는 공개적으로 지지했고, 기꺼운 마음으로 인용을 허락했다. 헨리는 피앤지가 대안연구를 시늉만 하는 게 아니라 진심으로 하는 모습을 보았으며 계속해나갈 수 있도록 염원했다. 4장 첫머리에서 헨리가 말했던 것처럼 "우리는 선하고 당신은 악하며, 당신을 교화하기 위해서 한방 먹일 테다"라고 생각하고 행동하지 않는 게 중요했다. 하지만 상당수의 동물운동 단체들은 "우리는 선하고 당신은 악하다"라고 생각하는 태도를 버리지 못했다.

극적인 사건들과 착실한 진보

1981년, 잉그리드 뉴커크와 함께 동물의 인도적 대우를 요구하는 사람들People for the Ethical Treatment of Animals(인도적 사람들)을 창설한 알렉스 파체코는 메릴랜드의 실버 스프링Silver Spring

행태연구소Institute for Behavioral Research에서 자원봉사로 보조연구원 업무를 수행했다. 여기서 그는 실험에 사용된 원숭이들이 방치되고 학대되는 모습을 보고 충격을 받았고 이와 관련된 증거를 수집했다. 이 때문에 경찰이 연구소를 습격했고, 연구소 소장 에드워드 톱 박사가 재판에 회부됐다. '실버 스프링 원숭이' 구금 사건이라는 기나긴 이야기가 시작된 것이다. 이 사건으로 말미암아 대중은 동물실험의 본성을 확실하게 인지했고 인도적 사람들은 미국 동물권리 단체 주류로 올라섰다.[21]

미국의 동물운동은 1984년 다시 전성기를 맞이했다. 지하단체 동물해방전선Animal Liberation Front(ALF) 회원들이 펜실베이니아 의과대학 소속 토마스 제나렐리 박사의 연구소를 침입했다. 침입자들은 실험자들이 직접 촬영한 34개의 비디오테이프를 훔쳐냈다. 그 테이프에는 의식이 뚜렷한 비비가 묶인 채 수술대에 오른 후 두뇌에 심각한 손상을 입히기 위해서 신속하게 수술을 시작하는 장면이 찍혀 있었다. 실험자들이 공포에 떠는 동물들을 조롱하는 장면이 찍혔으며, 그들은 이렇게 말하기까지 했다. "생체실험을 반대하는 사람들이 이 필름을 입수하지 않기를 바라는 게 좋을 거야." 편집한 영상이 전국에 방영됐을 때 수백만 명의 시청자들은 분노에 떨었다. 인도적 사람들은 제나렐리의 두뇌손상 실험연구소를 폐쇄하기 위해서 1년여에 걸쳐 항의운동을 전개했다. 이 운동은 1985년 7월 15일 100여 명의 사람들이 제나렐리 연구소에 자금을 댄 곳 앞에서 연좌시위를 벌였을 때 절정에 달했다. 연좌시위 14일째 보건원 관리는 실험이 중단될 것이라고 발표했다.[22]

매체들의 보도가 홍수같이 쏟아졌다. 《뉴욕타임스》는 '동물권리: 미국에서 성장하는 운동'을 1면에서 다루었고,[23] 《뉴스위크》는 '동물운동 단체가 존경과 영향력을 얻다'라는 제목의 기사를 실었다.[24] 《뉴 우먼New Woman》, 《허슬러Hustler》, 《옴니Omni》, 화학산업지 《케미컬 위크》 같은 잡지들도 동물운동을 특집으로 다루었다. 수많은 텔레비전 프로그램들도 앞 다퉈 보도했다.[25]

헨리가 주도했던 안전성 검사를 추구하는 새로운 과학 문화는 1면을 극적으로 장식하지는 않았지만 동물의 고통을 줄일 때 중요한 역할을 했다. 영어권에서 유명한 과학잡지 《뉴 사이언티스트》 편집장 버나드 딕슨은 뉴욕과학원New York Academy of Science 기관지 《더 사이언시스The Sciences》에 이 변화를 지적하는 글을 기고했다.

> 동물권리는 요즘 유행하는 쟁점이 되었으며 이 때문에 대안 기술을 연구하는 풍토가 촉진됐다. 비교적 최근까지 특별한 방법[비동물성 대안 모색]은 비현실적이며 필요가 없

다고 주장했던 과학자들도 지금에는 새로운 운동에 실제로 동참하기 시작했다.[26]

다음 해 내내 지금까지 무시됐던 대안들과 시험관 독물학이 선풍적인 관심을 모았다. 학술대회와 토론회들이 빈번하게 열렸으며, 출판물이 급증했고, 대안을 연구하는 새로운 과학잡지들이 창간됐다. 1984년, 처음에는 주저했지만 이제는 비동물성 실험을 열광적으로 지지하는 브리스톨-마이어스가 제약 산업에 알맞은 대안 연구를 위해서 존스 홉킨스 의과대학 소속 대안연구본부에 추가로 20만 달러를 지원했고, 레블론은 록펠러 대학에 25만 달러를 추가로 지원했다. 드레이즈 검사를 대체할 만한 유망한 방법의 시험을 지원할 속셈이었다.[27]

대기업 몇 곳은 동물실험을 중단했다. 브리스톨-마이어스는 고전적인 반수치사량을 한계검사^{limit test}로 교체했다. 이 방법은 시험용 물질을 대상에 일정량 섭취시키되(대략 1킬로당 10그램 정도), 6~10마리 정도 되는 동물 집단에서 조금도 해로운 영향이 나타나지 않으면 동물의 절반이 죽을 때까지 실험을 진행할 필요가 없다고 판단한다. 이렇게 하자 부조리하게 다량의 무해한 물질을 동물에게 억지로 섭취시킬 필요가 없어졌다. 매일매일 인간에게 치약 몇 통이나 탄산수 수백 병을 먹여봐야 소용없는 것과 똑같을 것이다. 1984년 4월, 에이본은 동물 사용양이 전년 대비 31퍼센트 줄었다고 발표했다. 에이본은 1981년과 1982년 사이에도 33퍼센트를 줄였다. 레블론은 20퍼센트 감소했다고 전했다. 콜게이느-팜올리브Colgate-Palmolive는 1982년과 1983년 사이에 50퍼센트 이상 동물 사용을 줄였다고 발표했고, 1986년 정도 되면 1981년과 비교해 80퍼센트 축소할 수 있을 것이라고 말했다.[28] 약품검사 몇 개는 비동물성 방법으로 교체됐다.[29] 1984년 10월, 브리스톨-마이어스 산하 미드 존슨Mead Johnson은 토끼를 전혀 쓰지 않았다. 전까지 그곳은 매년 정맥주사량을 검사하기 위해서 300여 마리의 토끼를 이용했던 곳이었다. 이제 토끼 검사는 더 싸고 빠르며 정확한 참게효소 검사로 교체됐다(참게는 피를 조금 뽑은 후 별다른 해를 입지 않고 해변으로 돌려보낸다고 회사는 말했다). 식품의약국은 이 검사를 승인했고, 브리스톨-마이어스의 성과를 인정해 혜택을 주기로 약속했다.[30] 1985년 6월, 화장품협회는 두 가지 사항을 알리는 보도자료를 발표했다. 첫째 화장품 기업 모두 고전적 반수치사량 사용을 중단하고, 둘째 그 대신 한계검사를 사용한다는 것. 이러한 결과로 말미암아 화장품 산업이 정확한 구부독성 측정을 위해서 사용하는 동물의 수가 75~90퍼센트 감소하게 되었다.[31] 1985년 10월, 피앤지는 40~55마리가 필요한 반수치사량을 쓰지 않고

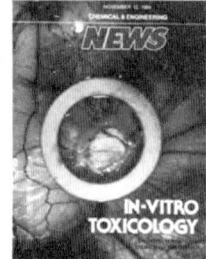

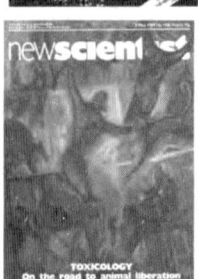

잡지들이 과학자, 의사, 화학 산업을 겨냥해 훌륭한 특집기사를 실었던 모습은 1980년대 점차 비동물성 대안에 대해서 많은 사람들이 관심을 기울이기 시작했다는 사실을 보여준다.

6~10마리가 필요한 상하법을 활용함으로써 자사의 실험실에서 고전적 반수치사량을 '사실상 폐지'했다.

헨리는 '반수치사량을 완전히 끝장내기 위해서' 1984년 1월 뉴욕에서 모임을 하자고 요청했다. 나는 당시 콜로라도의 볼더에 약속이 있었는데 헨리가 재촉하는 바람에 뉴욕으로 날아와 연설을 하게 됐다. 헨리 역시 연설을 했고 미국 곳곳에서 활동하는 풀뿌리 동물단체 대표들과 연합의 오랜 지지자들도 연설에 참여했다. 여기에는 앤드류 로언과 레너드 랙 같은 과학자도 있었고, 페긴 피츠제럴드 같은 방송인도 있었으며, 클리블랜드 에이모리 같은 작가와 빌 그린 같은 하원의원도 있었다. 연단 뒤에는 묘비 그림이 들어간 커다란 현수막이 걸렸다. 묘비명은 다음과 같았다.

반수치사량
1927~1984

묘비는 이른 감이 있었다. 기업들은 통상의 검사 절차를 준수하지 않으면 수백만 달러의 소송에 걸릴지 몰라서 언제나 전전긍긍하는 상태였던 터라 이 같은 전통적 동물검사를 없애자고 기업들을 설득하기란 지극히 힘들었던 것으로 판명 났다. 1989년이 되자 헨리와 레너드 랙은 고전적 반수치사량

과 드레이즈 검사의 폐지가 아니라 '단계적 삭감'을 주장하고 나섰다.[32]

헨리와 동물단체 내부의 이견

헨리는 대형 화장품 기업들이 합리적인 절차에 따라 동물 사용을 줄이고 있다고 생각했지만 동물운동계에는 이 상황을 다르게 보는 사람들도 있었다. 헨리가 화장품 회사를 상대로 전개한 항의운동은 첫째 회사들의 관례를 바꾸었고, 둘째 대중의 지지를 획득했다. 이 때문에 새롭고 급진적인 동물권리단체의 수많은 지도자들은 똑같은 방식으로 계속하기를 원했다. 그들이 보기에 기업들이 동물검사를 계속하는 한 잠재적인 목표가 될 수밖에 없었다. 1985년 10월 인도적 사람들은 '동정운동Compassion Campaign'을 시작했다. 드레이즈 검사 때문에 고통을 겪는 토끼를 로고로 삼아 에이본과 브리스톨-마이어스를 포함해 주요 화장품 회사를 겨냥했다. 이 운동이 《애니멀스 어젠다Animals' Agenda》의 기사로 실리자 헨리는 기사를 담당한 편집자에게 편지를 보냈다.

> 《어젠다》가 화장품 산업에게 최후통첩을 보낸 것은 역효과를 일으킬 공산이 크다고 생각합니다. 내가 보기에 산업이나 기업이 반응을 보인다면 계속 반응하게 만들고 그러한

모습을 타의 모범으로 삼는 게 좋습니다. 공동의 목적을 위해서 함께 활동하는 사람들을 왜 그렇게 못살게 구는 건가요?

전체 동물성 제품 검사에 쓰이는 동물이 100마리라면 화장품 산업은 1마리 이하의 동물만 쓰고 있죠. 하지만 비동물성 독물학 분야 전반을 개척한 곳이 바로 화장품 산업입니다. 화장품협회는 존스 홉킨스 의과대학 소속 대안연구본부를 지원하고 레블론은 록펠러 대학의 대안 개발을 지원했죠. 이러한 노력이 결실을 맺었기 때문에 세계 곳곳의 주요 연구소들도 동참하게 됐습니다. 화장품 산업과 피앤지 같은 가정용 제품 선두 기업은 확실히 반응을 했죠. 그들은 고통과 아픔에 허덕이는 동물을 많이 구해냄으로써 다른 기업들에게 충격을 주었습니다. 그들이 구한 동물은 화장품 산업 자체가 이용하는 동물보다 많았습니다.

화장품 산업보다 많은 동물을 이용하며 동물에 전혀 관심을 보이지 않았던 산업을 겨냥하지 않는 이유는 무엇일까요? 제약 산업, 화학 산업, 공교육 체제, 농업계 등 이곳들은 매년 4,000만 마리의 동물이 겪는 고통에 책임을 져야 해요. 충분히 반응을 보이는 기업들에 최후의 통첩을 보내봐야 협상의 여지만 줄어들 뿐이라면 지금까지 경시됐던 분야에 새롭게 힘을 모으는 게 새로운 승리를 앞당길 수

있는 길입니다. 힘이 필요한 곳에 힘을 써야 합니다.[33]

헨리와 다른 기관 사람들, 특히 인도적 사람들의 관계는 1987년 악화됐다. 이때 인도적 사람들은 피앤지의 주식 1주와 주주제안서를 들고서 정기총회에 참석한 후 살아 있는 동물의 제품 검사 중단을 촉구했다. 75명의 동물권리 활동가들이 총회장 밖에서 집회를 가졌고, 인도적 사람들이 전세를 낸 헬리콥터가 '동물을 이용한 제품 검사 중단'이라고 적힌 현수막을 달고서 주변을 선회했다. 총회장 안도 비슷했다. 그들의 제안을 검토하느라 거의 두 시간 반이 소요됐다. 인도적 사람들이 총회장에서 사건을 벌이고 있다는 소식을 듣고서 헨리는 피앤지를 지원하기로 결심했다. 그곳은 1984~1986년 사이에 소비제품 검사에 사용되는 동물의 수를 60퍼센트 줄였으며, 제약회사를 인수했음에도 전체적인 동물 사용량은 22퍼센트 줄였다. 헨리는 신시내티로 날아가 총회에 참석해 인도적 사람들의 수잔 리치 대변인의 말을 들었다. 그녀는 피앤지가 제품 검사를 할 때 동물의 수를 줄인 점은 칭찬을 받아 마땅하지만 이보다 더 많이 줄여야 한다고 말했다. 리치는 피앤지가 매년 7,000에서 1만 마리 정도의 동물을 계속 사용한다고 추산했다. 이 말을 듣고서 헨리는 일어섰다. 그는 고통을 겪는 동물검사의 단계적 축소라는 목표를 지지한다고 말하면서 발언을 시작했고 다음과 같이 덧붙였다.

> 나는 인도적 사람들의 운동을 지지하지 않습니다. 피앤지를 악의 원흉으로 보기 때문입니다. 피앤지는 현재까지 훌륭하게 동물성 제품 검사의 대안을 개발하고 이행하고 진작했습니다. 기업이 동물에 관심을 보이는데 그들을 한방 먹이는 짓은 아무런 의미가 없다고 생각합니다. 계속 반응하게 만들고 그들의 그러한 모습을 타의 모범으로 삼는 게 낫다고 생각합니다.
>
> 기업들이 동물권리 문제를 수용하고 대응해봤자 아무 소용이 없다는 인상을 받는다면 유감스러운 일이죠. 반응을 했는데도 여전히 항의운동의 대상이 된다면 말입니다.

이후 헨리는 피앤지가 적극적으로 주도한 활동을 이야기했고 대안을 개발하고 실행한 면면을 치하했다. 그의 논평은 보도자료로 만들어져 언론사에 배포됐고, 《뉴욕타임스》와 기타 매체들은 이 사태를 '동물권리 운동계의 전술적 분열'이라고 지적했다.[34] 인도적 사람들의 제안은 2.2퍼센트에 해당되는 주주만이 지지했을 따름이다.

인도적 사람들의 잉그리드 뉴커크 대표는 헨리가 주도한 연합의 레터헤드에 기재된 사람들에게 편지를 보내는 방식으로 응수했다. 여기에는 헨리가 피앤지 총회에서 발표한 내용의 보도자료 복사본과 철학자요 활동가인 브라이언 클루그가 작성한 '다함께 변화를 추구하자: 활동가 선언'이란 문서가 있었다. 클루그는 문서에서 운동단체들끼리 싸우지 말자고 요청했고, 뉴커크는 편지에서 헨리의 입장이 "서로를 공격하지 않아야만 통용될 수 있다"고 지적했다. "……이러한 행동이 그다지 만족스럽지 않다는 점을 헨리가 깨달았으면 합니다."[35] 국제동물권리협회International Society for Animal Rights의 헬렌 존스 대표도 공격하고 나섰다. 존스는 원래 헨리가 주도한 자연사박물관 항의운동을 지지했지만 전술상의 이견[36]이 발생한 후 지지를 철회했으며 연합에서 완전히 발을 뺐다. 이제 그녀는 기관지를 통해서 피앤지 총회에서 발생한 사건에 주목한다고 밝혔으며 스피라가 주도한 반수치사량폐지연합 회원들이 속한 기관들에게 지지를 철회하는 게 어떻겠느냐고 제안했다.[37]

뉴커크도 존스도 헨리의 지지자들의 입장을 바꾸려 했지만 무위로 끝나고 말았다. 현재의 방침을 바꾸거나 인도적 사람들을 그만 비판해야 한다고 말하는 조언자들은 전혀 없었고 연합에서 발을 빼는 단체도 하나도 없었다. 그럼에도 동물운동을 하는 활동가들 다수는 궁금해했다. 유기동물점유권, 드레이즈 검사, 반수치사량과 맞서 함께 싸우기 위해서 연합을 구축하는 등 통일된 운동을 주도했던 장본인이 동물검사를 하는 기업을 편들고 다른 동물권리 단체를 반대하는 이유가 무엇인지 의아했던 것이다. 그렇지만 헨리의 관점은 명확했다. 단체들 몇 곳이 화장품 기업들을 단순히 이용만 하는 이유는 질 나쁜 동물 학살자이기 때문이 아니라 항의운동을 하기에 편리하고 유명하기 때문이라고. 그런 다음 이러한 활동을 근거로 지지자들에게서 후원금을 받아낼 속셈이란 것이다. 헨리가 더욱 걱정스럽게 생각했던 사항은 피앤지 총회에서 본인이 명확하게 밝혔던 대로다. 자기가 항의운동의 대상으로 삼았던 기업들이 자신의 제안을 받아들여 실행하고 있음에도 여전히 공격 대상이 된다면 그에게 조금이라도 이점incentive을 제공할 기업은 한 곳도 없을 것이다.

10년이 지난 후에도 피앤지 평결은 여전히 논란거리였다. 이 기업을 적대했던 사람들은 1997년 5월 자신들이 정당했다고 주장했다. 미셸 로키 비밀조사관이 뉴저지 밀스톤의 헌팅던 생명과학Huntingdon Life Sciences 연구소에서 8개월 동안 일하면서 관찰했던 사항을 보고했던 때였다. 연구소는 피앤지를 비롯해 여러 대기업을 위해서 검사를 수행했다. 연합통신Associated Press에 따르면 로키는 "학대로 추정되는 장면을 비디오로 촬영했다. 비디오에서 기술자들은 살아 있는 원숭이를 절단하고, 때려서 우리에 가두고, 공중에 매달아놓은 채 코에

액체를 들이부었다"라고 증언했다. 인도적 사람들은 헌팅던 연구소가 동물복지법을 준수하지 않았다며 37쪽짜리 보고서를 작성해 미국농무부에 제출했다.[38] 이 같은 폭로 때문에 당황했던 피앤지는 헌팅던연구소에 의뢰했던 작업을 철회했다.

회계장부의 다른 장을 보면, 피앤지는 1984년 이후 비약제nondrug 소비자 제품 안전성 검사에서 동물 사용을 85퍼센트 정도 줄였다고 주장한다. 이 기간 동안 덩치를 세 배나 불렸지만 성공적으로 축소했다는 얘기였다. 피앤지는 동물검사의 궁극적 배제를 정책으로 내세웠고, 실제로도 대안 연구를 선도함으로써 말뿐만이 아니라는 점을 입증했다. 1984년 이후 피앤지는 자사가 6,400만 달러를 투입해서 비동물성 검사를 개발하고 비준하고 수용했으며(다른 기업이나 기관들보다 대략 세 배에 달하는 수치다), 소속 과학자들이 대안적 방법을 주제로 450편 이상의 논문을 발표했다고 추산했다. 1990년 피앤지는 비동물성 대안 연구 국제프로그램International Program for Animal Alternatives을 세웠고, 매년 45만 달러 정도의 기금을 집행해 과학자들의 새로운 대안 검사 개발을 지원했다. 피앤지는 대안이 확대 활용되지 못하는 한 가지 커다란 이유는 규제기관이 대안을 수용하지 않고 있기 때문이라는 사실을 잘 알고 있었다. 그래서 피앤지는 대안 이행에 필요한 협정 기준을 논의하는 학술대회를 지원했다. 미국 하원이 법률 제정을 통해서 행정부가 대안의 개발·인준·승인을 적극 지원하도록 유도하기 전에, 피앤지는 검사를 시행한 유일한 기업이었다. 이 때문에 미국 대안실행합동위원회U.S. Interagency Coordinating Committee for Validation of Alternative Methods가 구성됐고 대안을 평가하고 규제기관을 유도하는 역할을 맡게 되었다. 대안에 관련된 정보를 세계 곳곳의 연구자들이 쉽고 확실하게 접근하게 할 생각으로 피앤지는 존스 홉킨스 의과대학 소속 대안연구본부와 함께 동물검사 대안을 위한 웹사이트 알트웹Altweb 개발에 필요한 자금을 지원했다. 1997년 10월 주주 정기총회에서 피앤지는 대안 연구의 새로운 영역을 개척했다고 발표했다. 네트워크형 생물학모형Biology Network of Modelling(BioMOME)으로 알려진 컴퓨터 모형을 개발하기 위해서 샌디에이고 캘리포니아 대학 소속 슈퍼컴퓨터본부Supercomputer Center에 100만 달러를 지원하기로 결정했던 것이다. 이 모형의 목적은 새로운 합성약물의 생물학적 반응을 예측하는 것이다. 피앤지의 캐서린 스티젤 보건환경 안전성 공동 책임자는 슈퍼컴퓨터 계획이 성숙한 상태가 아니란 점을 잘 알고 있었다. 하지만 "달리 동물 사용을 완벽하게 제거하는 방법을 찾지 못했죠. 하지만 시작하지 않으면 아무것도 되지 않아요."[39]

인도적 사람들과 헨리는 1987년 다시 한 번 충돌했다.

인도적 사람들은 뉴잉글랜드반대협회와 토론토 동물애호회Toronto Humane Society의 인수를 기획했다. 이 두 단체는 설립된 지 오래됐으며 보수적인 성향을 띠었고 자산이 대략 2,200만 달러에 육박했다. 인도적 사람들의 지도부는 그곳들의 돈이 동물을 위해서 제대로 쓰이지 않는다고 생각했다. 맞는 말이었을 것이다. 하지만 헨리는 다른 동물권리 집단의 지도부들과 똑같이 인도적 사람들 때문에 동물운동계가 악영향을 받을까봐 걱정스러웠다(인도적 사람들 자체도 민주적인 체제를 구축하지 않았던 터라 몇 군데 다른 단체들의 인수 위협에 노출됐다). 인도적 사람들은 유급 직원의 수가 급증함에 따라 많은 경비가 필요했기 때문에 헨리는 걱정이 끊이지 않았다. 당시 헨리가 주도한 연합의 1년 운영비가 75만 달러였던 반면, 인도적 사람들의 1년 예산은 600만 달러가 넘었다.[40] 뉴잉글랜드반대협회가 헨리가 제안한 계획에 자금을 지원한 사실도 중요했을 것이다. 인도적 사람들이 이사진을 장악하면 이 지원도 끝장날 공산이 컸다. 이 때문에 헨리는 거리낌 없이 《토론토 선Toronto Sun》의 이안 하비 기자에게 전통적·보수적 동물애호협회를 급진적 단체가 인수하게 되면 "'옥상옥屋上屋, bureaucracy for bureaucracy's sake'만 창조하며 책임자의 자만심을 부추길 따름이다"라고 말했다.[41]

뉴커크는 이 사태를 다르게 보았다. 1989년, 그녀는 일찍이 헨리를 보도했던《뉴욕타임스》기자에게 말했다.

> 그는 부유한 적들과 어울려 놀았죠. 6년인가 7년 전에 우리는 서로 공감대가 많았습니다. 그는 불모지를 개척해 발판을 마련했고, 그것은 매우 중요했습니다. 하지만 나는 헨리가 산업계의 반응에 속았다고 생각해요. 헨리는 산업계의 중개자라는 수렁에서 빠져나오지 못했습니다. 대안 연구는 명약관화하게 현 상태를 유지하려는 음모입니다.[42]

헨리가 지난 10여 년 동안 온 힘을 바쳤던 대안 연구가 '명약관화하게 현 상태를 유지하려는 음모'였을까? 미국의 화장품 대기업들이 동물검사를 어떻게 끝냈는지 살펴보면 이 질문에 대한 답이 나올 것이다.

화장품 검사의 종말?

1989년 1월 10일, 노그제마Noxzema 피부용 크림과 커버걸Cover Girl 화장품 제조사 녹스웰Noxell은 미국에서 드레이즈 검사를 세포배양 검사로 교체했다고 발표한 최초의 대기업 화장품 회사가 되었다. 2년 동안 안구자극을 예측하는 '아가로스 확산agarose diffusion'으로 알려진 세포검사의 효력을 연구한 후 결정된 사항이었다. 헨리는 이 결정이 획기적인 돌파구

라며 환영했다. 이를 통해 드레이즈 검사를 제거할 추진력을 얻었다는 것이다.[43]

두 달 조금 지나지 않아 인도적 사람들은 에이본을 동물성 화장품 검사 반대운동의 첫 번째 제물로 삼았다. 인도적 사람들은 세계 전역에서 에이본 제품 불매운동을 촉구했고 300만 개의 도어행거를 배포했다. 에이본 판매원이 쓰는 것과 같은 형태지만 '에이본을 부르세요Avon calling'라는 문구를 '에이본을 죽이세요Avon killing'로 바꾼 것이었다. 한 달도 안 돼서 에이본은 드레이즈 검사를 더 이상 쓰지 않을 것이며 동물검사를 모조리 중단할 것이라고 발표했다. 6월 레블론 역시 그대로 따라했다. 그해 말 11개의 대형 화장품 회사들은 동물성 제품 시험을 완벽하게 중단했다. 이 대열에 체서브러 폰즈Chesebrough-Ponds, 파르베제Fabergé, 크리스천 디오르Christian Dior가 동참했다. 반면 암웨이Amway와 메리 케이Mary Kay는 동물검사 잠정 중단을 선언했다.

이때야말로 헨리로서는 기뻐하고 찬양해야 할 순간이었다. 지난 10년 동안 레블론에게 편지를 쓰면서 시작한 활동이 절정에 오른 순간이 아니었을까? 하지만 아니었다. 날을 있는 대로 세우고 현 사태를 신랄하게 바라봤다. 이 문제가 어떻게 진행됐는지 잘 모르는 사람들이 보기에는 마치 인도적 사람들이 에이본의 입장 표명을 끌어낸 것 같았다(동물권리운동이 시작된 지 얼마 안 됐고 급격하게 성장했기 때문이며 이 점은 대부분의 지지자들도 마찬가지였다). 결국 미국 전역에서 활동하는 수십만 명의 지지자들과 세계 곳곳에 지부를 보유한 강력한 단체가 진지한 태도로 기업들을 위협하는 게 가장 중요하게 여겨졌던 것이다.

하지만 이 사안의 역사를 알고 있는 사람들은 이 상황을 전혀 다르게 보았다. 화장품 기업들이 동물검사를 중단할 수 있었던 이유는 대안이 개발됐다는 것, 그것 하나뿐이었다. 녹스웰이 세포배양 검사로 바꿀 수 있었던 것도 그 때문이었다. 에이본은 아이텍스Eytex 방법으로 바꿨기 때문에 드레이즈 검사를 중단할 수 있었다(아이텍스는 크리스토퍼 캘리가 설립한 회사인 내셔널 테스팅National Testing이 개발한 시험관 방법이다).[44] 캘리는 《케미컬 위크》에 아이텍스는 "드레이즈 검사보다 빠르며, 생산성이 높고, 주관성이 덜하다"라고 말했다. 게다가 드레이즈 검사는 500달러가 필요한 데 반해 아이텍스는 50달러면 충분했다.[45] 정확하게 헨리가 레블론에 대안 연구 기금을 요청했을 때 만들어졌으면 좋겠다고 기대한 장점을 두루 갖추었다.

따라서 화장품 회사가 동물 사용을 중단했을 때 인도적 사람들이 했던 역할은 밥상에 숟가락을 얹은 정도에 불과했다. 대안 개발은 '명약관화하게 현 상태를 유지하려는 음모'이기는커녕 인도적 사람들의 불매운동이 성공하기 위한 본질적인 선결조건이었다. 더욱이 에이본이 화장품 검사를 중단했을 때 인도적 사람들이 했던 역할조차 과대평가되었을 공산이 컸다. 《애니멀 라이츠 리포터Animal Rights Reporter》는 이와 관련해 마키아벨리적인 분석을 제시했다. 이 잡지는 '동물권리운동의 객관적 분석'이라는 부제를 달아놓고 자랑을 해댔는데 여기에 나오는 설명은 수상쩍은 곳이 한두 개가 아니었다. 《애니멀 라이츠 리포터》는 동물권리운동이 목표로 삼은 기업들에게 빌붙어 활동하는 보안자문회사가 발간하는 잡지였다.[46] 그럼에도 중요한 사실은 에이본이 동물검사 중단을 발표하기도 전에 《애니멀 라이츠 리포터》가 인도적 사람들의 불매운동 소식을 전했다는 것이다.

> 인도적 사람들은 두 가지 활동에 나섰다. 첫째 매체 전략을 수립하는 것, 둘째 국제동물권리의 대표 헨리 스피라의 활동을 최소화하는 것. 스피라는 에이본 경영진과 협력관계를 구축했고, 그가 노력했기 때문에 에이본이 동물검사 의존 정도를 줄인 것은 확실했다.
> 이제 에이본은 동물검사를 완전히 제외시킬 단계에 거의 도달한 상태이며, 인도적 사람들은 한 발 더 나아가 불매운동을 선포했다. 불매운동을 통해서 인도적 사람들은…… 에이본이 동물검사를 완벽하게 중단하겠다고 발표했을 때

'승리'를 선언할 수 있었다. 에이본 임원들은 이와 무관하게 인도적 사람들의 불매운동은 검사 중단 결정에 아무런 영향을 끼치지 못했다고 말했다. 에이본 대표 한 명은 이렇게 말했다. "당사는 인도적 사람들이 자기네 잇속 때문에 에이본의 중단 계획의 공을 가로채려고 불매운동을 요청했던 게 아닐까 추측할 따름이다."
인도적 사람들 역시 자기네가 스피라처럼 점진적 저자세로 압박하지 않고 대결하는 전술을 펼쳤기 때문에 에이본의 제품 검사 폐지를 앞당겼다고 주장할 공산이 컸다. 그렇게 하지 않았으면 에이본이 그렇게 조치하지 않았을 것이란 얘기였다.[47]

인도적 사람들이 불매운동을 제기한 후 에이본이 동물검사 중단을 발표했던 것은 정말로 우연의 일치였을까? 전혀 믿기지 않는 얘기 같다. 에이본이 모월 모시에 동물실험을 중단할 것이라고 계획했을지는 몰라도 인도적 사람들의 불매운동은 날짜가 확실하게 잡혀 있었다. 에이본 임원들은 단순히 강력한 적들의 활동에 영향을 받았다는 사실을 부정할 생각이었을까? 이렇게 보는 것은 인도적 사람들이 불매운동을 시작한 후 에이본이 발표를 서둘렀던 이유를 설명하는 한 가지 방식이다. 하지만 1989년 6월, 짐 프레스턴 에이본 회장이 《라이프》 기자 앨스턴 체이스와 대담을 하면서 또 다른 설명을 제시했다.

> 지난 2월, [인도적 사람들의 화장품 검사 반대운동 대표] 수잔 리치는 화장품협회 이사회에 참석해 발언을 했으면 좋겠다고 내게 요청했습니다. 나는 협회장이었죠. 나는 그녀의 말을 들어야 한다고 생각했고, 그렇게 했습니다. (……) 협회 회의에 참석하기 전 에이본은 인도적 사람들과 동물권리 단체 모두에게 좋은 소식이 될 발표를 앞두고 있다고 그녀에게 말했습니다. 조만간 동물검사 중단을 발표할 것이라고 해석할 수밖에 없는 말이었죠.
> 에이본 불매운동은 그다음 주에 시작됐습니다. 우연의 일치일 수가 없었죠. 그들은 에이본의 동물검사 중단의 공을 가로챌 생각이었던 겁니다. 그것은 이미 8개월 전에 시작한 프로그램이었거든요.[48]

동물권리 단체 몇 곳은 인도적 사람들의 공로를 확실하게 하기 위해서 작정하고 나섰으며 헨리는 이 같은 행태를 냉소적으로 받아들일 만큼 단련이 되어 있었다. 다른 사람들은 헨리가 화장품 기업의 수뇌를 흔쾌히 믿는 태도를 보고 그가 너무 오랫동안 '부유한 적들과 어울려 놀았다'라는 생각을 확신하게 되었다.

끝나지 않은 이야기

1992년 4월, 대안연구본부는 10주년을 기념했다. 본부는 활동을 잘해냈다. 이곳은 후원단체의 범위를 넓혔다. 지원을 계속한 화장품 회사와 제약 회사뿐만 아니라 엑손Exxon과 아이비엠IBM 같은 기업, 환경보호청과 보건원 같은 연방 감독기관까지 지원을 끌어들였다. 볼티모어 미술관에서 개최한 10주년 행사에서 대안연구본부는 본부 창설에 핵심 역할을 했다는 점을 인정하여 헨리에게 창립자상Founder's Award을 수여했다. 하지만 헨리는 청중에게 자기는 만족하지 않는다고 말했다. 헨리는 지난 10년 동안 있었던 엄청난 변화를 지적하고 변화를 끌어낸 사람을 치하하는 동시에 다시금 절박한 태도로 임해야 한다며 다음과 같이 말했다. "나는 드레이즈 검사를 폐지하려고 연합을 창설했습니다. 개선하려고 했던 게 아닙니다."[49]

하지만 어떻게 해야 폐지되는가? 화장품과 세면품만 만드는 기업들이 자사의 동물성 검사 프로그램을 폐지할 수 있는 이유는 제품들이 비교적 해가 없으며 미국과 다른 나라에서 적용되는 제품 규정이 동물검사 자료를 필요로 하지 않기 때문이다. 하지만 기업이 대단히 다양한 제품을 제조할 경우

규정은 더욱 엄격해진다. 수많은 나라에서 가정용 세제와 유해물질이 들어간 기타 제품들은 (동물검사를 통해서 추출한) 유해 정도를 표기하지 않으면 수송이 불가능하다. 환경보호 감독기관들은 제품의 환경안전성을 측정하기 위해서 동물검사를 요구하기도 한다. 제약 회사들 역시 화장품 회사보다 훨씬 엄격한 기준에 따라야 한다. 피앤지나 유니레버Unilever 같은 기업들은 세계 곳곳에서 제품들을 판매하기 때문에 제품을 판매하는 해당 나라의 규제를 따라야 한다. 시장을 자의로 포기할 생각이 없다면 기업들은 해당 국가가 낡거나 터무니없는 동물검사 요건들을 요구하더라도 반드시 준수해야 한다는 뜻이다.

대안연구본부의 10주년 행사가 열리기 몇 달 전 인도적 사람들과 도리스 듀크 자선재단Doris Duke Foundation이 화장품 회사를 상대로 새로운 항의운동을 함께하자고 했지만 헨리는 그들의 제안을 거절했다. 이 운동의 목적은 드레이즈 검사의 완전 종식이었다. 헨리는 '화장품 회사들을 두들겨서' 동물권리운동의 진보를 끌어내던 시대는 끝났다고 양 단체에 대답했다. 화장품을 검사할 때 동물성 드레이즈 검사가 과반을 차지한 적도 없었으며 지금도 그렇지 않다는 얘기였다. 헨리는 영국에서 화장품 검사 때문에 고통을 받는 동물이 한 마리라면 다른 산업의 검사 때문에 고통을 겪는 동물은 8만여 마리에 이른다는 영국의 통계 수치를 인용했다(비교할 만한 미국의 통계 수치는 없으나 비율이 현저히 다를 것이라고 믿을 만한 근거는 없다는 점도 덧붙였다). 10년 전만 해도 대안이 하나도 없었기 때문에 대안을 개발하라고 화장품 회사를 압박하는 게 의미가 있었으며, 화장품 회사로서도 대안 연구 분야를 개척하기 위해서 자금을 지원하고 압력을 받으면 수세에 몰릴 수밖에 없었다. 그러나 현재는 대안이 존재하고 계속 발전하고 있는 터라 진짜 문제는 화장품 회사들에게 있는 게 결코 아니었다.

> 드레이즈 검사를 대체하기 위해서는 감독기관들이 여러 가지 대안 검사들을 승인해야 하며 교역을 하는 국가들 역시 이 승인을 받아들여야 합니다. 하지만 감독기관들은 독물학 집단이 의견의 일치를 보이기 전까지 승인하지 않을 테죠. 그리고 과학자 단체는 공동으로 합심하여 새롭게 마련된 대안을 하나씩 평가하고 다양한 목적에 따라 다양한 집단을 대상으로 검사해보지 않는 한 합의에 이르지 못할 겁니다.[50]

헨리는 동물단체들에게 본인이 개척한 방법을 계속해봐야 더 이상 성과를 거두기 힘들다고 설득했지만 소용이 없었다. 단체 몇 곳은 인도적 사람들이 주도한 프랑스의 대형 화장품 기업 로레알 반대운동에 참여했다. 로레알은 미국의 대형 화장품 회사들과 달리 여전히 동물실험을 하고 있었다. 1993년, 인도적 사람들은 승리를 선포했다. 로레알이 동물검사를 영구적으로 중단하겠다고 약속했던 것이다. 하지만 나중에 영국생체실험폐지연합British Union for the Abolition of Vivisection은 가짜 승리라고 비난했다. 왜냐하면 로레알은 동물검사에 들어가는 성분을 쓰지 않겠다는 약속은 하지 않았기 때문이다.[51]

드레이즈 검사와 반수치사량의 완전한 종식은 여전히 요원했다. 1992년, 유럽공동체European Community는 미국보다 한 발 앞서 나갔다. 가능하면 언제라도 대안을 써야 한다고 규정한 법령을 통과시켰던 것이다. 뿐만 아니라 동물을 이용하는 검사를 대체할 때 어떤 방법이 유용한지 결정하기 위해서 이탈리아의 이스프라Ispra에 유럽대안인준본부European Centre for the Validation of Alternative Methods도 세웠다. 1995년 첫 번째 대안 연구 결과가 발표됐지만 실망스럽게도 9가지 대안들 가운에 어느 것도 드레이즈 검사를 대체할 만큼 효과를 입증하지 못했다. 그리고 드레이즈 검사의 적절한 대안이 있다고 결론을 내릴 수 있기 전까지는 후속 연구가 필요하다고 전했다.[52]

비록 드레이즈 검사·반수치사량 폐지연합이 천명한 목표를 완벽하게 이루지는 못했지만 제품 검사 문화에 지대한 영향을 끼쳤으며 동물 사용을 엄청나게 줄이는 공로는 세웠던 것은 확실하다. 1985년, 약물의 기준과 분석 방법을 설명한 기준서인 《미국약전과 국립처방집United States Pharmacopeia and National Formulary》은 제품을 검사할 때 동물은 11퍼센트만 사용하라고 규정했다. 1993년이 되자 수치는 2퍼센트로 떨어졌다. 국립암연구소National Cancer Institute는 잠재적 약물을 검토하기 위해서 수백만 마리의 쥐를 쓰는 대신 인간 세포배양 분석을 사용했다. 값도 쌌을 뿐만 아니라 종간 차이differences in species도 없었다. 앤드류 로언은 일반적인 실험에 사용되는 동물의 수를 조사한 후, 1970년대 이후 몇몇 국가의 경우 50퍼센트까지 수치가 줄어들었다는 사실을 발견했다. 여러 가지 요인이 작동해 감소했을 테지만 제품 검사에 들어가는 동물을 배제시킨 것도 한 가지 확실한 요인이었다.[53]

1990년이 되자 헨리는 다른 분야 역시 동물관을 바꾸지 않는 한 동물성 제품 안전성 검사를 완전히 끝내지 못할 것이라고 생각하게 되었다. 헨리는 친 연구 압력단체 소식지와 대담을 하다가 언젠가는 동물성 제품 안전성 검사가 완전히 종식될 것이라고 생각하는지 질문을 받았다.

> 6,000만 마리의 동물을 식용으로 쓰는 상황에서 [제품 검사를 위해서] 한 마리의 동물도 쓰지 않는다고 말해봐야

일리가 없다고 생각해요. 하지만 과학단체, 감독기관, 제품 안전성 관련자 모두가 합심한다면 2,000만에서 6,000만 마리에 이르는 동물을 쓰지 않아도 되겠죠. 차근차근 계속 줄여가다보면, 결국 생사에 관련된 마지막 검증에 필요한 최소한의 수만 필요하게 될 테고, 검사에 사용된 동물의 고통을 완화하기 위해서 모든 자원을 투입할 수 있겠죠.[54]

위에서 말했던 것처럼 헨리는 포기하지 않고 제품 검사에 사용되는 동물의 수를 줄이는 활동을 계속했지만 식용동물로 관심을 바꾸었다.

5장

동물들은 고통 받고 있다

동물권리운동이 1970년대와 1980년대에 크게 성공을 거두었다고 생각한다면, 맞다. 이 성과가 새 발의 피에 불과하다고 생각한다면, 유감스럽게도 이 역시 맞다.
— 헨리 스피라[1]

'닭의 천국'을 폭로하다

1980년대 전반기에 미국의 동물운동은 인지도를 상당히 높였지만 유기견, 유기묘, 야생동물을 어지간히 염려했던 바람에 연구용 동물밖에 관심을 쏟지 못했다. 가축은 거의 완전히 무시되는 상태였다. 매년 미국에서 2,000만에서 6,000만 마리에 이르는 동물이 실험용으로 쓰였다면, 같은 시기에 도살된 가축은 2억 마리에 달했다. 게다가 연구용 동물의 수는 하강곡선을 그리는 것 같은 반면 가축의 수는 급격히 상승했다. 가축은 몇 가지 실험이 야기하는 모진 고통을 겪지 않을지 모르나 달걀을 낳는 암탉은 좁은 닭장에 꼼짝도 못하고 살고 있다. 게다가 날개도 펴지 못하며 행여나 닭장에 성질 나쁜 암탉이 있으면 도망도 못 간다. 식용으로 키우는 닭들은 이보다 큰 우리에서 부대끼며 사육되며 기절도 시키지 않은 채 매년 수백만 마리가 도살된다. 하얀 살코기white veal 시장에서 거래될 운명인 식용 송아지는 태어나자마자 좁아터진 외양간에 갇히기 때문에 몸을 돌리지도 못하고 한 발짝도 움직이지 못한다. 그곳에서 송아지는 세심한 관리를 받으며 빈혈상태로 여생을 보낸다. 살코기의 빛깔을 연하게 하고 질감을 부드럽게 유지하기 위해서다. 송아지에게 여물은 결코 먹이지 않는다. 섬유질 사료를 먹고 싶어 하지만 자칫하면 살코기가 자연스럽게 붉은색으로 바뀔지도 모르기 때문이다. 암퇘지 역시 돼지우리에서 부대끼며 살아가기 때문에 옴짝달싹 걷지도 못하며 콘크리트 바닥에 새끼를 낳을 수밖에 없다. 가축용 깔짚 같은 것은 전혀 없다.

1985년이 되자 헨리는 가축 문제와 씨름할 생각으로 몰두하기 시작했다. 그해 1월, 헨리는 미국의 유수한 동물단체 지도부를 모아서 '전략 계획'을 모의했다(인도적 사람들과 동물학생활동단Student Action Corps for Animals 같은 신흥 활동가 단체뿐만 아니라 미국동물학대방지협회와 미국동물애호회도 참여했다). 가축을 위해 행동할 시기라는 점에서 모두 의견이 일치했다.[2] 헨리가 기자 한 명에게 말했던 것처럼 가축 학대의 궁극적 해결책은 "동물권리와 육식의 문제를 뒤섞지 않는 것"이다. 그렇게 말한 뒤 현실주의자 헨리는 다음과 같이 덧붙였다. "그렇지만 사람들이 육식을 계속하더라도 최소한 고통과 괴로움이 줄어들기 바라면 좋겠습니다."[3]

동물에게 기본적인 욕구를 채워주는 동시에 상업적 성장을 보장하면서 가축을 사육할 수 있을까? 유럽에서 진행한 인도적인 사육 방법 연구는 유망해 보였지만 미국 쪽 사정은 정반대였다. 기업식 농업agribusiness 사업은 점차 커져갔다. 양계 기업 몇 곳은 닭장에서 키우는 닭이 수백만 마리에 달했으며, 양돈 기업들이 소유한 돼지는 수만여 마리에 이르렀다. 동물은 전부 실내에 갇혀 지냈다. 동물은 기계의 톱니바퀴로 환원됐다. 수익성만이 중요했던 것이다. 전체 사업의 수익성을 생각하면 개별 동물의 복지는 중요한 게 아니었다.

헨리는 레블론처럼 이미지를 중요하게 생각하는 기업을 발견할 수 있다면 그때처럼 가축운동을 해도 효과가 있을 것이라고 생각했다. 그런 다음 기업에 압력을 가해서 기금을 후원받아 동물들이 자유롭게 움직이고 종에 알맞은 정상의 삶을 보장하는 사육 방법을 개발하는 것이다. 문제는 그렇게 반응할 기업을 찾는 것이었다. 슈퍼마켓에서 고기, 닭고기, 달걀을 사려고 할 때 사람들은 제품들 가운데 가장 싼 것을 구매한다. 화장품과 달리 제품을 홍보할 때 필요한 상표가 상대적으로 중요하지 않았다. 하지만 프랭크 퍼듀Frank Perdue는 예외였다. 퍼듀팜스Perdue Farms는 미국에서 업계 3위에 해당되므로 가장 큰 양계 기업은 아니었지만 매년 2,000만에서 3,000만 달러를 투입해 광고를 했던 탓에 가장 유명했다. 마크 그래엄이 말했던 것처럼 프랭크 퍼듀는 '닭처럼 보이고 닭처럼 말하는 닭고기 업계의 거물'이었다(프랭크 퍼듀의 사진을 보면 정말 닭을 닮았다—옮긴이). 광고대행사는 그를 솔직한 닭고기 판매원처럼 둔갑시켰다. 사람들이 텔레비전을 켜면, 프랭크 퍼듀가 다음과 같이 보통 사람처럼 말하는 장면이 나왔다. "제가 키운 닭들은 사람이 먹는 것보다 좋은 걸 먹습니다." '닭의 천국'은 퍼듀가 자기네 닭들의 생활조건을 설명할 때 사용한 문구였다. 신문의 전면광고에서 그는 다음과 같이 소비자에게 말했다.

<u>훌륭한 닭을 키우려면, 응석받이로 만드세요.</u>

퍼듀의 닭들은 편안한 삶을 누리기 때문에 부드러울 수밖에 없습니다. 6,000여 개의 닭장에 살면서 8시간 동안 숙면하고 후식용 과자가 포함된 왕후장상 부럽지 않은 음식을 먹지요.

5장 동물들은 고통 받고 있다

'닭의 천국?' 이 사진은 퍼듀가 사육할 때 쓰는 닭장을 찍은 것으로, 닭들이 좁은 곳에 갇힌 채 밀집해 살아가는 실상을 보여준다. 그들은 바깥에 나갈 일도 없고 여느 동물처럼 정상적인 무리를 지을 일도 없다.

광고는 상세하게 계속 설명한다. "값비싼 옅은 색 창문"이 달린 "특별하게 고안된 널찍한 집"이 있기 때문에 닭들은 결코 "밀집할 필요가 없으며 돌아다닐 공간이 넉넉하죠. 친구를 만나기도 하고 쾌적한 장소를 찾기도 합니다".⁴

뻔뻔하기 짝이 없는 거짓말이다. 레블론의 경우처럼 기업이 노리는 이미지와 실제로 하는 일은 엄청나게 다른 것이다. 이 때문에 레블론은 약점이 많았다. 퍼듀도 똑같았을까?

1987년 4월, 헨리는 퍼듀에게 '솔선수범해서 가축의 스트레스를 줄이면' 좋겠다고 정중하게 편지를 보냈다.

귀사가 가축의 삶을 개선하려고 노력한다면, 귀사가 아래와 같이 광고에서 주장한 내용은 추호의 의심도 받지 않을 겁니다.

"퍼듀의 닭들은 전부 다 1등석으로 여행을 합니다. 1등급 닭들이 정확히 받아야 할 대우죠. (게다가 닭들이 고상한 대우를 받지 못할 이유는 없습니다. 프랭크 퍼듀가 거칠지는 몰라도, 야비한 인간은 아니랍니다.)"

폐지연합은 지난 10년 동안 다양한 활동을 전개하며 여러 가지 상황에서 고통을 받는 동물의 수를 줄이는 기폭제 역할을 했습니다.
여기에 연합의 몇 가지 활동을 보여주는 자료를 첨부합니다. 귀사에게 제안하는 내용이 어떠한 성격의 것인지 상세한 설명이 되리라 봅니다.
귀사와 만나서 생각을 나누는 기회가 있었으면 좋겠으며 신속한 답장이 있기를 바랍니다.[5]

편지에 동봉된 자료에는 가시가 들어 있었다. 헨리는 레블론 항의운동을 할 때 썼던 전면광고를 첨부했던 것이다. 똑같이 당하지 않으려면, 퍼듀가 제안 받은 '기회가 어떠한 성격의 것인지' 잘 생각해보라는 뜻이었다. 하지만 "거친 남자가 부드러운 닭을 만든다"는 게 퍼듀의 신조였고, 광고했던 내용 가운데 한 가지 사실은 입증됐다. 퍼듀는 편지를 무시했던 것이다.

헨리는 퍼듀에 관련된 자료를 모았다. 마크 그래엄과 함께 전면광고를 기획했다. 퍼듀의 코를 길게 늘여놓았고, 다음과 같은 문구를 집어넣었다. "프랭크, 당신이 기르는 닭들에 대해서 진실을 말해주시죠?" 이 광고는 《뉴욕타임스》에 맨 처음 실렸으며 퍼듀 광고 이면의 현실을 다음과 같이 설명했다.

> 퍼듀가 키우는 '응석받이' 닭들의 휴양지 생활은 고통스럽게 시작됩니다. 새끼일 때 불로 달군 칼로 부리를 태워 없애기 때문입니다. (……) 사육하는 사람들은 보통 2만 5,000마리의 닭들을 창문도 안 달린 기다란 우리에 빽빽하게 집어넣습니다(7만 5,000마리일 때도 있습니다). 상황이 이렇다보니 닭은 일생 동안 1평방피트 정도밖에 안 되는 곳에서 살아가며, 당연히 생활공간이 부족할 수밖에 없습니다. 닭들은 성체가 되면 4파운드 정도 되는데 생활조건과 분비물 때문에 스트레스는 훨씬 배가됩니다. 서로가 서로를 공격하고, 잡아먹고, 질병과 돌연사가 발생하는 이유는 전부 가혹한 밀집 환경 때문에 발생한 부작용이며, '사육자들'은

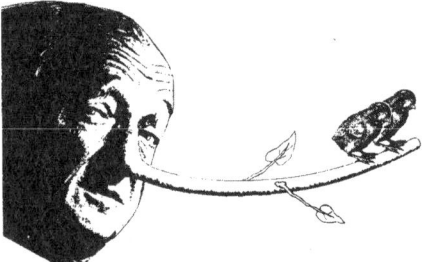

《뉴욕타임스》에 실린 이 전면광고는 헨리의 프랭크 퍼듀 항의운동의 선전포고였다.

인간이 유도한 '악덕'을 완화하기 위해서 약을 쓰고 부리를 자릅니다. (……) 과거의 농장들은 동물을 방목하며 키웠지만 현재는 이 방법이 거의 전멸한 상태입니다. 이러한 농장들은 기업농장(비좁은 실내 시설)으로 바뀌었습니다. 기업농장은 동물을 소모품 취급하여 수익을 높일 생각을 하기 때문에 동물을 제대로 먹이지도 보살피지도 않습니다. (……) 이 같은 비인도적인 방법으로 돈을 버는 사람들 가운데 허위 광고를 일삼는 퍼듀 씨보다 많이 버는 사람이 있을까요?[6]

광고는 독자들에게 다음과 같은 사항을 주문하며 항의전화와 불매운동을 촉구했다. 첫째 양계업의 실상을 호도하지 말 것, 둘째 닭 1마리당 2×2피트 정도의 생활공간을 부여할 것, 셋째 인도적인 사육 방법을 연구하는 프로그램을 시작할 것. 광고가 실린 후 몇 주 안 되어 방송국과 라디오 몇 곳이 헨리와 접촉해 퍼듀와 관련된 보도를 했다. 헨리는 다시 한 번 제안하는 편지를 썼다. "대결을 계속하는 것보다 건설적인 협상을 하는 게 생산적입니다." 헨리는 레블론 항의운동을 했던 경험을 언급했고, 만나서 '이 긴급한 문제의 현실적인 해결책'을 논의해보자고 제안했다. 1979년 레블론이 그랬던 것처럼 퍼듀가 개척자 역할을 할 수 있도록 말이다. 바로 이때 퍼듀가 답신을 보내왔다. "당사는 고기 없는 사회를 추구하는 귀하의 권리를 존중하지만, 목표하는 바가 우리와 다르며 진실을 은폐하고 터무니없이 왜곡하는 사람들과는 만날 가치가 전혀 없다고 생각합니다."[7] 헨리는 퍼듀 항의운동을 잠정 보류했지만 퍼듀의 경영방식과 관련된 정보를 계속 모았다. 그는 자료를 경제우선권협의회Council on Economic Priorities(우선권협의회)에 넘겼다. 매년 그곳은 '기업의 양심corporate conscience'을 평가하여 기업의 순위를 매겼다. 퍼듀팜스는 1990년 노동자와 닭을 열악하게 대우했다는 이유로 '불명예 등급dishonorable mention'을 받았다. 이후 우선권협의회는 질문 내용을 확장해 주요 대기업들에게 보냈다. 여기에는 가축에 관련된 항목도 들어갔다.

1991년 헨리는 자료를 훨씬 명확하게 사용할 기회를 잡았다. 메릴랜드 대학이 프랭크 퍼듀를 대학의 이사로 지명했을 때였다. 헨리와 마크 그래엄은 다음과 같이 새로운 광고를 기획했다.

> P 낱말.
> 돈을 벌기 위해 나쁜 짓을 하는 사람을 지칭하는 질 나쁜 말이다.
> 바로 퍼듀Perdue를 뜻한다.

칼리지 파크의 메릴랜드 대학 윌리엄 커완 총장은 프랭크 퍼듀가 대학교 이사로 임명되었다는 소식을 전하면서 프랭크 퍼듀의 기업 경험이 학교에 도움이 될 것이라고 주장했다.

그가 말하는 기업 경험이란 게 어떤 것일까?

마피아와 손잡았던 일?

1986년 퍼듀는 자사 노동자들이 조직화를 꾀했을 때 뉴욕의 감비노 마피아를 찾아가 도움을 얻었다는 사실을 조직범죄에 관한 대통령자문위원회에서 자백했다.

노동자의 삶을 위험하게 했던 일?

퍼듀에서 하는 일은 심지어 광산보다 위험하다고 전해진다. 대부분 가난한 흑인 여성인 노동자들은 적은 일당을 받고 분당 90마리의 닭을 처리했으며 피부병, 유독한 공기, 팔의 부상, 손의 상처 등 다양한 위험에 노출됐다. 국영라디오방송국은 여성들이 회사에서 쫓겨날까 두려운 나머지 작업장에서 소변을 봤다고 전했다.

정부에 거짓말을 일삼았던 것?

퍼듀는 노동자의 복지를 위험하게 했던 것도 모자랐는지

노동자들의 부상을 체계적으로 은폐했다. 퍼듀는 고의적으로 노동자의 부상을 은폐했다는 이유로 연방정부는 기록적인 벌금을 물었다.

광고는 퍼듀가 허위 광고를 한 일, 버지니아 수로를 오염시킨 죄로 유죄 판결을 받은 일, 동물을 학대한 일, 일방도로에 잘못 들어가 사람을 뺑소니로 죽이고 살인죄로 기소됐지만 어물쩍 넘어간 일 등을 계속해서 써 내려갔다. 광고는 다음과 같이 끝났다.

바로 이 같은 경험 때문에 메릴랜드 대학은 퍼듀를 학생의 본보기로 삼으려는 것인가?
아니면 퍼듀가 대학교에 큰돈을 기부했기 때문에 이사 자리를 구매할 수 있었던 것인가?
만약 학생이 판매용 상품인 게 이유라면, P 낱말은 그것까지 지칭한다!

전에 했던 광고와 마찬가지로, 이 광고도 수많은 매체들이 보도했고 논의했다. 퍼듀는 홍보회사를 통해서 성명을 발표했다. "동물은 인간과 똑같은 권리가 있다고 주장하는 작은 단체가 자기네 생각을 대다수에게 강요하고 미국인의 식탁에서 고기를 추방해도 괜찮은 것인가?" 퍼듀의 대변인은 광고가 "잘못된 정보, 허위진술, 거짓말로 가득했다"고 주장했지만 광고가 주장한 내용 가운데 어느 하나 특정해서 허위라는 사실을 보여주지 못했다. 이 광고를 게재한 《워싱턴 포스트》는 자사 법무부서가 헨리가 건넨 자료를 견주어보면서 이 광고를 검토했다고 말했다.[8]

헨리는 퍼듀의 닭을 먹었을 때 생기는 건강 위험에 초점을 맞춰 새로운 광고를 싣고 싶어 했다. 1991년 개최된 상원의 청문회에서 전문가들은 미국에서 사육되는 80퍼센트의 닭이 살모넬라균과 기타 박테리아에 감염된 상태라고 증언했다. 질병에 감염된 닭들 때문에 매년 400만 명의 사람들이 병에 걸렸고, 이 가운데 2,000여 명이 사망했다고 추산했다. 미국 농무부 소속 미생물학자는 상원위원회에서 다음과 같이 말했다. "최종 제품은 닭을 잡아서…… 변기에 넣었다가 뺀 다음 먹는 것과 전혀 다를 게 없습니다." 퍼듀의 닭들이 처리되는 상황을 생각하면 전혀 이상하지 않았다. 전직 퍼듀 노동자 한 명은 작업장 바닥에 대변을 봐야 했다고 설명했다. 작업장에서 떠날 수가 없었기 때문이다. 그리고 관리자들은 닭이 오물투성이 바닥에 떨어지면 다시 주워서 작업을 하라고 교육시켰다.

당시 미국에서 중요한 건강 문제로 떠오른 것은 후천성

면역결핍증AIDS이었다. 건강 광고는 '안전한 섹스'에 초점을 맞췄고, 우파 도덕주의자 몇 사람은 부부관계 말고는 "안전한 섹스는 결코 존재하지 않습니다"라고 말하면서 논란을 일으켰다. 헨리와 마크 그래엄이 카페에서 닭의 건강 위험을 주제로 광고를 어떻게 할지 이런저런 얘기를 하던 중 그래엄은 갑자기 퍼듀의 닭을 콘돔에 끼워 넣는 형태를 그리고서 이렇게 적었다. "안전한 닭 같은 건 존재하지 않습니다." 헨리가 보기에 천재 같은 일필휘지였다. 하지만 여전히 문제가 있었다. 당시는 컴퓨터그래픽이 없었기 때문에 콘돔에 집어넣은 닭의 사진을 어떻게 구할지 난감했던 것이다. 그래엄은 다음에 어떻게 했는지 이렇게 회상했다.

> 우리는 4파운드짜리 닭을 넣을 만한 콘돔을 찾을 수 있을까 싶어서 그리니치빌리지로 갔어요. (……) 어느 곳이었던가, 우리는 멈춰서 닭을 넣을 콘돔이 필요하다고 오랫동안 설명을 했지만 그들은 우리를 미친놈처럼 쳐다봤죠. 우리는 그들에게 왜 콘돔이 필요한지 설명할 생각을 접고 그저 단순하게 요구했죠. "초대형 콘돔 있나요?" 당신이 그런 걸 요구하면 사람들은 존경하는 눈빛으로 당신을 쳐다보지 않았을까요. 마침내 우리는 어느 곳엔가 그런 콘돔이 있다고 하는 젊은 친구 한 명을 찾아냈고, 콘돔 몇 개를 얻었

어요. 무슨 상표였는지 기억하지는 못하지만 크기가 엄청나게 컸던 것은 확실해요. 그 친구가 팔로 내 어깨를 두르더니 공모를 꾸미는 양 이렇게 속삭였어요. "나는 그것밖에 안 써."[9]

뉴욕에서 파는 가장 큰 콘돔을 사용했지만 닭을 콘돔에 끼워 넣기란 수월치 않아서 성공할 때까지 수십 통이 소모됐다. 그다음에는 콘돔인 것을 알아볼 만큼 닭가슴의 모양이 만들어지지 않는 게 문제였다. 그래서 그래엄은 공기총으로 닭의 가슴을 빵빵하게 만들어 결국에는 원하는 사진을 찍었다. 1992년 9월 9일, 《워싱턴 타임스》 독자들은 신문을 보다가 콘돔에 들어간 닭의 사진에 눈길이 사로잡혔다. 퍼듀의 상표는 명확하게 보였다. 독자들이 사진에 주목하는 순간, 곧장 밑에 적힌 글이 그 이유를 설명해주었다. "안전한 닭 같은 건 존재하지 않습니다." 헨리는 《워싱턴 타임스》 외에도 여러 신문과 잡지에 광고를 실었고, 사람들 사이에서 화제로 떠올랐기 때문에 그는 정면에 광고가 들어간 티셔츠를 만들어 입었다.[10]

콘돔이 들어간 닭 광고가 볼티모어의 《시티 페이퍼City Paper》에 실린 후, 헨리는 볼티모어 대교구 신문인 《가톨릭 리뷰》의 광고 담당자에게 연락을 받았다. 그는 적당한 가격만 지불하면 광고를 싣겠다고 말했다. 헨리는 가톨릭 신문에 콘돔이 들어간 광고를 게재하면 매체의 이목을 끌겠다 싶어서 제안을 수락했고 광고비를 지불했다. 광고가 게재된 후 헨리는 깜짝 놀랐다. 콘돔의 돌기를 색칠해 없앴던 탓에 닭은 단순히 셀로판으로 쌓인 형태로만 나타났기 때문이다.[11]

헨리는 할 수 있는 한 계속해서 퍼듀의 악명을 퍼트렸다. 헨리와 그래엄은 퍼듀의 여성 노동자가 감내할 수밖에 없는 성희롱을 주제로 광고를 만들어 《허 뉴욕Her New York》에 게재했다(여성 노동자들이 희롱하는 관리자들에게 저항을 하면 관리자들은 그녀에게 공장에서 가장 힘든 일을 시켰다).[12] 1993년 3월, 헨리의 친구 한 명이 뉴욕시 대학클럽에서 주최하는 프랭크 퍼듀의 강연 초대장을 받았다. 그녀는 헨리에게 초대장을 건넸고 헨리가 대신 참석했다. 그는 질의응답 시간에 일어나 퍼듀에게 자기가 하는 활동에 대해서 몇 가지 질문을 던졌다. 난리법석이 일어났다. 행사 주관자는 헨리에게 소리쳤다. "무슨 말을 하는 거야!" 당장에라도 한 대 칠 기세였다. 그러는 동안에도 헨리는 퍼듀에게 계속 질문을 했고, 그는 답변을 거부했다. 결국 헨리는 클럽 직원들에 둘러싸여 행사장 바깥으로 쫓겨났.

퍼듀가 항복한 것은 아니었지만 헨리는 시간을 낭비했다고 생각하지 않았다.

> 퍼듀에게서 얻은 것은 아무것도 없었죠. 하지만…… 레블

이 유명한 '콘돔 닭' 광고는 신문과 잡지 그리고 티셔츠에 사용됐지만, 볼티모어의 《가톨릭 리뷰》에 게재될 때는 콘돔 부분이 색칠로 제거됐다.

론 항의운동을 한 이후 우리와 얘기를 나눴던 사람들은 전부 다 우리가 하는 말에 호응해주었습니다. 그랬기 때문에 지난 10년 동안 한 번도 부정적인 항의운동을 하지 않았으며, 부정적 항의운동을 하면 오히려 화를 돋우는 지름길이라고 생각했죠. 그런 뜻에서 나는 퍼듀 항의운동이 잘되고 있다고 생각했습니다.

동물운동과 폭력

동물을 학대하며 이따금 즐거움에 빠지는 가학성애자가 중요한 게 아니다. 문제들을 해결하려면 사회구조를 바꿔야 한다. 수천만의 동물의 목숨이 달린 문제다. 우리가 원하는 것은 사람들의 생각이 혁명적으로 바뀌는 것이다. 동물은 음식도 아니고, 실험용 도구도 아니라고 생각하게 만드는 것이다. 동물권리운동은 참된 문화적 변화의 달성을 노려야 한다. 테러리즘과 폭력적 위협은 걸림돌밖에 안 된다.[13]

1980년대 동안 동물운동은 그 자신의 이미지 때문에 문제가 생기기 시작했다. 동물해방전선과 기타 단체들이 노도처럼 전투적 활동들을 전개하자 동물을 착취하는 사람들은 심각한 폭력을 당할지 몰라서 전전긍긍했다. 해방전선은 농장과 실험실을 부수고 들어가 동물을 방면시키거나 은신처로 데려가 보살폈다. 장비는 망가졌고, 실험자의 집들은 구호가 적히거나 파괴되는 경우도 있었다.

헨리는 불법 행동을 일절 하지 않았다. 아니, 사실은 조금 관여했던 적이 있었다. 미국의 동물연구소 한 곳을 처음으로 습격했던 사건이 벌어졌을 때였다. 헨리가 자연사박물관의 고양이 실험을 중단시킨 후 같이 항의운동을 하는 누군가가 헨리에게 자신과 동료 몇 명이 뉴욕대학 의료본부의 실험실에 침투할 생각이라고 말했다. 동물을 방면하고 그곳에서 무슨 일이 있는지 사람들이 진상을 확인토록 하는 게 목적이었다. 그녀는 헨리에게 조언을 구했다. 이미 결정은 끝난 사항이라 침투할지 말지가 아니라 어떻게 해야 가장 효과가 좋을지 물었다. 헨리는 언론과 만날 계획을 짜고 구출한 동물을 보살필 만한 집을 준비해두라고 말했다. 습격을 하기 전 이 집단은 모든 사항을 검토하기 위해서 실험실에 갔다. 실험실은 잠겨 있지 않았다. 동물권리운동의 초창기만 해도 동물실험실 장비 책임자들은 실험실에 침투해 들어오려고 하는 사람이 있을 것이라고 전혀 생각하지 못했다. 헨리는 한 번 정도 이 집단과 함께 행동을 했고 나중에 매체들에 유포된 사진을 몇 장 찍었다. 1979년 3월 14일 습격이 감행됐다. 개 두 마리, 고양이 한 마리, 기니피그 두 마리가 구출됐다.[14] 헨리는 이 단체와 거리를 두었지만 고양이 두개골에 박힌 전극을 제거하는 비용을 마련하기 위해서 돈을 모금했다.

1984년이 되자 영국에서는 거의 매일같이 실험실, 농장, 모피전문점이 불법적인 습격을 받았고, 미국 역시 비슷한 양상이 일상적으로 벌어졌다. 가장 극적인 사건 하나가 영국에서 발생했다. 영국의 활동가들은 제과업체가 자금을 대는 동물성 치과실험에 항의하기 위해서 독극물을 첨가한 마즈Mars 캔디바를 슈퍼마켓에 두었다고 매체들에 발표했다. 독극물 소동은 나중에 허위로 밝혀졌지만, 수백만 명의 사람들은 동물해방주의자들이 아이보다 동물을 걱정한다고 생각하게 되었다.

1985년이 되자 동물운동을 하는 많은 사람들은 소수의 광신도 때문에 대중의 호의가 사라질까봐 걱정했다. 그렇게 되면 동물운동에 필요한 지원금이 줄어들 가능성이 커질 게 뻔했다. 헨리는 폭력 사용을 반대하는 편지를 작성해 공동서명을 하자고 내게 전화로 제안했다. 이 편지는 나중에 동물운동을 선도하는 잡지인 《애니멀스 어젠다》에 실렸다. 우리는 폭력을 어떻게 생각하는지 보여주는 초안을 함께 작성했다.

선정적인 보도를 일삼는 매체들이 (보통은 동물운동 활동가들이 한다고 알려진) 폭탄 협박, 독극물 첨가, 소비제품 오염 같은 활동을 어떻게 보도할지 생각해본다면, 이러한 전술의 반향이 어떠할지 탐색할 때가 되었다고 생각한다.

우리 사회의 법적인 구조가 상대적으로 편협한 종차별주의자들의 관점을 반영하고 있는 것은 맞다. 하지만 그럼에도 침범돼서는 안 되는 근원적인 도덕원칙은 존재한다. 타인의 이해와 권리를 존중하는 것도 이 가운데 속하는 한 가지 원칙이다. 우리는 동물이 인간보다 우월한 존재라고 생각하지 않는다. 모든 종은 동등하고 공평한 대우를 받아야 한다. 인간 동물 할 것 없이 삶과 건강을 위협하는 행태는 부당한 폭력 행사이며 우리의 기본적 소신에 어긋난다. 우리는 사람들이 도덕적 지평을 확대하고 공정성을 수용하기를 원한다. 우리가 비폭력 원칙을 위반한다면 가장 강력한 설득 수단을 상실하는 것은 물론이요, 이 운동의 성패를 좌우하는 사람들을 소외시킬 가능성도 있다. 우리가 본보기로 삼아야 하는 사람은 간디와 마틴 루터 킹이지 국제적 테러리스트가 아니다.[15]

불법적인 침입 행동은 계속됐지만 비밀 활동을 행하는 사람들 모두는 자산 파괴 행동과 폭력 행동을 명확하게 구별했다. 하지만 미국에서 운동을 하는 사람들 가운데 만반의 준비를 하고서 1988년 11월 11일 언론의 선정적인 보도를 접했던 사람은 한 명도 없었다. 그날 뉴욕 출신 서른 살의 동물권리 활동가 프랜 트럿이 살인, 폭발물 소지, 폭탄 제조 혐의로 체포됐던 것이다. 경찰은 그녀가 코네티컷 노워크의 미국 서지컬 코포레이션United States Surgical Corporation(서지컬) 사무실로 이어지는 통로 근처에서 무선 제어형 파이프 폭탄을 소지하고 있었다고 주장했다. 그녀를 체포하지 못했다면 레온 허시 대표이사가 건물에 들어서는 순간 폭탄을 터트렸을 것이라고 경찰은 주장했다. 경찰은 이 폭탄은 물론이요, 그녀의 아파트에서 발견된 폭탄 세 개가 모두 '테러리스트 집단'이 공급한 것이라고 덧붙였다.[16]

허시와 서지컬이 동물권리운동의 목표가 됐던 이유는 회사의 대리점들이 수술용 꺽쇠를 시연하기 위해서 해마다 거의 1,000여 마리의 살아 있는 개를 사용했기 때문이다. 이 항의운동을 주도한 곳은 코네티컷에 본부가 있는 동물의친구였다. 트럿은 이 항의운동에 참여한 사람이었다. 그녀는 개를 헌신적으로 돌봤다고 한다. 유기견을 집에 데리고 와서 먹였으며 개의 사료비 때문에 자신은 굶는 경우도 있었다.

3일 후 트럿은 보석 적부심을 받으러 법정에 나왔다. 헨리는 그녀를 만난 적도 없었고 보도가 나오기 전까지 그녀와 관련된 이야기를 들어본 적도 없었지만 보석 적부심을 참관하러 갔다가 깜짝 놀라고 말았다. 동물권리운동을 하는 사람들 가운데 자기 혼자만 참관했기 때문이다. 헨리 말고는 모두 얼씬조차 하지 않았다. 테러리스트와 관련될까봐 두려웠던 게 분명했다. 헨리가 참관한 사실은 여러 매체에 보도됐다.

> 국제동물권리의 대표이자 저명한 활동가인 헨리 스피라는 트럿의 기소사실인부절차arraignment(법정에서 피고인에게 기소사실을 설명한 후 죄의 유무를 묻는 절차—옮긴이)에 참석해 놀라움을 금치 못했다고 말했다. 수많은 동물권리 활동가들 가운데 "입회자로 참석해 그녀가 공정한 대우를 받는지 확인하는" 사람이 한 명도 없었기 때문이다. 스피라는 또 말했다. "동물운동은 폭력과 상해를 반대하지만 개인들이 레온 허시가 만들어낸 세계를 들여다보면 절망할 수밖에 없다고 생각합니다." 허시가 이 폭력사태에 책임이 있다는 것이다. 스피라는 트럿이 동물운동을 반대하는 적들의 함정에 빠진 걸지도 모른다고 추측했다. "이러한 사태로 이득을 얻는 게 누군지가 문제이며 허시가 만들어낸 세계가 범인입니다."[17]

보석금 50만 달러가 책정됐지만 트럿은 비용을 감당할 수 없었다. 그녀는 감옥에 있었고, 헨리는 이따금 방문했다.

동물의친구 프리실라 페럴 대표는 트럿이 자기네 단체와는 아무런 연고가 없으며, 동물의친구는 법의 테두리 내에서 활동한다고 말했다. 트럿은 다른 동물단체 모임에 이따금 참석했다. 사람들은 그녀가 '생각이 혼란스럽고' 이따금 불합리한 요구를 하는 사람이라고 말했다. 브롱크스 동물권리연합Bronx Animal Rights Coalition의 폴린 켈런바흐는 트럿이 "불안정한 사람이며 살인을 저지를 능력은 없습니다"라고 말했다. "그녀는 비이성적이며 스스로 이 같은 일을 저지를 만한 능력이 없어요." 트럿의 부모는 폭탄이 단순한 '공갈'일 뿐이며 "어떤 상황에서도 어느 누구도 해치지 않았을 것"이라고 말했다.[18]

지역신문 《웨스트포트 뉴스》의 기자 한 명은 사건을 추적하고서, 헨리가 "이익을 보는 게 누구냐?"라고 물었던 것은 옳았다고 말했다. 이 신문은 마크 미드라는 남자가 트럿을 서지컬 본사까지 차로 이동시켰다는 사실을 밝혀냈다. 그는 그녀의 동태를 감시하기 위해서 퍼셉션스 인터내셔널Perceptions International이 고용한 자였다. 미드는 경비를 제외하고 주당 500달러를 받았으며 서지컬이 영수증을 처리했다는 말을 들었다. 그는 퍼셉션스 인터내셔널의 요구에 따라 트럿과 접촉했고, 그녀는 피자가게의 공중전화기로 연락했으며, 개 때문에 문제가 있어 전화를 할 수밖에 없었다고 말함으로써 그녀와 안면을 틀 수 있었다. 계략은 맞아떨어졌다. 트럿은 미드의 개에 관심을 보였으며, 이후 주에 두세 번 계속 만났다. 트럿은 서지컬 본사 앞에서 몇 차례 시위를 했으며 개한테 하는 짓 때문에 레온 허시에게 "한방 먹이고" 싶다는 말을 했다고 미드는 주장했다. 미드는 그녀가 폭탄을 보여주기 전까지 그게 무슨 말인지 전혀 몰랐다고 주장했다(반면 트럿은 미드가 폭탄을 살 때 필요한 비용을 댔다고 주장했다). 이후 미드는 퍼셉션스 인터내셔널에 이 사항을 보고했고, 회사는 미드에게 명령을 내렸다. 트럿을 사주하여 폭탄을 들고서 특정 시간에 서지컬 본사에 가도록 시켰던 것이다. 미드는 트럿에게 시간을 알렸고 자신의 화물차로 데려다주겠다고 말했다. 그녀는 동의했고, 미드는 경찰에 몰래 알렸다. 그리고 미드가 제안한 곳에 폭탄을 설치하려고 했을 때 그녀는 체포됐다. 미드는 체포되지도 않았고 경찰의 심문도 받지 않았다.[19]

서지컬은 기자회견을 열고서 트럿을 '함정'에 빠트리지 않았다고 주장했고, "테러리스트가 제멋대로 하고 있다"고 국민들에게 경고했다. 하지만 기자들이 서지컬과 퍼셉션스 인터내셔널의 관계를 보여주는 세부 자료를 근거로 몰아세우자 갑작스럽게 회견을 중단했다.[20] 한 주가 지난 후《웨스트포트 뉴스》는 트럿이 체포되기 전 몇 달 동안 퍼셉션스 인터내셔널이 고용한 비밀첩자 메리 루 사포네와 친하게 지냈다는 사실을 폭로했다. 사포네는 인도적 사람들과 기타 동물활동가 단체에 침투한 첩자 혐의를 오랫동안 받았던 사람이었다. 그녀는 모피가게의 창문을 깨트리고 모피에 페인트를 투척하자고 열렬하게 사람들을 설득했다. 심지어 페인트 값을 자기가 치르겠다고 말할 정도였다. 트럿은 서지컬 본사에 폭탄을 설치하러 떠나기 전에 사포네와 통화를 했고, 미드와 함께 가도 될지 고민하고 있다고 털어놓았다. "미드를 믿으세요." 사포네는 그렇게 말했다고 한다. "그는 일을 제대로 할 줄 알아요." 트럿은 사포네의 조언을 받아들였다. 체포된 후에도 그녀는 추호도 의심하지 않고 사포네가 자신의 개를 돌봐줄 것이라고 생각했다.[21]

이제 서지컬이 외롭고 감정이 불안한 사람을 사주하여 폭탄테러를 지시했다고 믿는 사람은 헨리 혼자만이 아니게 되었다. 허시의 목적은 동물권리 활동가들에게 테러리스트의 가면을 씌우는 것이었다. 헨리는 뛰어난 변호사 윌리엄 컨스틀러에게 연락해 사건을 맡아달라고 부탁했다. 그는 그다지 유명하지 않은 고소사건 피고인을 훌륭하게 변호한 전력이 있던 변호사였다. 컨스틀러는 사건을 맡기로 했지만, 헨리는 실망할 수밖에 없었다. 트럿이 다른 동물권리 단체가 추천한 지역 변호사를 선택했기 때문이다.

트럿이 감옥에서 재판을 기다리고 있을 때 헨리는《애니멀스 어젠다》에 폭력을 반대하고 첩자들에게 경고하는 내용의 칼럼을 기고했다.

> 나는 원칙과 훌륭한 전략에 입각해 폭력과 그것의 위협에 반대해야 한다고 생각한다. 첫째, 폭력은 동물보호운동의 근원적 기초에 어긋난다. 동물보호운동은 (인간이든 인간이 아니든) 타자를 해롭게 하는 것은 잘못된 것이라고 생각한다. 둘째, 폭력은 수십억 마리의 동물에게 일상적으로 자행되는 막대한 제도적 폭력을 간과하게 만든다. 셋째, 폭력은 학대행위를 옹호하는 자들이 스스로를 희생자로 자처할 빌미를 마련해준다.[22]

헨리는 동물운동이 '폭력의 유혹을 비타협적으로' 거부해야 한다고 결론을 내렸다.

트럿의 살인미수혐의 재판은 1990년 4월에 시작됐다. 법정에서 전개된 대화(테이프 녹화)를 보면 트럿은 사포네에게 자기는 그녀의 친구이며 그녀가 폭탄을 구입할 때 도와줬다고 반복해서 분명하게 말했지만, 그녀가 허시는 "곧 사라질 것"이라고 말한 내용 때문에 그녀의 주장은 신빙성을 상실했다. 재판의 끝은 극적이었다. 트럿의 동성애 이야기가 흘러나왔고, 그녀는 애인을 살해했다고 털어놓았다. 트럿은 눈물을 흘리며 변호사에게 부탁해 일찍이 거부했던 사전형량조정을 수용했다. 트럿은 '무죄'에서 '이견 없음no contest'으로 입장을 바꿨고, 징역 1년에 집행유예 10년 판결을 받았다. 이로써 사포네, 미드, 혹은 퍼셉션스 인터내셔널이나 서지컬의 사주를 받은 기타 사람들과 대질심문할 기회는 사라져버렸다.[23]

3년 후 헨리는 의학·연구의 공적인 책임Public Responsibility in Medicine and Research이라 불리는 단체가 보스턴에서 개최한 모임에 전문가로 참여했다가 레온 허시도 참석했다는 사실을 알게 됐다. 트럿 사건의 여파 때문에 허시는 의학 진보를 원하는 미국인Americans for Medical Progress이라는 동물실험을 위한 압력단체를 설립했다. 동물실험을 중단시키기 위해서 테러를 자행하는 동물활동가를 고발하는 단체였다. 허시는 첫 번째 연사로 등장해 서지컬은 대안에 관심이 있다고 말했다. 헨리는 허시에게 의학 진보를 원하는 미국인이 동물운동을 공격할 때 쓰는 광고비를 얼마간 전용하여 대안을 촉구하는 광고를 하라고 부탁했다. 허시는 동물성 연구 검사의 타당한 대안을 촉구하는 광고 문구를 어떻게 하면 좋을지 의견을 주면 좋겠다고 대답했다. 이후 헨리와 허시는 나머지 시간 동안 광고 문구를 어떻게 할지 의견을 주고받았다. 허시는 헨리와 대화를 할 것이라고는 꿈에도 생각하지 못했다면서 좌중을 웃음바다로 만든 후 발표를 마쳤다.[24]

1990년대부터 동물운동은 역풍을 맞기 시작했다. 루이스

설리번 보건부 장관이 1990년 6월 10일 평화롭게 '동물을 위한 행진'을 하려고 워싱턴 D.C.에 모인 2만 5,000명의 동물권리 활동가들을 '테러리스트'라고 불렀던 것이다. 다음 날 노부인들은 "나는 테러리스트입니다"라고 적인 팻말을 들고서 행진했다. 설리번이 부당하게 부풀려진 말을 계속 사용하자 헨리는 《워싱턴 포스트》에 전면광고를 게재했다. 광고는 "당신은 테러리스트인가"라고 질문해보라고 부탁한 후, 설리번의 말대로라면 불필요하게 동물을 가혹하게 다루는 행태를 반대하면 테러리스트라고 지적했다. 광고는 장관 업무 같은 진짜 문제를 회피하는 이유는 무엇인지 설리번에게 계속해서 질문했다. 예를 들어 미국은 산업선진국 보건서비스 부문에서 20위에도 오르지 못했던 것이다.[25] 이후 설리번은 말을 할 때 히스테리를 줄이게 되었다.

살아 있는 동물을 족쇄로 매달기

유대교와 이슬람교의 도살율법은 도살하기 전에 기절을 금한다. 그렇지만 두 종교의 율법이 규정한 방식대로 도살을 하면 의식은 신속하게 상실될 게 확실하다. 하지만 종교적 도축으로 인해서 동물이 고통을 받는 이유는 무엇보다 위생법의 규정 때문이다. 도축한 흔적이 낭자한 곳에서 동물을 도축해서는 안 된다는 것이다. 도살장 바닥은 보통 피가 흥건하며, 소처럼 큰 동물을 도축하는 도살장은 동물의 뒷다리 하나를 사슬로 감아서 거꾸로 매단 후 작업을 했다. 그래야 동물의 상부가 바닥으로 향한다. 이 방법은 '족쇄로 매달기shackling and hoisting'로 알려져 있다. 종교적으로 도축되지 않는 동물은 족쇄로 매달기 전에 기절시킨 다음 인후를 잘라낸다. 하지만 종교적으로 도축되는 경우에는 완벽하게 의식이 살아 있는 암소와 수송아지의 뒷다리 하나를 사슬로 감아서 거꾸로 들어 올린 다음 도살한다. 수송아지는 대략 900킬로그램이 나가기 때문에 한쪽 다리로 거꾸로 매달게 되면 어떠한 충격과 고통을 느낄지 상상하기란 어렵지 않다.

1987년 헨리는 무역잡지 《미트 앤 폴트리Meat and Poultry》에서 가축 자문을 하는 한 사람이 쓴 글을 우연히 접하게 되었다.

> 종교적 도축에 쓰이는 의식 있는 동물의 족쇄로 매달기는 정리가 매우 필요한 직업 분야다.
> 나는 수백여 곳의 도축시설을 돌아다녀봤지만 한 곳을 방문한 다음 악몽을 꾸었다. 커다란 수송아지 다섯 마리가 일렬로 매달린 채 도축을 기다리고 있었던 것이다. 송아지들은 벽을 치면서 주차장까지 들릴 만큼 울어댔다.[26]

5장 동물들은 고통 받고 있다

"그것들은 주차장까지 들릴 만큼 울어댔다." 템플 그랜딘이 도축되기 전 족쇄로 매달린 수송아지를 보고 나서 썼던 말이다. 헨리가 이 잔인한 방식으로 도축된 동물의 고기를 사들고 유명한 기업과 접촉했을 때 이 관례는 중단됐다.

템플 그랜딘Temple Grandin이 쓴 글이었고, 그녀는 여러 모로 훌륭한 사람이었다. 그녀는 조용하고 낯을 가렸다. 어렸을 때는 자폐아 판정을 받고 폭력적인 성향도 보였던 터라 일생을 시설에서 보낼 것이라고 예상됐다. 여전히 감정이 결핍된 구석이 있었고, 타인과 공감할 때와 그들의 동기와 의도를 이해하지 못할 때도 있었지만 그녀는 장애를 대처하는 방법을 습득했다(올리버 색스는 그녀를 소재로 《화성의 인류학자An

Anthropologist on Mars》를 썼다. 이 제목은 사람들이 흔히 하는 사회적 행동의 미묘한 차이를 그랜딘이 어째서 이해하지 못하는지 설명할 때 나왔다.) 어렸을 적 농장에서 성장했던 그랜딘은 동물과 언제나 가까웠다. 그랬기 때문에 대학교에 들어가 동물학에 흥미를 드러냈고, 콜로라도 주립대학에서 마침내 박사학위를 받은 후 강사 자리를 얻었다. 그녀는 몸소 자문사업을 운영하기도 했다. 수많은 사람들은 동물의 관점에 이입해 들어가는 그녀의 능력을 이상하게 생각했다. 하지만 그녀에게 이 능력은 확실한 자산이었다. 이를 통해 조악하게 설계된 동물관리 시설이 얼마나 동물을 괴롭히며 이 때문에 관리를 어렵게 한다는 사실을 밝혀냈기 때문이다. 그녀는 자서전 《어느 자폐인 이야기 Emergence: Labeled Autistic》를 썼으며 수천여 편의 논문을 작성했다. 자폐아를 다룰 때도 있었고 동물의 행동과 관리를 다룰 때도 있었다.[27]

그랜딘의 글을 읽은 후 헨리는 그녀에게 '종교적 도살의 사전구속 행태 Pre-Slaughter Restraint for Religious Slaughter'에 대해서 보고서를 준비해달라고 부탁했다. 보고서는 이 관례를 개략적으로 설명한 후 유대교와 이슬람교 두 종교가 인도주의적으로 규정한 종교적 도살율법을 어겼다고 주장했다. 율법대로라면 도살은 동물이 고통을 느끼지 못할 정도로 신속하게 이루어져야 했다. 그랜딘은 족쇄로 매달기를 바꿀 수 있는 실행 가능한 대안들을 설명했다. 여기에는 1986년 뉴욕 북부의 어느 시설에서 본인이 직접 설계했던 '똑바른 고정방식upright restrainer system'도 포함됐다. 똑바른 고정방식은 종교적, 위생적 요건을 만족시키는 동시에 족쇄로 매달기 때문에 동물이 겪는 고통을 없앨 수 있었다. 게다가 노동자들이 동물을 때리고 매달 때 입는 부상을 상당히 줄이기도 했다. 다음 해 도살장 몇 곳은 이 방식으로 바꾸었지만 미국에서 가장 큰 도살장은 대부분 의식이 온전한 동물을 계속 족쇄로 매달았다.

그랜딘의 보고서는 도살에 직접 관여하지 않는 다수의 랍비들이 족쇄로 매달기의 실상을 알지 못한다고 지적했고, 유대공동체의 민중들이 도살장을 압박하여 방법을 바꾸도록 하는 게 좋겠다고 제안했다. 이에 따라 1988년 2월 헨리는 벤자민 카도조 법학전문대학원Benjamin N. Cardozo School of Law 소속 랍비 한 사람과 얘기했다. 그는 실험용 동물 사용을 염려했던 것으로 명망이 높았다. 하지만 그는 족쇄로 매달기를 문제 삼을 생각이 전혀 없다는 게 판명됐기 때문에 유대공동체를 통한 활동 계획은 전혀 진척되지 못했다. 1991년 1월, 헨리는 신시내티에 본사를 둔 존 모렐 앤 컴퍼니John Morrell & Co.의 밀튼 쉴로스 회장에게 편지를 썼다. 존 모렐은 미국에서 가장 큰 '정육회사' 가운데 하나였다. 헨리가 존 모렐을 선택했던 이유는 널리 알려진 대로 생각이 진보적이었고 일찌감치 그

1989년 7월 뉴욕 올버니에서 개최된 '농업과 동물권리Agriculture and Animal Rights' 학술대회에서 헨리는 청중이 아무런 질문도 하지 않았다는 말을 들었다. 이 말을 듣고서 흥분한 헨리는 소리쳤다. "국민을 입장시키세요. 송아지 농장을 어떻게 할지 그들에게 결정을 맡겨야 합니다." 이 사진은 1989년 8월 7일 자《컨트리 폭스Country Folks》A2면에 실린 것이다.

랜던의 충고를 따랐기 때문이다. 그럼에도 존 모렐 소속 앨라배마 도살장은 계속 의식이 온전한 소를 족쇄로 매달아 도축했다. 헨리는 일리노이 오로라 푸드 서비스Aurora Food Services의 마이크 페이글에게도 편지를 썼다. 이유는 그가 미국정육안전성위원회American Meat Industry's Safety Committee의 회원이었기 때문이다. 헨리는 노동자의 안전을 걱정하는 사람이 있다면 동물의 고통을 걱정할지 모르며, 설사 그렇지 않다고 해도 안전 한 가지만을 명분으로 삼아서 족쇄로 매달기를 폐지하자고 설득할 수 있다고 보았다. 헨리는 위의 임원들이 행동에 나서게 만들 심산으로 늘 '우리의 정체가 무엇이고 관심사가 무엇인지 일러주는 몇 가지 자료'라고 칭한 내용을 첨부했다. 여기에는 레블론과 퍼듀를 대상으로 삼았던 광고들이 들어갔다.

편지를 보내고 2주가 흐른 뒤 헨리는 존 모렐의 본사에서 쉴로스와 만날 생각으로 신시내티로 날아갔다. 쉴로스는 앨라배마 도살장의 상황을 개선하기 위해서 그랜딘을 고용했다고 헨리에게 말했다. 5월이 끝날 무렵 똑바른 고정방식이 앨라배마 도살장에서 가동됐다. 페이글은 쉴로스보다 빨리 대처했다. 헨리가 편지를 보내고 거의 한 달도 못 돼서 오로라 푸드 서비스는 족쇄로 매달기 방법을 폐지했다.

다른 정육회사들은 그다지 빨리 대응하지 않았다. 노스 다코타 웨스트 파고의 페더럴 비프 프로세서스Federal Beef Processors에게 편지를 보냈지만 감감 무소식이자 헨리는 달리 압박할 방법이 필요했다. 그는 이렇게 회상한다.

> [족쇄로 매달기] 항의운동의 방법은 많았지만 별달리 소용이 없었습니다. 도살장들은 자기네가 표방하는 이미지를 정말로 걱정하지 않았기 때문이죠. 그래서 페더럴 비프의 기업 소비자 몇 곳을 압박하는 지렛대로 삼았습니다.

페더럴 비프가 납품하는 기업 소비자들 가운데 히브리 내셔널Hebrew National이란 곳이 있었다. 이곳은 미국에서 코셔kosher(유대교 율법에 따라 선택되어 가공된 음식—옮긴이) 소시지와 기타 육가공품의 선두주자였다. 헨리는 히브리 내셔널의 하비 포트킨 대표이사에게 편지로 납품업체가 족쇄로 매달기를 통해서 동물을 도축하고 있다는 사실을 알렸다. 늘 그랬듯이 자료를 동봉한 것은 물론이었다. 포트킨은 페더럴 비프 프로세서스와 접촉해 족쇄로 매달기를 폐지하는 방법을 찾겠다고 말했다. 헨리는 두 달을 기다린 후 포트킨에게 진행 상황이 어떤지 편지로 물었다. 포트킨은 헨리에게 전화를 걸어 상황을 확인하기 위해서 직접 웨스트 파고로 가고 있다고 말했다. 그곳에 도착한 후 포트킨은 페더럴 비프가 이 문제를 진지하게 접근하지 않고 있다고 판단했다. 돌아온 다음 그는 족쇄로 매달기를 쓰지 않는 납품업체로 바꾸었다.

비슷한 방식으로 헨리는 시나이 코셔 소시지 코퍼레이션Sinai Kosher Sausage Corporation에게 편지를 썼다. 그곳에 납품하는 업체 롱 프레이리 패킹 컴퍼니Long Prairie Packing Company를 흔들 방법을 찾을 속셈이었다. 이 당시에 소고기 가공업체와 소시지 제조업체는 헨리를 무시하려고 했지만 운이 따랐는지 시나이 코셔 소시지는 유명한 대기업 사라 리 코퍼레이션Sara Lee Corporation이 인수했다. "사라 리를 싫어하는 사람은 한 명도 없습니다"라는 게 이 기업의 구호였다. 헨리는 사라 리의 존 브라이언 대표이사에게 편지로 다음과 같이 제안했다. "사람들이 족쇄로 매달기의 정체를 알게 되면 확실히 사라 리를 매우 혐오할 겁니다." 6주가 지난 후 롱 프레이리는 똑바른 고정장치를 설치했다.

대형 도축업체 최종 주자는 일리노이에 있는 브라운 패킹 컴퍼니Brown Packing Company였다. 1994년 4월, 브라운 패킹은 그랜딘의 설계안에 따라 똑바른 고정장치를 설치했다. 소형 업체 몇 곳은 헨리의 눈을 피해 갔지만, 의식이 분명한 동물을 도축하는 족쇄로 매달기는 사실상 끝장났다.

안면낙인, 정부 정책을 바꾸다

헨리가 두 번째 전개한 가축운동은 《연방정부 관보Federal Register》(정부 정책을 고지하는 정부간행물)에 실린 애매한 공고 때문에 촉발됐다. 농무부는 멕시코산 수입 소는 안면에 M 모양의 낙인을 찍어야 한다는 기존 정책을 확장할 것이라고 발표했다. 기존 정책은 거세한 수송아지만 낙인을 찍었다. 하지만 1993년 11월, 농무부는 암소까지 낙인을 찍는 정책을 추진했다. 미국은 대략 100만 마리의 소를 멕시코에서 수입했기 때문에 결국 매일 2,700마리의 소들의 안면에 낙인을 찍었다는 뜻이다. 낙인을 찍었던 이유는 미국 소의 결핵 감염 가능성을 차단하기 위해서였다. 아마도 멕시코 원산지 소들을 쉽게 판별해 병에 걸린 소가 생기면 병원病原을 처리할 속셈이었을 것이다.

헨리는 소들이 고양이나 토끼만큼 사람들의 관심을 받는 동물은 아닐지 몰라도 불도장으로 안면에 낙인을 찍는 행태는 보통 사람들이 받아들이지 못할 것이라고 생각했다. 그는 농무부에 접촉해 원산지 확인을 할 때 안면낙인보다 좋은 방법이 분명 있을 것이라고 말했다. 헨리는 템플 그랜딘에게 고통을 줄이는 몇 가지 대안(엉덩이 낙인과 귓구멍 뚫기)을 제안하는 짤막한 성명서를 부탁한 후 농무부에 성명서를 보냈다. 헨리는 그다음 벌어진 사태를 다음과 같이 설명했다.

> 우리는 농무부 관리들과 대화를 꾀했습니다. 그들은 회의를 잡았지만 금세 약속을 철회했죠. 매일 3,000여 마리의 동물의 얼굴이 타들어 가는데도 관리들이 아무런 열의를 보이지 않는 것은 옳지 않다고 생각했습니다. 그즈음 동물의 안면에 낙인을 찍는 과정을 담은 사진이 필요했죠. 그래야 사람들이 뜨거운 불도장을 턱 부분에 대려고 할 때 동물이 느끼는 공포를 실제로 확인하고 느낄 수 있다고 보았던 거죠. 당시 나는 모린 커니와 함께 활동을 하고 있었는데 그녀는 사진가 친구인 데이비드 케이건과 둘이서 텍사스-

멕시코 국경을 탐사할 계획을 짜고 있었습니다. 그들은 마치 마술사처럼 안면낙인 시설에 들어가 사진을 찍어왔죠.

마크 그래엄은 그들이 들고 온 사진을 갖고서 대단히 뛰어난 전면광고를 만들어냈다. 광고는 4장의 사진으로 구성됐다. 먼저 불도장이 턱 근처에 다가오자 금속 코뚜레에 강제로 머리가 고정된 수송아지가 공포에 떠는 모습을 보여준 후 불도장이 살갗에 접촉할 때 연기가 자욱하게 피어오르는 장면을 담았다. 그리고 다음과 같은 문구가 나온다. "이게 바로 미국 농무부의 정책인 것일까요? 이게 도대체 뭔지 상상할 수 있을까요?" 그리고 독자들에게 촉구했다. 마이크 에스피 농무부 장관에게 전화나 편지로 그처럼 야만적인 식별 방법을 중단할 것을 요구하라고. 광고는 1994년 3월 《뉴욕타임스》에 게재됐다. 이틀 만에 1,000명 이상의 독자들이 전화를 했으며 광고가 다른 신문에도 실리게 되자 그 이상의 사람들이 편지와 전화로 농무부에 항의했다. 에스피의 보좌관 한 사람은 장관이 이제껏 일 문제로 받은 어떤 항의 전화보다 많았다고 전했다.

헨리는 장관 본인과 만날 시간이 됐다고 판단했다. 그와 접촉하기란 쉽지 않았다. 대여섯 차례 전화를 했지만 장관 본인은커녕 에스피의 일정 담당 보좌관조차 접촉하지 못했다.

헨리는 《월스트리트 저널》에서 에스피가 농무부 정책에 이견이 있는 사람들을 위해서 만든 '집무실 개방 정책'을 소개하는 기사를 떠올렸다. 그는 장관 집무실에 이 기사를 인용하는 팩스를 보냈지만 여전히 응답을 받지 못했다. 농무부가 미국에서 가장 규모가 큰 닭고기 가공업체 타이슨Tyson을 '공손하게 대접했다'고 전하는 《월스트리트 저널》의 기사를 떠올리고서 헨리는 다시 한 번 전화를 걸어 에스피의 일정 담당 보좌관을 찾았다. 누구냐는 말을 듣고서 헨리는 '돈 타이슨'이라고 답했다. 눈 깜짝할 사이에 통화가 연결됐고 성의가 가득한 목소리가 나왔다. "타이슨 씨인가요?" 헨리는 답했다. "아뇨, 헨리 스피라입니다. 그 이름을 대면 연락이 닿을 것이라고 생각했습니다." 목소리의 주인은 엄청나게 짜증을 냈으며 신원을 속였다며 헨리를 호되게 비난했다. 헨리가 답신을 받지 못한 이유를 묻자, '에스피 장관의 일정을 검토하는 중'이었다는 답변이 왔다. 나중에 헨리는 농무부 감사실의 직원 한 사람의 전화를 받았다. 그는 허위 진술한 혐의로 공식 고소할 것이라고 으름장을 놓았다. 헨리는 마음대로 하라고 말했다. 고소는 전혀 없었다.[28]

에스피가 계속 헨리를 피하긴 했지만 지금까지 관행처럼 진행됐던 절차들 때문에 대중이 분노를 쏟아내자 농무부는 압박을 받았다. 농무부는 안면낙인 정책을 확장할 생각을

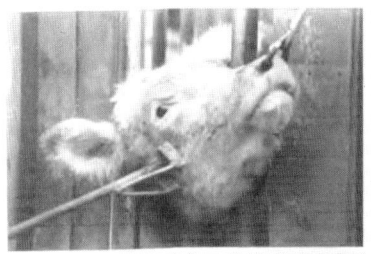

이 인상적인 광고를 통해서 미국 농무부는 안면낙인을 확장할 계획을 접었으며 완전히 철폐하게 되었다.

접었다. 그리고 나서 멕시코산 소의 안면낙인을 중단하는 새로운 정책에 대해서 대중이 어떻게 생각하는지 의견을 구했다. 헨리는 똑같은 사진을 이용해 새로운 광고를 실었다. 이번에는 다음과 같은 문구를 넣었다. "미국 농무부는 사람들이 이 사안을 어떻게 생각하고 있는지 알고 싶어 합니다. 그들에게 알려줍시다. 신속하게 해야겠죠?" 1만 2,000여 통의 편지가 농무부로 쇄도했고 사실상 거의 모든 편지가 안면낙인 폐지를 요구했다. 1994년 12월, 농무부는 대중의 요구에 따라 멕시코산 소의 안면낙인을 폐지했다. 매년 수백만 마리의 동물이 모진 고통이 따르는 절차에서 구제됐다. 하지만 미국산 소 가운데 몇 종은 안면에 낙인을 찍어야 한다고 국립질병관리 정책은 요구했다. 농무부는 앞서 결정한 논리를 수용했고, 1995년 9월 19일 《연방정부 관보》는 농무부가 소의 안면낙인을 완벽히 철폐하는 '최종법령'을 마련했다고 발표했다.

헨리는 또 다른 전면광고를 선보이며 반응을 보여줬다. 이번에는 여러 마리의 소들이 만족스러운 표정을 지으며 독자들을 정면으로 쳐다보는 형태였다. "듣고 있는 사람 누구 있나요?"라고 묻고서 하단에 다음과 같이 답변했다. "미국 농무부가 듣고 있습니다!" 이 광고는 안면낙인을 반대했던 모든 사람들의 의견을 경청한 농무부에 감사를 표하기 위해서 게재했다. 농무부 관료들은 이 광고를 고맙게 생각했다. 헨리가 나중에 농무부 사무실에 방문했을 때 벽에 걸린 광고를 목격했다.

농무부와 관계 구축에 열을 올렸던 헨리는 관리들과 함께 어떻게 하면 상시적으로 동물복지를 신경 쓸지 논의했다. 이러한 결과로 말미암아 당시 마케팅과 규제 프로그램을 담당한 패트리샤 잰슨 차관보는 농무부 산하 관계 기관 합동 동물복지 대책위원회USDA Interagency Animal Well-Being Task Force를 소집하여 가축의 건강 개선에 필요한 자발적인 지침을 개발하기 시작했다.

헬렌 켈러가 새를 쏜다고?

1995년 9월 15일 금요일 헨리는 우체통을 열고서 발신자 불명의 편지 한 통을 발견했다. 봉투 안에는 '광명을 위해서 쏘세요Shoot for Sight'라고 적힌 초대장을 복사한 종이가 들어 있었다. 헬렌 켈러 인터내셔널Helen Keller International을 후원하기 위해서 1,000여 마리의 오리와 꿩을 몰아올 테니 사냥을 하라는 내용이었다. 눈이 멀거나 기타 도움이 필요한 사람들을 돕기 위해서 일생 동안 헌신적으로 기금을 모았던 시각과 청각 장애인 헬렌 켈러의 이름을 본떠 만든 단체였다. 이곳은 23곳의 나라에서 실명을 예방하고, 시각을 복구하고, '인간의 세계에서 가장 취약한 존재'인 맹인을 재활하는 프로그램을 운영하고 있었다. 봉투에는 헬렌 켈러 인터내셔널 이사들, 고문들, 후원자들의 목록도 있었다.

헨리는 활동에 착수했다. 헬렌 켈러 인터내셔널의 존 팔머 사무총장에게 편지를 썼으며 편지를 복사해 그 외 주요 간부들에게도 보냈다.

친애하는 팔머 씨.

헬렌 켈러의 명성

헬렌 켈러가 이 나라에서 지금까지 배출한 위인들 가운데 한 사람인 것은 확실합니다. 그녀는 용기, 감수성, 불굴의 의지를 보여주었죠. 영혼의 승리가 아닐 수 없습니다.
따라서 헬렌 켈러 인터내셔널에 기부한 답례로 10월 27일 더치스 카운티에서 하루 날을 잡아 학살을 하겠다고 적힌 귀 단체의 초대장 복사본을 봤을 때 우리가 얼마나 깜짝 놀랐는지 이해하리라 생각합니다. 헬렌 켈러가 자연의 신비를 조금이나마 보기 위해서 대가를 치르지 않았더라면 기금을 모금한다는 명분으로 당신네들이 그녀의 이름을 내걸고 사냥을 제안이나 할 수 있었을까요? 이는 헬렌 켈러의 생명사랑을 조롱하는 게 아닐까요? 대중과 귀 단체의 지지자들이 경멸해 마지않을 졸렬한 행태일 것입니다.

헬렌 켈러 인터내셔널의 프로그램은 국내외 가릴 것 없이 훌륭하다고 생각합니다. 하지만 쾌락적 도살은 실명이란 끔찍한 비극과 결코 어울리지 않습니다. 절대적으로 무방비한 존재를 도살하는 쾌락적 사냥을 후원하는 것 말고도 '가장 취약한 존재'의 시각과 인생을 구원하는 다양하고 창조적인 방법이 있지 않을까요?

귀하와 만나서 얘기하면 많은 게 해결될 것이라고 생각합니다. 지금까지 우리는 활동을 할 때 공개적인 대결보다 건설적인 대화를 지향했습니다. 불행하게도 이번 경우는 귀 단체가 계획한 기금모금 행사가 얼마 남지 않았기 때문에 서로가 만족할 만한 해결책을 찾기 위해 즉시 논의해야 합니다. 귀하가 편지를 받는 대로 전화를 하겠습니다.

이 편지와 함께 안면낙인 광고 등 헨리의 활동 경력을 다룬 기사들의 복사본을 담아 배달원을 통해 헬렌 켈러 인터내셔널에 보냈다. 두 시간이 지난 후 헨리는 팔머에게 전화를 걸어 어떻게 생각하는지 물었다. 팔머는 생각할 시간이 필요하므로 다음 주 화요일에 답변을 주겠다고 말했다.

화요일 팔머는 헨리가 '인식을 제고'시켰다며 감사를 표했다. 더 이상 사격 행사 같은 건 없을 것이라고 문서로 약속했다. 헨리는 10월 27일에 있을 사격 행사 역시 취소돼야 한다고 주장했다. 팔머는 이사 한 명과 어떤 문제가 있다고 말했다. 아마도 이 행사를 주도한 사람일 것이라고 헨리는 추측했다. 헨리는 사냥 행사를 진행하면 어떻게 항의 광고를 기획할지 팩스로 그에게 보냈다. 광고의 서두는 다음과 같았다. "헬렌 켈러는 기적이었지, 살인자가 아니었습니다." "총은 실명을 일으키지, 실명을 치료하지 못합니다." 헨리는 사냥 행사가 9월 22일 금요일까지 취소되지 않으면, 언론과 접촉할 것이란 점도 확실히 해두었다.

팔머는 9월 21일 헨리에게 전화로, 헬렌 켈러 인터내셔널은 '광명을 위해서 쏘세요' 기금모집 행사를 진행하지 않기로 결정했고, 미래에도 비슷한 행사를 열 생각이 없을 것이라고 말했다. 헨리는 편지로 감사를 표하고 헬렌 켈러 인터내셔널의 활동을 지지하는 취지에서 개인 기부금을 동봉했다.

이토록 빨리 승리할 수 있었던 이유는 헨리가 지금까지 활동했던 이력 때문이다. 첫째 미지의 정보원이 초대장을 복사해서 헨리에게 보냈고(팔머는 헨리가 사냥 행사를 어떻게 알았는지 궁금해했다. 초대장은 소수의 선별된 사람에게만 보냈기 때문이다), 둘째 헨리가 실력을 행사하면 사냥 행사를 해서 기금을 모아봤자 그보다 더 큰 타격을 입을 것이란 사실을 헬렌 켈러 인터내셔널이 깨달았던 것이다. 헨리는 누가 초대장을 보냈는지 결코 알지 못했다.

맥도날드의 거짓과 진실

1990년대에 접어서자 맥도날드 매장은 매년 계란 10억 개와 소고기 5억 파운드가 넘는 양을 소비했다. 맥도날드는 이처럼 엄청난 양을 판매했고 햄버거 체인점을 대표하는 위치에 있었기 때문에 가축 정책을 변화시키기 위해서 딱 알맞은 목표였다. 만약 맥도날드가 동물에게 스트레스를 일으키는 공장형 사육의 대안을 마련하기 위해서 총수입의 1퍼센트를 투입한다면, 동일한 비율로 레블론이 드레이즈 검사의 대안을 찾기 위해서 지원했을 때보다 고통을 더 많이 줄일 수 있을 것이다. 하지만 맥도날드는 공격적이며 정치적으로 우파를 지지하는 기업문화로 평판이 자자했다. 동물을 진지하게 생각하게 만들기란 결코 쉽지 않아 보였다.

헨리는 1989년 2월 방지협회에서 맥도날드의 도널드 호르비츠 법무자문위원 겸 부사장과 절제된 회의를 하면서 첫 번째 행보를 시작했다. 회의의 목적은 두 가지였다. 첫째, 공장형 사육이 고기와 계란을 공급하는 동물에 어떠한 영향을 끼치는지 탐구할 것. 둘째, 탐구한 결과를 통해서 스트레스가 적은 사육방식을 개발할 것. 호르비츠는 협력할 태세를 갖춘 것처럼 보였다. 미국과 캐나다의 납품업체를 조사하고 유럽의 상황을 살펴보겠다고 승낙했다. 당시 유럽은 미국보다 한 발 앞서 법률로 가축의 기준을 규정해놓은 상태였다. 호르비츠는 연구를 통해서 이후 조치를 취할 때 지침으로 삼겠다고 말했다.

호르비츠는 맥도날드의 납품업체를 만나러 갔으나 그가 받았던 반응은 명확하게 부정적이었다. 그는 가축 개혁의 지지자와 가축생산업체에게 대화를 제안했다. 이 결과 가축복지연구모임Farm Animal Well-Being Workshop이 열렸다. 후원은 맥도날드와 납품업체가, 준비는 터프츠 대학의 동물과 공공정책 본부Center for Animals and Public Policy가, 진행은 헨리의 친구 앤드류 로언이 각각 맡았다. 1990년 11월에 열린 연구모임은 동물운동과 생산업체의 유익한 공감대를 탐색한 것처럼 보였지만 거기서 끝이었다. 맥도날드와 납품업체는 아무런 조치도 취하지 않았다.

이후 8개월 동안 헨리는 호르비츠의 후임자인 셸비 야스트로에게 편지도 쓰고 회의도 하면서 맥도날드가 제품을 생산할 때 쓰는 동물의 고통을 줄일 만한 다양한 방법을 제안했다. 1992년 5월, 야스트로는 헨리에게 말했다. "할 만한 조치는 모조리 했습니다." 그에 따르면 맥도날드는 납품업체를 조사하고 다음과 같은 확신을 얻었다고 한다. "납품업체들은 동물의 처우에 관한 법령, 규정, 산업지침을 준수하고 있다." 하지만 이것은 의미가 없었다. 사실상 모든 나라의 '법령, 규정, 산업지침'은 공장에서 사육되는 동물의 비인도적 감금을 계속 허용했기 때문이다. 야스트로의 편지는 맥도날드와 납품업체가 다음과 같이 상호 '합의'했다는 사실도 언급했다. 기존 지침들이 "동물의 인도적 대우를 충분할 정도로 신경 쓰지 않는다면", 납품업체들은 "맥도날드의 제품을 위해서 사육되고 운반되고 도살되는 동물의 인도적 대우를 보장하기 위해서 합리적인 평가수단을 모조리 가동할 것"이라고. 훌륭한 말처럼 들렸지만 누가 '합리적인' 평가수단이 어떤 것인지 결정할까? 납품업체 당사자인 게 명확했다. 어쨌든 헨리는 맥도날드가 공익활동을 많이 하기를 원했다. 레블론 항의운동을 했을 때처럼, 헨리의 계획은 맥도날드가 기준을 확립하는 것이었다. 그렇게 되면, 다음과 같이 질문하면서 가축을 사용하는 다른 기업들을 압박할 수 있기 때문이다. "귀사는 맥도날드만큼 동물을 신경 쓰지 않는다는 인상을 주고 싶습니까?"

헨리는 맥도날드의 마이크 퀸란 대표이사에게 편지를 썼다. 1989년 회의에서 동물의 고통을 줄이는 실질적인 조치에 필요한 근거를 마련하기 위해서 호르비츠가 결정했던 사항을 준수하면 좋겠다는 내용을 담았다. 퀸란은 이 업무를 이제는 독립해서 시카고의 법률회사와 함께 일하는 호르비츠에게 넘겼다. 호르비츠는 맥도날드가 가축의 복지에 관련해 헨리와 합의한 사항은 하나도 없지만 어쨌든 이 목표를 위해서 함께 활동하자고 서면으로 제안했다. 헨리는 수용했고 호르비츠에게 맥도날드가 다음과 같은 사항을 진행하면 좋겠다고 제안했다.

- 납품업체용 기준을 마련하여 인도적인 관리와 도살의 규준을 책임질 것.
- 공장형 사육에서 발생하는 최악의 감금 형태를 면하는 다른 방법을 탐구할 것.
- 고기 없는 햄버거를 메뉴에 추가할 것.
- 미국의 다른 기업들도 채택할 만큼 적절하고 대안적인 가축사육 방법을 평가하는 가축복지본부를 세울 것.

1993년 2월까지 기다렸지만 아무런 성과가 없었기에 헨리는 야스트로에게 실망감을 드러내며 다시 편지를 보냈다. "3년 동안 들쑥날쑥하게 대화를 했지만 드러난 게 아무것도 없습니다." 편지는 당근과 채찍을 동시에 썼다.

이 문제는 신속하게 처리했으면 쉽고 빠르게 해결될 만한 것이라고 생각합니다. 우리가 봤을 때 복잡할 것도 없었고 고민을 거듭할 필요도 없었죠. 몇 주, 몇 달, 몇 년 동안 토론할 거리는 아무것도 없었습니다. 또한 귀하는 이 문제가 전 세계에서 쌓아올린 맥도날드의 이미지를 여러 측면에

서 먹칠을 할 것이라고 판단하는 것 같습니다.[29]

 이 때문에 헨리와 야스트로는 3월 어느 날 아침회의를 가졌다. 야스트로가 "우연한 기회로 당신과 이런 얘기를 나누게 됐지만 나는 당신을 만나서 매우 기뻤습니다"고 말한 후였다. 회의에서 야스트로는 헨리의 제안을 지지하는 패스트푸드점 연합을 조직하려고 했다고 말했다. 이후 헨리와 야스트로는 편지를 주고받았으며 서로를 '친애하는 헨리/친애하는 셸비'라고 부르는 등 우호적인 분위기가 물씬 풍겼지만, 여전히 상황은 전혀 진척되지 않았다. 6월이 되자 헨리는 야스트로에게 다시 한 번 퉁명스러운 말투로 이 사항을 지적했다. 야스트로는 여전히 연합을 만들려고 애쓰고 있다고 답장했다. "연합의 일원으로서 활동을 하거나, 아예 활동을 하지 못하거나 둘 중 하나겠죠. 당신이 요청하는 관점에서 보면 특히나 그렇습니다."

 1년 전 헨리는 맥도날드의 주식 65주를 사두었다. 이제 쓸 때가 온 것이다. 사회적 문제를 신경 쓰는 투자가들에게 조언하는 회사인 프랭클린 연구개발Franklin Research & Development과 함께 헨리는 1994년 정기총회에서 전 주주가 투표해야 하는 주주 의결사항을 제출했다. 그 내용은 맥도날드가 사용하는 동물의 처우를 설명한 다음 이사진에게 두 가지 사항을 권고하는 표결을 하자고 주주들에게 부탁하는 것이었다. 첫째 다음의 원칙을 승인할 것, 둘째 납품업체가 이하의 원칙을 준수하도록 합당한 수단을 모두 가동할 것.

1. 제한을 최소화하는 방법: 동물을 기르고 먹이고 수송할 때는 몸과 행동을 최소한 제한해야 한다.
2. 수의사의 개별적인 치료: 동물은 필요할 때 수의사의 치료를 받아야 한다.
3. 인도적인 도살: 신속하고 인도적인 죽음을 보장하는 방법을 써야 한다.

헨리는 제안 내용을 거부하기 힘들게 써놓았다. 필요할 때 수의사의 치료가 필요하다는데 맥도날드가 어떻게 거부할 수 있겠는가? 집약적으로 사육되는 닭들과 계란을 낳는 암탉들은 개별적인 치료를 전혀 받지 못한다. 가축이 개별적인 치료를 받는다는 것은 현대적 동물 생산의 근간을 흔들어놓는 것이었다.

헨리의 제안이 주주에게 넘어가면 맥도날드로서는 고약할 수밖에 없었다. 맥도날드는 장문의 법률 의견에 근거해 1994년 정기 주주총회에서 위임장에 따라 제출된 이 제안을 고의로 누락시켰다고 (법률에 따라) 증권거래위원회Securities and

Exchange Commission에 고지했다. 헨리는 이 결정에 맞서 싸우겠다고 알렸다. 그러자마자 야스트로는 헨리에게 어떻게 하면 결심을 바꿀지 즉각 질문했다. 1994년 2월, 협상이 타결됐다. 맥도날드는 첫째 동물의 인도적 대우에 관한 정책 방침을 고기와 닭고기 납품업체에 보내고, 둘째 연차보고서에 실린 정책 방침을 발췌해 출판하기로 결정했다.

맥도날드가 납품업체에 보내기로 약속한 정책 방침은 아래와 같다.

맥도날드와 동물의 인도적 대우

당사는 소비자의 믿음과 신뢰를 유지하기 위해서 열심히 노력했던 것처럼 사업을 할 때도 진지한 태도로 공동체의 책임을 다했다. 당사가 아이들과 청소년을 위해서 노력했다는 것은 유명한 일이다. 자연을 보호하기 위해서 활동을 했던 것 역시 기록에 잘 나와 있다. 하지만 당사의 판매점은 당사에 속하지 않은 납품업체에서 모든 재료를 구매하기 때문에 당사가 동물을 인도적으로 대우하기 위해서 헌신적으로 활동했다는 사실은 알려지지 않았던 것 같다.

당사는 태어나서 죽을 때까지 동물을 인도적으로 대우하는 게 도덕적인 책임이라고 생각한다. 당사는 납품업체의 독립성을 완벽하게 존중하며, 이를테면 미국식용육협회American Meat Institute의 권장사항 같은 동물의 인도적인 대우에 관한 법령, 규정, 산업지침을 납품업체가 준수할 것을 요청한다. 여기에 덧붙여 이러한 지침들이 동물의 인도적인 대우를 충분하게 담보하지 못한다면 당사의 납품업체는 합당한 수단을 모조리 동원하여 인도적인 원칙에 따라 맥도날드 제품에 쓰이는 동물을 키우고 먹이고 운송해야 한다. 이뿐만 아니라 각기 업체들에게 방침을 준수했다면, 준수했다는 것을 확인하는 보고서를, 준수하지 않았다면 어디서 그랬는지 이유는 무엇인지 언제쯤 이행할 계획인지 밝혀주는 보고서를 매년 대표이사의 서명을 받아 제출해야 한다고 요구했다.[30]

헨리가 이 정책을 받아들여 본인이 제안한 주주 의결사항을 철회한 이유는 이 방침 때문에 맥도날드 제품에 사용되는 동물의 인도적인 대우가 극적으로 좋아질 것이라고 생각했던 게 아니라 반대로 자기가 제안한 의결사항을 계속 밀어붙여 더 많은 것을 얻어낼 생각이 없었기 때문이었다. 맥도날드의 대주주들은 수익성을 고려해 자신의 제안을 반대할 게 확실했던 것이다. 《베지테리언 타임스Vegetarian Times》에서 말했던 것처럼 이 방침을 봤을 때 성과가 크다고 보기는 힘들었다. 하지만 산업표준을 마련하는 첫 번째 행보였던 게 중요했다. "맥도날드가 한 발짝 움직이면, 다른 곳들은 두 발짝 움직인다."[31] 하지만 다른 기사에서 헨리는 이보다 낙관적인 입장을 드러냈다. 맥도날드의 행보는 '기업의 생각을 뿌리부터 바꾸는 계기'라고 생각했던 것이다.[32]

헨리가 공개적으로 그렇게 말했을지는 몰라도 맥도날드의 납품업체가 동물 관리 방식을 정말로 조금이라도 바꿀 것이라고 생각하지는 않았다. 이후 3년 동안 잘못을 찾고자 꾸준히 노력했지만 대부분 성과를 거두지 못했다. 템플 그랜딘은 시대가 달라졌다고 헨리에게 말했다. 그리고 그녀는 이렇게 말했다. "당신은 납품업체들을 감시하면서 어느 곳이 맥도날드의 납품업체인지 지적하고, 그곳이 유지관리를 다른 업체보다 잘하고 있으며 '앉은뱅이 소downers'(스스로 서지도 못할 정도로 굉장히 무력한 상태로 도살장에 도착하는 바람에 로프를 이용해 트럭에서 끌어내려야 하는 소를 지칭한다)는 취급도 하지 않는다고 말할 수도 있어요. 하지만 그렇게 해도 한계가 명확했죠." 1996년 이 운동을 평가하면서 헨리는 이렇게 적었다. "이 운동의 장기적인 결과가 어떻게 될지 명확하지 않다. 왜냐하면 맥도날드가 아직도 사람들에게 실질적인 정보를 조금도 내놓고 있지 않기 때문이다. 상황을 계속 주시해야 한다."[33]

대중은 오랫동안 주시할 필요가 없었다. 영국의 그린피스Green Peace 활동가 헬렌 스틸과 데이브 모리스가 맥도날드의 명예를 훼손했다며 고발을 당했기 때문이다. 그들은 "맥도날드의 문제는 무엇인가?"라는 제목의 전단지를 뿌리며 활동했던 것이다. 이 때문에 스틸과 모리스는 법정에서 동물을 학대하는 행위 등 전단지에서 주장한 내용이 맞는지 소명할 기회를 얻어냈다. 이 결과 영국 법정사에서 가장 오랫동안 진행된 재판이 시작되었다. 320억 달러의 매출액을 자랑하는 기업과 돈이 없었기 때문에 변호인 없이 공판을 진행한 두 명의 활동가의 싸움이 장장 313일 동안 180명의 증인을 동원하며 벌어진 것이다. 학대 혐의에 대처하기 위해서 맥도날드의 식육가공품 담당자 페르난도 고메스 곤잘레스 박사는 7일 동안 증인석에 출두했다. 벨 판사는 판결하면서 이렇게 말했다.

> [맥도날드의] 동물복지 정책의 증거를 봐도 그렇고 하다못해 동물복지 정책 서류를 봐도 흥미로운 구석이 전혀 없습니다. (……) 증인으로 출두한 마지막 날 고메스 곤잘레스 박사는 동물복지와 개념을 다루는 반쪽짜리 문서를 봤다고 말했습니다. 이것은 '맥도날드와 동물의 인도적인 대우'라고 제목을 붙인 한 쪽짜리 문서로 밝혀졌습니다. 내용은 아래와 같습니다.

벨 판사는 앞서 인용한 문서를 읽은 후 다음과 같이 논평했다.

> 이 문서는 지극히 일반적인 용어로 작성됐습니다. 진지한 정책 문서가 아니라 홍보물 같습니다. 이렇게 보면 고메스 곤잘레스 박사가 증언하는 내내 서류를 만지작거릴 만큼 잘 알지 못했던 것도 이해가 갑니다. 서류가 1989년에 발간된 것 같지만 말이죠. 내가 판단하기에 [맥도날드의] 정책은…… 홍보용으로서 사람들의 문의에 대비한 것 같습니다.[34]

판사는 연도를 잘못 알았으며, 이 문서는 단순한 홍보물 이상일지 몰랐다. 하지만 곤잘레스가 애초에 이 문서를 알지도 못했다는 것은 맥도날드의 이사들이 자사 제품의 재료로 쓰고 있는 동물의 복지를 눈곱만큼도 신경 쓰지 않았다는 사실을 보여준다.

'맥라이벨 소송McLibel trial'은 헨리가 맥도날드와 협상을 벌일 때 새로운 돌파구를 마련해주었다. 1997년 6월 19일 최종 판결이 내려졌을 때 맥도날드는 승리를 선포했다. 벨 판사가 스틸과 모리스가 광범위한 비판 내용을 전부 입증하지 못했다고 판결했기 때문이다. 예를 들어, 그들은 맥도날드가 열대우림지역을 파괴하는 역할을 했다는 사실을 입증하지 못했다. 맥도날드는 적당한 수준의 손해배상금을 청구할 수 있게 됐지만 실제로 스틸과 모리스에게 청구하지는 않았다. 심지어 소송에 들어간 1,500만 달러의 변호사 수임료를 탕감하는 등 비용을 회수할 노력조차 하지 않았다. 홍보의 관점에서 봤을 때 이 소송은 재앙이었다. 맥도날드는 이기긴 했지만 실점한 것도 확실했다. 특히 학대 혐의는 뼈아픈 실점이었다. 왜냐하면 판사는 다음과 같이 판결했기 때문이다.

- 맥도날드가 사용하는 닭은 움직일 공간이 거의 없는 곳에서 방치되어 가혹한 취급을 받으며 사육된다. 맥도날드는 "이 잔인한 관례에 책임이 있다".
- 맥도날드가 제품을 생산할 때 사용하는 닭 가운데는 여전히 완벽하게 깨어 있는 상태에서 목젖이 잘리는 것들도 있다. 이는 잔인한 행태로서 원고[맥도날드]의 책임이다.
- 맥도날드가 사용하는 베이컨은 특성상 "건조한 우리에서 평생 동안 이동하지 못하게 하면서" 암퇘지를 사육할 필요가 있다. 이 잔인한 관례는 맥도날드의 책임이라고 판단한다.
- 맥도날드가 사용하는 계란은 일생을 닭장에서 보내는 암탉이 낳은 것이다. 맥도날드는 이 잔인한 관례에 책임

이 있다.

야스트로는 맥라이벌 소송의 판결이 나기 석 달 전이 돼서야 헨리에게 솔직하게 털어놓았다. "맥도날드는 동물복지를 우선순위에 올려놓지 않았습니다." 판결이 나자마자 헨리가 전화를 걸었을 때 야스트로는 이 사항을 헨리와 논의하기 위해서 뉴욕으로 날아올 만큼 동물복지에 관심이 커졌다. 그들은 7월 3일에 만나기로 약속을 잡았다. 헨리는 내게 전화를 걸어 야스트로와 만나기 전에 이 문제를 어떻게 하면 좋을지 의견을 구했다. 헨리는 그 어느 때보다 지금이야말로 맥도날드를 공격하기에 적기라는 것을 잘 알고 있었으며 이 상황을 최대한 활용하고 싶어 했다. 우리는 여러 가지 해볼 만한 전술들을 논의했다. 판결이 있고 난 후 금요일에 사람들은 세계 곳곳의 맥도날드 판매점 근처에서 시위를 벌였다. 그런데 맥도날드의 제품에 들어간 동물이 학대를 받았다는 사실을 폭로하면서 국제적인 맥도날드 반대운동을 시작하는 게 최선이었을까? 아니면 잠시 보류하고 헨리와 야스트로의 논의가 무위로 돌아간 뒤에나 시작하는 게 좋았을까? 야스트로는 대중적인 항의운동이 발생하면 맥도날드의 태도를 바꾸는 게 더욱 어렵게 될 것이라고 말했다. 회사로서는 항의운동가들에게 굴복하는 모습을 원하지 않을 거라는 뜻이었다. 문제가 잠

잠해질 때까지 항의운동을 막아보려는 계책일 수도 있었지만 그게 진실일 공산도 있었다. 헨리는 항의운동을 잠정 중단하기로 결정했다.

야스트로의 제안에 따라 그들은 월도프-아스토리아의 피콕 앨리에서 조찬모임을 가졌다. 야스트로는 회사에 스틸과 모리스와 소송을 하지 않는 게 좋겠다는 의견을 밝혔지만 자신의 의견이 기각됐다고 헨리에게 말했다. 이제 그는 6개월 후면 은퇴할 예정인데 그 전에 동물복지 문제에 무엇인가 기여하고 싶어 했다. 그렇지만 최종 결정은 맥도날드 최고경영진이 어떠한 반응을 보일지에 달려 있었다. 헨리는 자신과 마크 그래엄이 기획한 광고 하나를 보여줬다. 아직 사용한 것은 아니며 맥도날드의 경쟁사인 KFCKentucky Fried Chickens 항의운동을 하려고 만든 광고였다. KFC가 음식을 담는 통과 수세식 변기를 결합한 사진이었고, 다음과 같은 문구가 쓰여 있었다. "KFC의 기준이 만족스럽습니까?" 이 문구는 헨리가 예전에 퍼듀 항의광고를 할 때 썼던 정부 소속 미생물학자가 했던 다음과 같은 말을 참조한 것이었다. "최종 제품은 닭을 잡아서…… 변기에 넣었다가 뺀 다음 먹는 것과 전혀 다를 게 없습니다." 야스트로는 지그시 보다가 말했다. "우리를 겨냥한 광고도 준비했을 것 같은데요?" 헨리는 그렇다고 말했다. 야스트로는 일찍이 동물의 대우를 개선해보고자 노력했지만 실제로 한 일이 전혀 없었다고 인정했으며, 이제는 진지하게 생각하고 있다고 증명이라도 하려는 것처럼 회사의 내부 메모를 헨리에게 보여줬다. 여기서 야스트로는 하는 것도 없이 헨리의 위협을 막아낼 수 있었다고 자랑해놓았던 것이다. 아침식사를 끝냈을 무렵 두 사람은 터무니없는 음식 값을 누가 지불할 것인지 실랑이를 벌였다. 야스트로는 헨리보다 돈을 많이 버는 게 확실하니 자기가 내겠다고 했지만 헨리는 재빠르게 웨이터의 손에서 청구서를 가로챘다. 회의의 가장 커다란 소득은 실질적이고 실행 가능한 변화를 모색하기 위해서 야스트로가 템플 그랜딘과 만나기로 했다는 것이었다.

회의가 끝난 후 헨리는 희망을 갖게 됐지만, 방심하지 않았다. 야스트로가 솔직하게 털어놓기는 했지만 이 역시 전 같은 속임수일지도 몰랐다. 맥도날드와 밀착관계를 유지하면서 헨리와 나는 드레이즈와 반수치사량 항의운동을 했을 때처럼 국제가축연합International Coalition for Farm Animals(가축연합)을 조직했다. 9월이 되자 세계동물보호협회World Society for the Protection of Animals, 미국동물애호협회, 미국동물학대방지협회, 세계가축애호협회Compassion in World Farming, 미국동물보호협회American Humane Association 등 주요 동물단체들이 함께하기로 결정했다. 맥도날드도 진전된 태도를 보이는 것 같았다. 납품업체의 동물복지 현황조사를 그랜딘에게 맡겼고, 야스트로

Today's chicken has been compared to hazardous waste. In fact, former USDA microbiologist Gerald Kuester describes the final product as "no different than if you took a bird... stuck it in a toilet and then ate it..."

Another USDA poultry inspector told a Senate committee that birds were processed in "boiling fecal soup...it's a mass accumulation of bacteria on bacteria." And the waste is not only from the chickens. At one KFC supplier, workers have been forced to relieve themselves on the floor because they are not allowed to leave the work line. Chickens regularly fall into the muck. And supervisors have workers put them right back on the line. And it's not only the outside of the bird that's contaminated. Chickens are fed an unwholesome diet which includes the remnants of diseased chickens.

So, it's probably no surprise that, according to the Centers for Disease Control, food-borne disease kills 4,500 Americans each year and sickens another 5 million.

Today's assembly line chicken is also an environmental disaster. The waste produced by factory farmed chickens and other animals pollutes land, air and water. CBS' 60 Minutes compared whole areas of North Carolina to a gigantic toilet. And in Virginia, a KFC supplier received record fines for destroying an entire waterway.

A KFC supplier has also been fined by the government for deliberately concealing worker injuries. Workers, mostly minority women, have to cut up to 90 chickens per minute for low pay. They face hazards like skin disease, toxic air, crippling hand injuries and sexual harassment.

Between the egg and the KFC bucket stretches one of the most brutal existences imaginable. Today's chickens are genetically manipulated to grow unnaturally fast. Young oversized birds can barely walk on their flimsy, crippled legs. They squat much of the time and breast-stroke their way lizard-like across filthy contaminated litter. Tens of thousands of chickens are crowded into each dark shed—each bird with less than one square foot of "living space." Slaughter is often a horror in which millions of unstunned birds are thrown into the scald tanks alive.

We have suggested to KFC that they have a public obligation to upgrade food safety, protect the environment, improve working conditions and promote humane standards for the birds. KFC says they already require suppliers to adhere to all humane laws and guidelines— conveniently ignoring that there aren't any laws or guidelines.

Nobody has more influence on the poultry industry than KFC. And nobody has more influence on KFC than you. So if you think your food should come without lethal toxins, crippled workers, environmental damage or animal cruelty, you may want to slam the lid on the KFC bucket. Because if KFC won't pull the chicken industry out of the toilet, who will?

Do KFC's Standards Meet Your Standards?

Whereas McDonald's was prepared to enter into discussions on how to minimize the suffering of the animals it serves, KFC was not. The result was this ad, which ran in the *Washington Times* on March 31, 1998.

맥도날드가 만반의 준비를 하고서 동물의 고통을 어떻게 줄일지 논의했던 반면 KFC는 그렇게 하지 않았다. 그 결과 나온 게 이 광고다. 1998년 3월 31일 《워싱턴 타임스》에 실렸다.

가 동물복지 문제를 전담하는 정규 직책을 신설해 조만간 사람을 임명할 것이라고 헨리에게 말했던 것이다. 이 직책의 윗선은 맥도날드의 밥 랭거트 환경 부문 담당 이사였고, 랭거트의 직위는 대표이사 직속의 최고구매담당자CPO, chief purchasing officer 밑이었다. 따라서 신설된 직책은 고위직이라고 야스트로는 말했다. 맥도날드가 위에서 네 번째 위치를 배정했다는 것은 신경을 많이 썼다는 뜻이었다.

두 번째 회의는 1997년 10월로 잡혔다. 마침 내가 동부에 방문할 계획을 세우던 시기였다. 랭거트는 헨리에게 새롭게 임명된 동물복지 담당자와 함께 뉴욕에 가겠다고 말했다. 헨리는 4명이 참여하는 조찬회의를 준비했다.

뉴욕에 도착한 후 나와 헨리는 회의를 통해서 얻고 싶은 게 무엇인지 논의했다. 우리는 시간이 흘러 아무도 맥라이벌 판결에 관심을 보이지 않게 될 때까지 시간을 끄는 게 맥도날드의 전략이 아닐지 걱정했다. 동물복지를 담당하는 사람 한 명을 채용해봤자 그것만으로는 한 마리의 동물도 돕지 못하며, 맥도날드만 한 대기업에게 그 정도 인건비는 껌값에 불과했다. 맥도날드에게 우리는 빠른 시간 안에 동물의 고통과 괴로움을 줄이는 구체적인 방법을 확인해보고 싶다고 말해야 했다. 우리는 맥도날드에게 요청할 만한 게 무엇인지 논의했다. 그랜딘이 납품업체의 시설을 비판했을 때 어떻게 반응했

오늘날 가축들의 상황. 전형적인 양돈시설로 돼지들은 한 달 동안 걷거나 돌지도 못하는 우리에 갇혀 지낸다.

는지 살펴보는 것도 맥도날드의 진실성을 가늠해보는 한 가지 방법이었을 것이다. 하지만 우리는 이보다 원대한 변화를 원했다. 예를 들어 맥도날드가 돼지를 감금하는 행태에 대해서 할 만한 조치가 무엇일까? 회의를 하기 전에 우리는 본사가 캔사스에 있는 오스본 인더스트리스Osborne Industries에 전화를 걸었다. 대형 실내 우리에서 자유롭게 방목하는 사육 방법을 채택한 곳이었다. 보통의 사육장이 돼지를 하나하나 감금한 이유는 힘센 돼지들이 자기 몫보다 많이 먹지 못하게 할 속셈 때문이었지만 조악하고 잔인한 처사였다. 반면 오스본의 운영 방식은 상당히 복잡했다. 돼지는 한 번에 한 마리씩 우리에 들어가며 그때마다 급식장치가 활성화된다. 돼지들은 바코드가 찍힌 목걸이를 착용해 전자적 스캐닝을 할 수 있다. 힘센 돼지가 두 번 들어가면 스캐너가 추적하여 급식장치가 정지된다. 오스본과 대화를 하고서 우리는 이 방식이 미국에서 일찌감치 상용화됐다는 사실을 확인했다. 이에 따라 벨 판사가 설명했던 학대행위를 해결하기 위해서 진지하게 고민하고 있다면 납품업체들이 돼지 시설을 교체할 때마다 이 방법을 채택하도록 보장할 수 있지 않느냐고 맥도날드에게 말할 수 있게 되었다.

어퍼 웨스트 사이드의 카페에서 열린 회의는 시작부터 난항이었다. 우리는 놀랄 수밖에 없었다. 동물복지 담당자로 임명된 사람이 페르난도 고메스 곤잘레스였기 때문이다. 그는 맥라이벌 재판 때 증인석에서 맥도날드가 사용하는 동물을 사육할 때 학대는 하나도 없었다고 극구 강변했던 사람이었다. 곤잘레스는 식사를 주문할 때 베이컨을 주문했는데 우리를 전혀 배려하지 않는 것 같았다. 하지만 유쾌하든 불쾌하든 낭비할 시간이 없었다. 우리는 랭거트와 곤잘레스에게 맥라이벌 재판에서 밝혀진 학대 문제를 신속하게 처리할 필요가 있다고 말했다. 주요한 동물운동 단체들이 맥도날드 항의 운동을 열성적으로 하고 있었기 때문이다(이 말은 전적으로 진실이다. 맥도날드 판매점은 어느 도시든 접근하기 쉬웠기 때문에 국내든

국외든 이상적인 목표가 되었다). 우리는 닭용 가스기절법과 오스본의 양돈방식 등 학대 문제를 해결할 실질적인 방법을 제안했다.

활발한 토론이 이어졌고 회의가 끝날 때 랭거트는 현재로서는 구체적인 의견을 내놓기 힘들지만 연말 즈음 맥도날드는 아래와 같은 사업 계획을 수립할 것이라고 말했다.

- 템플 그랜딘에게 동물복지 감사 방법 개발을 의뢰한 후 이를 맥도날드의 식품 안전성 감사에 통합시킬 것.
- 동물의 대우를 향상하는 단순하고 실질적인 몇 가지 방법을 이행할 것. 즉시 수행되거나 적어도 1998년 안에 가능한 방법을 고를 것.
- 맥도날드의 장기 목표로서 생각해볼 만한 복합적 쟁점들의 목록을 작성할 것.
- 확실하게 변화를 보장하기 위해서 납품업체와 협력하는 절차를 마련할 것.

우리는 실질적으로 동물의 처우를 개선했는지 확인해야만 맥도날드의 진심을 가늠할 수 있다고 생각했으며 랭거트 역시 수긍했다. 하지만 이와 동시에 이렇게 말하기도 했다. "큰 계획이 있습니다만 여러분이 원하는 만큼 신속하게 하지는 못해요. 내년까지 기다려주세요. 그리고 우리가 무슨 일을 했는지 평가해줬으면 합니다."

회의가 끝난 후 나와 헨리는 골머리를 싸맸다. 맥도날드가 상반되는 말들을 하고 있는 것 같았기 때문이다. 곤잘레스가 동물복지 담당자로 임명된 것은 충격적인 일이었다. 그는 맥도날드 직원들 중에서 가장 공개적으로 회사의 동물 대우를 옹호하고 나섰던 사람이었다. 고의로 동물운동의 체면을 깎으려 했던 것일까? 하지만 무슨 이유 때문에 구태여 랭거트는 곤잘레스와 함께 뉴욕까지 우리를 만나러 와서 맥도날드는 동물의 처우를 개선하려고 진지하게 노력하고 있다며 열심히 설득하려고 했던 것일까?

맥도날드가 전혀 협조하지 않았다면 우리는 가축연합에 참여한 단체들의 회원 수백만 명을 동원해 항의운동을 계획했을 것이다. 하지만 동물의 처우를 개선할 계획을 짜고 있다고 말했기 때문에 1998년 무엇을 할지 확인하기 전까지 우리는 기다리는 수밖에 뾰족한 수가 없었다. 이제 와서 맥도날드 항의운동을 시작해봐야 맥도날드는 의지를 갖고서 우리와 논의했지만 수백만 마리의 동물의 삶을 좌우하는 관례를 바꿀 만큼 시간을 충분히 주지 않았다는 반응을 보일 게 뻔했다. 이 글을 쓰는 지금도, '기다려보는' 단계다.

후속 7세대를 위하여

> 미국인들은 사건이 발생하면 현 세대나 다음 세대에 미치는 영향은 그다지 신경 쓰지 않는다. 그들이 신경을 쓰는 대상은 후속 7세대the Seventh generation(장기적인 안목에서 중요한 결정을 내려야 한다는 의미—옮긴이)다. 나는 이런 게 현 사태를 바라보는 한 가지 시각이라고 생각한다.
> ― 헨리 스피라

헨리가 프랭크 퍼듀 항의운동에 필요한 자료를 모으고 있을 때 수없이 다양한 이유를 들어서 공장형 사육을 비난한다는 사실을 발견했다. "동물에 안 좋을 뿐만 아니라 환경에도 안 좋고, 급식에도 안 좋고, 물에도 공기에도 안 좋다. 게다가 재생 불가능한 자원까지 고갈시킨다." 여러 가지 다른 이유에서 걱정하는 사람들을 하나로 뭉쳐낼 수 있다면 공장형 사육 반대투쟁은 훨씬 강력해질 것이다.

1993년 초, 헨리는 연속 광고를 시작했다. 지금까지 기획했던 광고와 달리 대상을 특정하지 않고 고기 자체를 목표로 삼았다. "한 덩이 고기에는 비참한 세계가 숨겨 있습니다." 이렇게 표제를 잡은 후 첫 번째 광고는 '부유한 사회의 고기 선호 행태'가 암, 심장병, 당뇨를 일으키는 "살인범인 게 증명됐습니다"라고 설명한다. 그다음 이어지는 내용은 다음과 같다.

> 고기를 선호하는 행태는 다른 형태로 사람을 살해합니다. 저녁식사용 고기를 살찌우는 곡물 때문에 제3세계 민중은 '착취'받을 때가 많습니다. 독재자를 부유하게 만드는 동시에 대부분의 주민들을 굶주리게 하는 것이죠.
> 고기 생산은 환경을 파괴하고, 줄어든 수량water reserves을 탕진하고, 강과 호수를 축산 오염물로 더럽히며, 우림을 파괴합니다.

두 문단을 할애해 동물공장에서 감금된 채 사육되는 동물의 고통을 설명한 뒤 광고는 다음과 같이 요청하며 끝이 난다. "중단해야 합니다. 아니면 줄여야 합니다. 그래야 조금이나마 비참함이 줄어들 겁니다."

'비참한 세계'의 광고 문구는 좋았지만 특별히 주목받지는 못했다. 헨리는 마크 그래엄과 함께 이보다 강렬한 인상을 줄 광고를 기획했다. 이 광고는 고기만육기meat grinder에 투입되는 예쁜 고양이와 거기서 나오는 고기반죽 사진을 싣고서 '개나 고양이를 먹어야 하는 다섯 가지 좋은 이유'를 제시한다. 한 가지 이유는 다음과 같다.

당신은 학대를 반대할 겁니다.

당신의 털가죽 친구는 냄비에 떨어지는 순간까지 응석받이로 행복한 삶을 누렸을 테죠. 매년 미국에서 소비되는 70억 마리의 가축은 그런 행운을 누리지 못합니다! 그들의 삶은 결코 악몽으로 끝나는 게 아닙니다. 스트레스 때문에 급사하는 수백만 마리의 동물들은 통상적 사업비로 간주될 따름이죠.

나머지 세 가지 '좋은 이유'는 고기 때문에 발생하는 건강, 환경, 노동자 착취 문제를 거론했고, 나머지 한 가지 '좋은 이유'는 "개와 고양이의 개체 과잉 문제를 해결할 때 도움을 줄 수 있다"고 하며 불필요한 개와 고양이 번식을 관리하려면 무엇인가 진지한 조치를 취할 필요가 있다고 지적한다. 마지막 단락에서 헨리는 자기가 20여 년 전에 동물운동을 하게 됐던 계기를 끄집어내면서 호소한다.

결국 서로 간에 벽을 만드는 개인적 집착과 맛있는 보신탕poodle casserole같이 불합리한 것을 용인해서는 안 됩니다. 손으로는 동물을 사랑하고 쓰다듬고, 눈으로는 사람처럼 고통 받는 동물을 외면하는 행태야말로 진실로 불합리한 처사입니다. 사람들은 어릴 때부터 어떤 동물은 귀여워

하고 어떤 동물은 먹을 수 있다고 교육을 받습니다. 하지만 그렇게 할 필요가 없습니다. 채식은 건강, 환경, 가축의 삶을 개선시킬 겁니다. 채식을 하면 네 발 달린 친구를 계속 보살피는 동시에 비참한 세계를 조장하는 식육가공 산업의 강자들에게 강력한 메시지를 전달할 수 있습니다.

이것은 《뉴욕타임스》가 딱 잘라 거부했던 광고 중 하나였다. 고기만육기에 투입되는 고양이 사진 때문에 독자들이 불쾌하게 생각할 것이라고 《뉴욕타임스》는 말했다. 헨리는 만육기에서 고기반죽이 나오는 장면을 제외한 광고를 보냈지만 '약간은 불쾌한 문제를 해결해야' 한다고 여전히 요청받았다. 헨리는 고양이와 고기만육기 사진을 폐기하고, 핫도그용 빵에 '핫도그' 대신 강아지를 넣고서 뒤에는 케첩병을 세워둔 광고를 제작했다. 그렇게 광고를 수정한 다음 1996년 11월 7일 《뉴욕타임스》에 실었다.

이후 발생한 결과가 흥미로웠다. 1997년 2월, 누군가 헨리에게 《위클리 월드 뉴스Weekly World News》 복사본을 보냈다. 이것은 슈퍼마켓용 타블로이드 신문인데 기사 하나의 제목이 '최근 일본에서 유행하는 새로운 패스트푸드―빵 속에서 김이 무럭무럭 나는 강아지'였다. 이렇게 제목을 잡은 후 마크 그래엄이 헨리의 광고에 쓰려고 제작했던 사진을 넣었다. 사진의 하단에서 기사는 지난 3주 동안 4,000개가 팔리는 등 일본의 새로운 식도락 열풍 때문에 전 세계의 동물애호가들이 '분노'에 떨었다고 설명했다. 기자는 호주 시드니에 사는 유명한 동물권리 활동가 마사 세렌슨의 말을 인용했다. 그녀는 그 생각을 할 때마다 토하고 싶었다고 말했다. 시드니에 사는 사람들 가운데 사라 세렌슨의 이름을 들어본 사람은 한 명도 없었다. 아니, 전 세계 사람들 중에서도 아는 사람이 없었을 것이다. 기사는 기자의 상상력의 산물이었고 헨리의 사진을 보고서 영감을 받은 게 확실했다. 헨리의 허락을 받지 않은 것은 물론이었다.

헨리는 고기를 담배 같은 처지로 만들 생각이었다. 일찍이 담배는 삶의 일부로 허용됐지만, 나중에는 사회적 금기가 되었다. 하지만 미국에서 그런 문화를 만들어도, 심지어 선진국까지 확장해도 상황을 타개하기에는 충분하지 않을 것이다. 미국 사람들이 고기를 줄인다고 해도, 전통적으로 고기를 적게 먹던 나라의 사람들이 부유해지면서 고기를 전보다 많이 소비하는 상황이 전개되고 있기 때문이다. 예를 들어 현재 중국에서 고기 섭취를 늘리는 풍조가 계속되면 공장형 사육이 확대되고 육식이 야기하는 '비참한 세계'는 엄청나게 확대될 것이다. 세계의 정세가 이렇게 돌아갔기 때문에 헨리는 어떻게 하면 중국, 인도, 인도네시아의 음식문화를 바꿀 수 있을

5장 동물들은 고통 받고 있다

It could save your life! Has anyone ever died from salmonella or E. coli after eating their companion animal? But thousands of Americans die from toxic meat, poultry and eggs each year. And millions become seriously ill, according to the Centers for Disease Control (CDC). Because raising food animals in dark, squalid cages where they can't even turn around, lie down or breathe normally isn't just cruel and abusive. It's a recipe for lethal disease.

You'll be taking a stand against cruelty. Right up to the moment you slip your furry friend into a hot dog roll, he'll have led a pampered and happy life. No such luck for the eight billion farm animals consumed in the U.S each year! Their lives are a never ending nightmare. The millions who drop dead from stress are considered just a routine business expense.

You'll help save the environment. Factory farms destroy the environment. The dumping of millions of tons of animal waste and rotting body parts is poisoning once pristine waterways and underground water supplies. Putrid air is making entire communities uninhabitable.

You'll help exploited workers. Eating Rover or Muffin won't leave you feeling that you contributed to the abuse of the human victims who cut up slaughtered animals. Many workers, particularly in the poultry industry, are crippled by having to cut up to 90 chickens a minute. When they can no longer work, they are discarded like worn out tires.

You'll help solve the dog and cat overpopulation problem. Unwanted dogs and cats are put to death by the millions. Until we can implement a national spay/neuter program and stop the endless cycle of unwanted animals starving in the streets, why not just attack the problem with a hot skillet and a dash of garlic?

Finally, let's not allow anything as irrational as personal attachment to stand between us and a *real* hot dog. Loving and cuddling some animals while ignoring the suffering of others, who feel exactly the same pain, is what's *really* irrational. We are programmed from our first meals to pet some animals and eat others. But, a meatless diet can save your health, the environment and the lives of farm animals. Best of all, with your new non-violent diet you can keep cuddling your four legged friend while sending a powerful message to the meat industry's moguls of misery.

One of Henry and Mark Graham's more amusing ads, but with a serious point behind it. A tabloid newspaper later used the photograph, without permission, to illustrate an article allegedly exposing a shocking new Japanese food fad: "smoked puppies on a bun."

헨리와 마크 그래엄이 기획한 유쾌한 광고. 하지만 이면에는 심각한 주제가 들어 있었다. 나중에 타블로이드 신문 하나는 일본의 충격적인 식도락 열풍이라고 추정되는 현상을 폭로하는 기사를 설명하기 위해서 이 사진을 도용하기도 했다.

지 고심했다. "많은 사람들은 미래가 어둡고 우울할 것이라고 생각했습니다. 하지만 지금 당장 착수할 수 있는 일들을 실천에 옮긴 사람들은 없었죠."

1996년 1월, 헨리는 대안연구본부 앨런 골드버그 본부장과 함께 가장 중요한 공중보건 문제를 해결하기 위해서 존스 홉킨스 대학의 저명한 공중보건 전문지식을 어떻게 이용할지 고심했다. 즉 축산물 과다 섭취에 따른 건강과 환경 문제를 해결하려고 논의했다. 골드버그는 로버트 로렌스 박사와 이 논의를 진행했다. 공중보건위생 대학원School of Hygiene and Public Health 부학장인 그는 헨리와 학교 소속 관계자들이 모이는 회의를 잡았다. 헨리는 로렌스가 이 문제를 공감하는 공중보건 전문가라는 사실을 깨달았다. 그는 서양의 식습관 때문에 심장병이 유행하고 소화기관의 암이 발생한다고 생각하는 사람이었다. 그들은 생태학적으로 지속가능한 삶의 양식을 지향하기 위해서는 무엇인가 변화가 필요하다는 점에서 의견이 일치했다. 헨리는 공장형 사육, 공중보건, 인체영양, 환경은 서로 밀접한 관계가 있기 때문에 다양한 분야의 전문가들이 개입할 수 있을 뿐만 아니라 정부에서 소비자까지 전 영역을 변화시킬 수 있다고 말했다. 만약 존슨 홉킨스 대학이 공중보건학 졸업자를 중심으로 소규모의 탄탄한 연구 모임을 조직해낸다면 미국 사람뿐만 아니라 전 세계 사람들의 생각을 바꿀지도 몰랐다.

로렌스와 그의 동료들은 이 생각을 긍정적으로 받아들였다. 2월이 끝나갈 무렵 로렌스는 뉴욕에 사는 헨리를 방문해 얘기를 진전시켰다. 몇 주 지나지 않아 그는 헨리에게 편지로 보람찬 미래를 위한 본부Center for a Livable Future(보람본부) 설립에 지지 의사를 밝혔으며 이곳의 향후 계획 몇 가지를 밝혔다. 로렌스는 그다음 어떤 일이 있었는지 아래와 같이 말했다.

> 아마 화요일 정오에 헨리에게 팩스로 편지를 보냈을 겁니다. 편지의 하드카피본이 학교의 우편물을 기다리는 임시 보관함에 여전히 남아 있었죠. 전화가 울렸던 것은 수요일 9시 반이었습니다. 전화를 건 사람은 뉴욕에 사는 기부자 한 사람이었죠. "당신이 화요일에 헨리에게 보낸 편지는 나도 읽었습니다. 당신의 보람찬 미래를 위한 본부 설립 계획을 돕기 위해서 5만 달러를 기부하고 싶은데 수령할 사람이 누구든 그 사람과 통화하고 싶습니다." 나는 헨리에게 돈 얘기는 꺼내지도 않았죠![35]

보람본부는 1997년 11월 첫 번째 학술모임을 열었다. '공평, 건강, 세계의 자원: 음식과 사회적 정의'라고 제목을 잡았으며 캐나다의 전직 장관 한 명, 공장형 사육이 자기 동네를 오염시키는 바람에 항의운동에 나섰던 노스캐롤라이나의 활동가들, 공중보건·영양·농업·환경공학·동물복지·윤리학 분야의 학자들이 발표자로 나섰다. 노벨상을 수상한 과학자 2명도 참가했다. 셔우드 롤랜드는 연무제가 오존층 파괴의 원인이란 사실을 밝혀낸 학자였고, 헨리 켄달은 이른바 '쿼크' 입자의 존재를 확증한 학자이며 현재는 환경 문제로 관심을 돌린 사람이었다. 3일 동안 발표와 토론을 거친 후 보람본부는 '합의문'을 발표했다. 여기서 그들은 첫째 이용 가능한 식량을 공평하게 분배하기 위해서 함께 노력해야 하며, 둘째 미국인의 식습관은 건강하지 못할뿐더러 환경상 지속가능하지 못하며 동물 학대에 의존하고 있다고 비판했다.

헨리는 보람본부가 '두뇌집단think tank'이 아니라 '실천집단do tank'이 되면 좋겠다고 생각했다. 보람본부는 다른 나라 사람들에게 행동지침을 말할 수는 없었지만 본부의 정책과 행보를 평가해달라고 권할 수는 있었다. 보람본부가 중요한 변화를 일으켰는지 확인하려면 5년이 걸릴 것이다. 언젠가는 변화가 있을 게 확실하다. 100억 명의 사람들이 서양인처럼 축산물을 과다하게 섭취했다가는 지구가 버티지 못하기 때문이다. 변화가 빨리 올수록 동물이 겪는 고통은 줄어들 것이다.

6장

조금씩 천천히
세상을 바꾸다

인생에 목적이 있는지 하는 것은 이론적인 문제가 아니야. 어떤 목적을 위해서 인생을 살아갈지 하는 것은 실천적 문제지.
— 1954년 마지가 아들에게 보낸 편지

서문에서 나는 상당수의 사람들이 인정하는 두 가지 가정을 언급했다. 첫째, 개인은 세상을 바꿀 만한 힘이 없다는 것. 둘째, 인생은 본질적으로 의미가 없다는 것. 지금까지 매년 불필요하게 수십억 마리의 동물을 학대하는 행태를 바로잡기 위해서 헨리가 내렸던 결정들이 세상을 어떻게 바꾸었는지 확인했다. 헨리는 어떻게 해야 최대한 영향을 끼칠지 끈질기게 지성을 사용해 고민했기 때문에 매년 수백만 마리의 동물들이 드레이즈 검사, 반수치사량, 도살되거나 안면낙인을 찍히기 전에 족쇄에 매달리는 고통에서 벗어났다. 그가 혼자서 이 모든 일을 한 것은 아니지만 영감이 넘쳤고 전략이 뛰어났으며 성과가 확실한 운동을 조직했다. 이제 헨리의 인생과 함께 이 책의 결말을 내릴 차례이므로 다시 한 번 운동을 생각해보고 헨리의 방법을 쓰고 싶은 사람들을 위해 몇 가지 핵심을 추출해볼 수 있으리라. 이것이 6부 전반부의 목적이다. 후반부에서 나는 서문에서 언급한 두 번째 가정으로 돌아가 헨리가 인생에서 찾을 수 있었던 의미가 무엇인지 질문할 생각이다.

영향을 끼치는 방법

> 헨리는 운동을 창조했을 뿐만 아니라 추진해가는 사람이죠. 당장 내일 헨리가 사라지면 흥미로운 질문들이 생겨날 거예요. 그가 하던 역할을 보완할 장치가 없으면 얼마나 많은 운동들이 살아남을까, 얼마나 많은 운동들의 싹이 잘려나갈까, 얼마나 많은 운동들이 사라질까. 제가 헨리와 얘기를 했을 때 그는 누가 자신의 행보를 이어가며 자기가 싸웠던 대로 계속 투쟁할지 하는 문제를 전혀 신경 쓰지 않았죠.[1]

논평의 주인은 바너비 페더로, 《뉴욕타임스 매거진》에 헨리의 단평을 썼던 기자다. 하지만 헨리는 개인들을 훈련시켜 자기가 하던 활동을 지속시킬 생각이 없었다. 수많은 대담과 직접 썼던 기사에서 헨리는 변화를 일으키기 위해서 본인이 썼던 방법을 설명했다. 중요한 것은 그가 쓰는 방법이지, 방법을 쓰는 사람이 아니었다. 이에 밑에다 요점을 소개해보겠다. 동물을 위한 투쟁이든, 억압되고 착취 받는 존재를 위해서든 다른 사람들이 헨리가 했던 대로 투쟁을 계속할 수 있도록 하는 게 목적이다.[2]

> **1. 사람들이 오늘 무엇을 생각하며 내일은 어떻게 생각할지 이해하려고 노력하라. 무엇보다 현실감각을 꾸준히 유지하라.**

활동가들하고만 어울려 지내는 활동가들도 너무 많으며 모든 사람들이 자기들처럼 생각할 것이라고 상상하는 활동가들도 너무나 많다. 그들은 자신의 주장이 옳다고 생각하지만 보통 사람들이 어떻게 생각할지 감을 잡지 못한다. 그들은 변화가 필요하다고 너무나 강하게 확신하는 바람에 무엇이 현실이고 무엇이 환상인지 구별하지 못하게 되는 것이다. 헨리는 노동자당에서 이러한 모습을 보았다. 당원들은 맑스주의-트로츠키주의의 틀에 너무 익숙했던 나머지 혁명을 일으키려고 했던 현실세계와 접점을 상실해버렸다. 헨리가 말했던 대로였다. "언제나 허풍 탐지기를 들고 다녀야 했어요."

헨리는 기회가 있을 때마다 동물운동을 하지 않는 사람들과 얘기를 나누었다. 버스나 기차를 타면 옆자리에 앉은 사람과 대화를 하면서 현재 하고 있는 활동을 언급하고 그들의 반응을 살폈다. 그들은 어떤 반응을 보일까? 그들은 희생물의 위치에서 생각해볼 수 있을까? 그들은 분노할까? 그들이 특히 중점을 두는 사항은 무엇일까?

2. 주제가 여론에 약한지, 겪는 고통이 큰지, 변화의 전망이 있는지에 따라 운동의 목표를 정하라.

목표를 제대로 잡는 것이 중요하다. 헨리는 사람들의 상식에 어긋난다고 확신했을 때 효과적으로 운동을 할 수 있다고 생각했다. 예를 들어 상식적인 사람들이라면, 실험실이 보호소의 개와 고양이를 습득할 권리를 인정한 뉴욕 주 법령에 대해서 '이야, 정말 훌륭한 일입니다'라고 말할 가능성은 별로 없었다.

문제를 거론하기만 해도 반대편이 수세에 몰린다면 목표를 제대로 잡은 것이다. 예를 들어 자연사박물관 항의운동을 할 때 헨리는 사람들에게 다음과 같이 물었다. "절름발이 고양이의 성행동을 관찰하기 위해서 신중하게 고양이의 사지를 불구로 만드는 실험에 당신의 세금이 쓰이기를 원합니까?"

박물관은 곧장 굉장히 곤혹스러운 입장에 처할 수밖에 없었다. 화장품 검사 역시 괜찮은 목표였다. "토끼를 실명시킬 만큼 샴푸의 가치가 있을까요?"라고 묻기만 하면 레블론은 수세에 몰렸던 것이다.

목표를 정확히 잡으려면 현실감각을 유지하는 게 필수다. 사람들이 현재 무슨 생각을 하는지 잘 모른다면 사람들이 괜찮다고 생각하는 게 무엇이고 혐오하는 게 무엇인지 알 수가 없을 것이다.

두 번째 항목의 다른 측면도 중요하다. 즉 운동의 가치와 성공의 가능성 사이에서 균형을 잡아야 한다는 것. 헨리가 자연사박물관이 진행하는 고양이 실험을 첫 번째 목표로 잡았을 때 잘해봤자 연간 60여 마리 정도의 고양이밖에 살리지 못한다는 사실을 잘 알고 있었다. 다른 목표를 잡았을 때와 비교하면 미미한 숫자다. 하지만 변화의 가능성은 높았다. 실험 자체의 성격, 장소, 실험하는 기관의 취약성 때문이다. 1976년은 동물운동에게 지극히 중요한 해였다. 작더라도 승리를 거두었고, 동물운동을 지지하는 사람들이 변화의 가능성을 믿게 되었고, 동물운동 외부의 신뢰를 획득했기 때문이다. 헨리는 이 승리를 발판으로 목표를 잡을 때 전보다 고통의 총량에 신경을 썼다. 하지만 그렇다고 해서 이 사항만 고려해 넣은 것은 결코 아니었다. x와 y를 곱하는데 y가 0이면 x의 값이 얼마든 결과는 0일 것이다. 운동을 할 때도 똑같다. 고통의 총량과 변화의 가능성을 동시에 고려해서 목표를 잡아야 한다.

3. 이룰 수 있는 목표를 잡아라. 한걸음씩 의미 있는 변화를 일으켜라. 인식을 제고하는 것만으로는 부족하다.

헨리가 맨 처음 동물실험 반대운동에 관심을 기울였을 때 생체실험 반대운동은 목표로 삼은 게 생체실험 폐지밖에 없었으며 전략이라고는 '인식의 제고'밖에 없었다. 혐오스러운 생체실험 사진을 실어 설명한 출판물을 사람들에게 보낼 따름이었다. 이것은 혼잣말하는 전략일 뿐이었다. 변화의 불씨를 어떻게 찾을지는 고사하고 불씨가 어디에 있는지조차 전혀 알지 못했다. 생체실험 반대운동 진영이 무능력한 괴짜 패거리처럼 보인다는 사실을 알지 못하는 것 같았고 생체실험 문제를 어떻게 진행해야 매체의 관심을 받을지 알지 못했다. 시민권리운동을 경험한 헨리가 보기에 이렇게 하면 성공하지 못할 것 같았다.

> 예전에 했던 운동에서 배웠던 한 가지는 영원히 모 아니면 도로 끝나는 문제는 하나도 없다는 것이죠. 단번에 끝나는 문제는 없으며 상황은 천천히 진행된다는 얘기죠. 개인

과 단체를 비롯해 세상은 정적인 게 아니라 끊임없이 (한 번에 하나씩) 변한다고 생각할 필요가 있습니다. 점진적인 것이죠. 유기체의 발달과 비슷합니다. 예를 들어보죠. 흑인 부부가 식당에서 좌석을 요구한다고 해서 커다란 반향을 일으키지는 못합니다. 대부분 식당에서 뭐라도 살 돈조차 없을 테니까요. 하지만 이 행동은 반향을 일으켰고 첫 걸음을 내디딘 겁니다. 한 사람이 그렇게 첫 걸음을 내딛고, 사람들이 여러 곳에서 똑같은 행동을 하고, 수많은 식당에서 인종차별이 폐지되면 본보기가 만들어지고, 최소한의 저항을 일으킬 만한 한 가지 바탕이 마련되죠. 승산이 생긴 겁니다. 이 때문에 흑인 투쟁은 탄력을 받으며 다음 번 투쟁으로 나아가는 동력으로 바뀔 게 확실하죠. 모 아니면 도식 전략으로 승리한 운동은 하나도 없었다고 나는 생각합니다.[3]

생체실험의 완전 폐지보다 목표를 낮게 잡으면 타협의 행태라고 생각하는 활동가들도 있다. 완벽하게 승리할 가능성을 축소한다는 것이다. 하지만 헨리의 관점은 다르다. "나 역시 다른 사람들이 생각하는 것만큼 동물 사용의 폐지를 원하지만 오늘 가능한 활동을 한 다음 내일은 더 많은 활동을 하자고 말하죠."[4] 그랬기 때문에 헨리는 반수치사량을 근접치사량 같은 검사로 교체해도 기꺼운 태도로 지지했다. 반수치사량보다 훨씬 적기는 하지만 여전히 동물을 쓰는 방법을 말이다.

자체로 승산이 있을 뿐만 아니라 승리를 하면 파생효과가 있을 만한 목표를 찾아라. 이번에 승리하면 이것이 지금보다 중요한 목표를 달성하기 위한 징검다리가 되는지 자문하라. 레블론 반대운동이 한 가지 사례다. 이 운동을 통해서 대안 연구는 존중받게 되었고, 이 결과가 레블론 한 곳뿐만 아니라 화장품 업계 전반을 넘어서 확장됐기 때문이다. 변화를 일으킬 생각이라면 인식을 높이는 것은 반드시 필요하지만, 보통 헨리는 그것만을 노리고 활동하지 않았다. (육식 반대 광고는 예외다.) 성공할 만한 운동이라면 인식을 제고하기 마련이며, 성공할 만한 운동이라면 성취할 수 있는 목표를 내걸기 마련이다.

4. 신뢰할 수 있는 정보와 자료를 확보하라. 추측은 결코 하지 말라. 매체나 대중을 절대 속이지 말라. 신뢰를 유지하며 문제를 과장하거나 자극하지 말라.

헨리는 운동을 하기 전에 몇 달을 투자해 정보를 모았다. 정보자유법은 커다란 날개를 달아주었지만 다량의 정보는 다른 곳에 있었다. 즉 민간의 영역에 존재했던 것이다. 실험자들이 실험을 보고하는 과학지는 도서관에 가면 읽을 수 있었고,

쓸 만한 기업정보 역시 공문서일 가능성이 있었다. 헨리는 동물운동 단체들의 전단지, 목표로 잡은 기관이나 기업이 펴내는 인쇄물을 단순하게 인용할 마음이 없었다. 그는 언제나 정보의 원천을 파고들었다. 특히 목표로 삼은 곳들이 발행한 자료나 정부가 펴낸 인쇄물을 선호했다. 헨리가 프랭크 퍼듀 같은 사람들이 악행을 벌이고 있다며 매우 구체적으로 주장하는 광고를 들고 오면《뉴욕타임스》같은 신문은 지면에 실을 채비를 했다. 왜냐하면 헨리가 주장 하나하나를 면밀하게 검토해놓았기 때문이다.

단체들 가운데 충격을 키울 속셈으로 있는 그대로 싣지 않고 실험의 세부사항을 생략해 설명하는 곳도 있을 것이다. 예를 들면 실험 당시 동물을 마취했다는 사실을 알리지 않고 넘어가는 것이다. 하지만 이렇게 하면 결국 신뢰를 잃어버리고 만다. 동물운동 진영과 그를 반대하는 측 모두가 헨리를 단단히 믿었던 이유는 본인이 신뢰를 가장 중요한 자산으로 생각했기 때문이다. 헨리는 유혹이 있더라도 결코 단기성과를 위해서 신뢰를 저버리지 않았다.

5. 세상을 성자와 악인으로 구분하지 말라.

헨리는 과학자, 기업 대표, 입법자, 정부관리 등 누군가를 설득해 전과 다른 행동을 끌어내야 한다고 생각하면 상대편의 입장에 서서 생각해보려고 했다.

[다음과 같이 자문해볼 것] 그 사람이 나라면 어떤 수를 써야 내가 행동을 바꿀 마음을 먹게 될까요? 욕을 한 사발 안겨주며 비난하면 다음과 같이 생각을 바꿀까요? "아 그런가요? 그러면 어떻게 하면 생각을 바꿔서 저 사람들에게 행복을 안겨줄 수 있을까요?" 세상은 그렇게 돌아가지 않습니다.

반대쪽 사람을 헐뜯으면 울분이 풀릴지는 몰라도 사람들을 설득하지는 못한다. 비동물성 대안을 개발할 목적으로 피앤지 같은 기업을 위해서 작업하는 과학자들을 설득할 필요가 있었을 때 헨리는 그들이 육식하는 사람들과 같은 처지에 있다고 생각했다.

어떻게 하면 이 사람들의 행동이 가장 좋은 형태로 바뀔까요? 사람들은 깊게 생각하지 않고서 동물을 해했다고 말하는 것이죠. 기본적으로 사람들은 어릴 때부터 다음과 같이 주입식 교육을 받습니다. "개와 고양이를 잘 보살펴라, 그리고 고기를 먹어라." 나는 연구자들도 그렇게 교육과 학습을 받는다고 생각합니다. 그들을 재교육할 생각이라면 우리는 선하고 너희는 악하며 한방 먹이겠다고 말해서는 안 되죠.

레블론 항의운동을 하던 시절에 《랩 애니멀》의 수잔 파울러 편집장이 말한 대로였다.

헨리가 주도하는 운동은 다음과 같은 분위기가 없었죠. "자, 이런 게 레블론의 정체입니다. 레블론의 사람들 가운데 우리가 하는 일에 관심을 기울이는 사람은 단 한 사람도 없습니다. 그들 모두가 적입니다." 헨리는 회사의 정책과는 상관없이 "당신이 하는 말을 이해합니다"라고 말하는 사람을 찾으며 기다렸을 거예요.[5]

이러한 태도가 없었다면 로저 셸리가 헨리의 요구사항을 경청하려고 했을 때 레블론의 접근 방법을 변화시킬 기회는 쉽사리 사라졌을 것이다.

세상을 성자와 악인으로 구별하지 않는 것은 견실한 전술일 뿐만 아니라 헨리가 세상을 바라보는 방식이기도 했다. 그는 말한다. "사람은 바뀔 수 있죠. 나도 전에는 육식을 했지만 내가 식인종cannibal이라고 한 번도 생각하지 않았거든요."[6]

6. 문제를 풀기 위해서 대화를 해보고 협력을 모색하라. 문제와 해결책을 함께 개진하라. 최선의 방법은 현실적인 대안을 제시하는 것이다.

헨리는 반대편을 악인으로 생각하지 않았기 때문에 동물의 고통을 줄이기 위해서 그들이 협력을 하든 하지 않든 선입견이 하나도 없었다. 그랬던 터라 헨리는 운동을 시작할 때 자연사박물관, 국제사면위원회, 레블론, 프랭크 퍼듀, 정육 기업 등 목표로 잡은 기관에게 정중하게 문제를 같이 논의해보자고 권유하는 편지를 보냈다. 헨리의 권유는 무시되는 경우도 있었고, 노련한 홍보 담당자가 실행할 의향은 전혀 없지만 응대만 정중하게 하는 경우도 있었고, 항의운동을 전혀 하지 않고도 곧장 변화를 끌어내는 경우도 있었다. 하지만 대중적 항의운동을 하기 전에 같이 문제를 의논해보자고 제안했다는 것은 헨리가 단순히 재미로 시끌벅적한 운동을 하는 것도 아니고, 단체의 기금 마련 수단으로 생각한 것도 아니란 뜻이었다.

헨리는 목표로 잡은 사람이나 기관들이 어떻게 해야 본연의 목적을 이루는 동시에 현재 동물이 겪는 고통을 없애거나 실질적으로 축소할 수 있을지 고심했다. 창의적인 해결법의 고전적인 사례는 헨리가 드레이즈 검사 항의운동을 할 때 나왔다. 레블론과 기타 화장품 제조사들에게 드레이즈 안구

검사의 대안을 찾는 연구기금을 조성하라고 제안했던 것이다. 헨리는 처음부터 공개적인 항의운동을 하지 않았다. 1년 넘는 시간 동안 협력을 모색했지, 대결을 지향한 게 아니었다. 결국 항의운동이 공개적인 형태로 돌입한 이후에야 레블론은 여타 화장품 회사들과 함께 헨리의 제안을 수용했으며, 그들이 거두는 수입에 비해서 상대적으로 매우 적은 비용만 들여도 드레이즈 검사보다 값도 싸고 정확성도 높은 제품의 안전성 검사 방법을 개발할 수 있다는 사실을 깨달았다.

현실적인 해결책을 제안한다는 것은 긍정적인 형태로 항의운동을 전개할 수 있다는 뜻이다. 단순하게 부정적인 운동만 한다는 게 아닌 것이다. 예를 들어 드레이즈 검사를 설명하는 인쇄물과 대담에서 헨리는 신제품 안전성을 검사할 때 시험관 검사법을 이용하면 다른 방법보다 신속하고 값도 싸고 신뢰도 높고 품위도 있을 것이라고 언제나 강조했다.

열심히 찾다보면 긍정적으로 생각하는 상대편을 발견할 가능성은 언제나 존재한다. 비록 상대편 전부가 호응하지 않을지 몰라도 말이다. 헨리는 고양이 실험을 하는 레스터 애론슨의 구미가 당길 만한 제안을 할 수가 없었다. 그는 수십 년 동안 동물의 신체를 훼손했으며 은퇴가 다가올 무렵이라 다른 일을 찾기도 힘들었다. 하지만 애론슨은 자연사박물관과 국립보건원의 지원이 없으면 실험을 계속할 수 없었다. 박물관과 보건원과 애론슨의 이해관계는 일치하지 않았다. 헨리는 상대편의 자중지란을 꾀했다. 무의미하게 실험용 동물을 학대하면 감수성이 예민한 젊은 사람들이 과학을 외면하는 사태가 벌어질 것이라고 주장했던 것이다. 애론슨의 실험실을 폐쇄하면 박물관의 연구기금을 무엇인가 창조적이고 존중받는 인생을 위해서 사용하는 기회가 생길지 몰랐다. 즉 사람들이 생물학을 업으로 선택할 가능성이 있었던 것이다. 따라서 중요한 것은 실험실을 폐쇄하는 게 그들에게도 좋다고 박물관과 보건원을 설득하는 것이었다. 그렇게 하려면 헨리는 그들을 곤란하게 하는 문제를 만들 수밖에 없었다. 이 결과 박물관은 오명을 뒤집어썼으며 공개적인 기금모금까지 위협받았다. 보건원도 전체 예산을 관장하는 하원의 압박을 받았다. 이처럼 암운이 드리우기 시작하자 박물관 측에서는 예전에 거절했던 제안들(실험실 폐쇄와 다른 연구 지원)이 훨씬 매력적으로 보이기 시작했다.

긍정적인 성과가 나타나자 고양이 실험을 반대하나 드레이즈 검사를 반대하나, 정도의 문제이지 종류의 문제가 아니게 되었다. 막힌 변기를 뚫으려면 첫째 얼마나 안 좋게 막혔는지, 둘째 얼마만큼의 압력이 필요한지가 중요하다. 기관이나 기업이 대안을 채택하는 것도 동일하다. 첫째 대안을 얼마나 안 좋게 생각하는지, 둘째 굴복시키려면 얼마만큼의 압력이 필요한지에 달렸다. 대안이 현실적일수록 필요한 압력도 줄어든다.

7. 목표가 여전히 반응을 보이지 않으면, 대결을 불사하라. 합의한 대화 통로가 작동하지 않으면, 반대편을 수세로 몰기 위해서 대중의 인식 높이기 운동을 마련하라.

6번이 막힌 변기를 뚫는 방법을 논의한다면, 7번은 변기가 여전히 막힌 상태라면 어떻게 압력을 높일지 하는 문제를 다룬다. 인식 높이기 운동은 다양한 형태로 할 수 있다. 자연사박물관 항의운동을 할 때는 첫째 지역신문에 기사를 실었고, 둘째 대중 집회를 계속했으며, 셋째 전국의 매체와 《사이언스》 같은 전문잡지로 확대되는 순서로 진행했다. 레블론 항의운동은 《뉴욕타임스》에 전면광고를 게재하면서 사람들이 알게 됐다(신문 자체가 유명한 덕분에 광고 효과는 더욱 좋았다). 레블론 본사 밖에서 하는 시위도 계속했다. 퍼듀와 안면낙인 항의운동을 할 때는 광고와 매체를 전보다 훨씬 많이 활용했다. 광고는 돈이 든다. 이와 관련해서는 8번을 참고하라.

8. 관료주의를 피하라.

회의만 죽도록 하느라 시간과 에너지만 소모하며 실망을 거듭한 사람들이라면 헨리가 이렇게 저렇게 얽히고설킨 조직에 시간을 쓰지 않고 일을 곧장 처리하는 방식을 무엇 때문에 원했는지 이해하리라. 게다가 관료주의적인 구조는 성과를 얻을 생각은 않고서 조직 자체를 키우느라 에너지를 투입할 때가 빈번하기 때문에 더욱 안 좋다. 단체가 커지면 직원과 사무실이 필요해진다. 이렇게 되면 동물을 위해서 (혹은 부랑아를 위해서, 혹은 열대우림을 위해서, 혹은 기타 등을 위해서) 활동하려고 하는 사람도 조직의 운영 경비를 마련하기 위해서 대다수의 시간을 투입하기 마련이다. 이러한 분위기에서 단체 활동가들은 사람들과 어울려 지내고, 좋은 평가를 받고, 일이 틀어지지 않게 하려고 열을 올린다. 책임 있는 자리로 진급하거나 쾌적한 공간으로 가고 싶은 마음 때문이다.

　헨리는 본질적으로 혼자서 활동하는 방식을 했기 때문에 이 같은 걸림돌을 피할 수 있었다. 모든 사람에게 맞는 방식은 아니지만 적어도 헨리에게는 맞았다. 국제동물권리는 회원이 한 명도 없다. 조언하는 사람들이 많을 뿐이며 이사진이라고 해봐야 별 불만 없이 헨리를 지원해주는 친한 친구들밖에 없다. 헨리는 많은 돈이 필요 없었지만 얼마 정도의 돈은 필요했다. 운이 따랐는지 헨리는 정기적으로 지원하는 후원자 두 명을 만났다. 그들은 자신이 기부한 돈으로 세상을 바꾸는 모습을 보고 싶어 했던 사람들이었다.

힘이 좀 필요하면 헨리는 연합을 꾸렸다. 메트컬프-해치 법 폐지운동을 할 때와 드레이즈 검사와 반수치사량 반대운동을 할 때도 그랬으며, 주도적으로 맥도날드를 설득하면서 가축복지 개선투쟁을 할 때도 그랬다. 헨리가 초기에 자연사박물관 항의운동을 성공으로 이끈 탓에 다른 단체들은 적극적으로 연합에 참가했다. 연합이 절정에 올랐을 때는 수백여 단체에 수백만 명의 회원이 참가했을 정도였다. 단체들은 어떤 형태로든 원하는 방식으로 기꺼이 참가했다. 소속 회원들을 시위나 행진에 보내는 단체도 있었지만 그렇게 하지 않은 단체도 있었다. 전면광고 비용을 대는 단체도 있었지만 회원 수가 100만 명에 이르지만 한 푼도 쓰지 않고서 회원들에게 신문에 편지를 쓰라고 독려하는 단체도 있었다. 어떤 단체도 이러쿵저러쿵 명령을 내리지 못했다. 헨리는 많은 사람들과 협의했지만 최종 결정은 자신이 내렸다. 이 결과 시간을 허비하지 않았고 표결하고 회의하는 과정에서 조직이 분열하는 모습도 곧잘 피해갔다. 의견의 차이가 심각하면 연합에서 탈퇴하는 것도 한 가지 방법이었다. 하지만 연합이 성과를 올리면 승리를 공유하고 싶었기 때문에 단체들은 의견의 차이를 감수했다.

9. 법률 제정이나 소송으로 문제를 풀 수 있다고 가정하지 말라.

헨리는 정부기관에 압력을 넣고 사람들에게 널리 알리기 위해서 국회의원을 활용했다. 하지만 헨리가 법령을 통해서 목적을 성취한 사례는 메트컬프-해치 법 폐지운동 하나밖에 없었다. 이때는 운동의 목표가 악법이었기 때문에 달리 선택의 여지가 없었다. 그렇지 않았다면 헨리는 할 수 있는 한 관례적인 입법 과정에 개입하지 않았을 것이며 주의회와 거리를 두었을 것이다. "의회 법안도 법적인 계책도 자체로는 결코 동물을 구하지 못하죠." 물론 사안이 달라지면 법률이 중요한 영향을 끼치는 경우도 분명히 있을 것이다. 하지만 헨리는 전반적으로 법률이 현 상태를 유지한다고 보았다. 법률은 바뀌긴 하겠지만 혼란을 최소화하는 경우로만 한정된다. 정치적 절차에 깊숙이 관여하면 헨리가 '정치적인 말만 일삼는 행태political gabbery'라고 했던 상황에 빠지게 된다는 것이다. 말만 많았지 아무것도 안 되는 것이다. 정치적 압력이나 법적인 책략이 행동을 대체하게 되기 때문이다.

10. "효과가 있는가?" 자문하라.

앞서 지적한 사항은 전부 마지막 사항으로 귀결된다. 운동을 계획하기 전에도, 운동을 계속하는 경우에도 과연 효과가 있을지 자문해보라. 현실적으로 생각했을 때 계획한 대로 목적을 이루지 못한다고 판단되면 계획을 바꿔야 한다. 사람들이 무슨 생각을 하는지 꾸준히 타진하고, 목표를 선별하고, 이룰 수 있는 목적을 정하고, 정확한 정보를 입수하고, 신뢰를 유지하고, 대안이 될 만한 해결책을 제시하고, 반대편과 논의할 준비를 하고, 말이 안 통하면 대결을 하는 것 등 모든 게 하나로 집약된다. 변화를 일으키는 실질적인 수단이 존재하는 운동을 창조하는 것이다. 가장 중요한 질문은 언제나 그렇다. 효과가 있는가?

의미 있는 삶

인생이란 본질적으로 의미가 없다고 말하는 것은 태도를 표현하는 것이지, 사실을 말하는 게 아니다. 그렇기 때문에 (한 사람이 세상을 변화시키지는 못한다는 가정과 달리) 헨리의 인생을 사례로 제시하면서 인생이란 의미가 있는 것이라며 간단하게 반박할 수 있는 것은 아니다. 하지만 임종이 가까웠을 때 일생 동안 가치 있고 재미있는 활동을 했다고 생각하며 만족스럽게 뒤돌아볼 수 있다면 의미 있게 인생을 살아가는 방식을 충분히 찾았다고 볼 수 있을 것이다. 헨리의 경험이 바로 그렇다.

 이 책을 어떻게 쓰게 됐는지 밝히는 게 헨리가 어떻게 해서 인생은 의미가 있다고 생각하게 됐는지 가장 훌륭하게 설명하는 길일 것이다. 헨리에게 그에 관한 책을 써야겠다고 처음으로 말한 게 언제인지 정확하게 기억하지 못하지만 오랫동안 머릿속을 맴돌았던 것은 확실하다. 1992년 햇볕이 쨍쨍한 10월의 어느 날이었다. 우리는 센트럴파크 방향으로 산책을 하다가 도심과 외곽의 중간지대가 보이는 잔디를 찾아내 그곳 풀밭에 편안한 자세로 누웠다. 나는 녹음기를 꺼내들고서 한두 시간 정도 헨리에게 인생에 대해서 질문했다. 나는 테이프를 그에게 맡겼고, 본인이 직접 녹취를 풀겠다고 말했다. 이후 나는 멜버른으로 돌아왔는데 오자마자 다른 일 때문에 정신을 차리지 못했다. 헨리의 상황도 비슷했기 때문에 오랫동안 녹취록을 받지 못했다. 다른 일을 하느라 바빴지만 헨리 본인도 약속한 전기를 쓰라고 독촉하지 않았고 우선순위에 올려두지 않았던 터라 나로서는 구제를 받았던 셈이다.

 1994년 마침내 녹취록이 도착했지만 나는 여전히 다른 일 때문에 매우 바빴다. 1995년, 호주 녹색당Australian Greens은 다음 해 예정된 상원의원 선거에 나를 빅토리아 주의 상원의원 후보로 지명했다. 1994년 내가 헨리와 만났을 때 그는 본인의 도덕성morality을 고민했던 게 틀림없었다(당시 그는 67세였다). 내게 여전히 책을 쓸 생각이 있는지 물었으며, 만약 그렇다면 유언장을 어떻게 쓸지 지침을 줬으면 좋겠다고 부탁했기 때문이다. 아파트 방마다 바닥부터 천장까지 한가득 쌓인 서류를 처리하는 문제가 있었던 것이다. 나는 원칙적으로 여전히 관심이 있지만 상원의원에 당선된다면 6년 동안은 작업하지 못할 것 같다고 말했다. 당선되지 않는다면 당장은 아니겠지만 작업을 할 만한 시간을 확보할 수 있을 것이라고 말했다.

1996년 선거에서 나는 낙선했다. 확실히 실망스러운 결과였지만 긍정적인 측면이 있다고 스스로 다짐했고, 유럽에서 5월에 있을 발표와 6월 말로 예정된 동물행진March for the Animals 행사를 중심으로 해외여행 계획을 짰다. 4월 21일, 나는 헨리에게 다음과 같은 내용의 팩스를 보냈다. 낙선했기 때문에 "나머지 인생을 어떻게 할지 생각해보기 시작했습니다. 당신의 책을 쓰는 것도 한 가지 가능성이죠. 내년이나 내후년 정도 되지 않을까 생각해요". 워싱턴 행사에 참여하기 전 6월 며칠 동안이라도 헨리의 곁에 머물며 얘기를 나눌 여유가 있지 않을까 생각했다.

그날 저녁 나는 자동응답기에서 메시지 하나를 받았다. 의심의 여지없는 헨리의 목소리였고, 대화를 하고 싶으니 빨리 전화를 달라는 내용이었다. 그런데 목소리를 들어보니 심각한 문제가 있는 것 같았다. 내가 전화를 할 생각으로 전화기에 손을 대려는 찰나에 전화기가 울렸다.

"피터?"

"헨리 어떻게 지내요?"

"지독해요, 정말로."

"왜죠? 문제가 뭔가요?"

"식도 선암종 3기랍니다."

"그게 무슨 말이죠? 쉬운 말로 해요."

"이렇게 말하는 게 좋겠네요. 사람들이 암을 선택할 수 있다고 해도, 내가 걸린 암은 아무도 고르지 못할 거예요."(선암종은 선조직에서 발병하는 암으로 발병률이 매주 낮다—옮긴이)

이후 대화를 하면서 나는 엉뚱한 반응을 몇 번 보였던 것 같다. 헨리는 내가 책을 쓰면 좋겠지만 6월 말까지 자기가 살아 있을지 확신하지 못하겠다고 말했다.

6일 후 나는 뉴욕으로 갔다. 5일 동안 나는 헨리의 아파트 소파에서 잤으며 깨어 있는 동안에는 늘 함께 있었다. 헨리는 체중이 많이 줄었고 전매특허 같았던 활력도 떨어진 상태였다. 헨리는 병에 걸린 얘기를 결코 하려 하지 않았지만 결국 몇 년 동안 식사를 마친 후 자주 토했다고 힘들게 털어놨다. 1995년 문제는 더욱 심각해졌다. 9월에 그는 바륨검사를 받았다. 식도 폐색증이 의심된다는 결과가 나왔다. 헨리는 본인의 건강을 전혀 신경 쓰지 않았고 한동안은 치료받는 것도 미루었다. 2월이 돼서야 헨리는 더 이상 미룰 수 없다고 수긍했다. 3월 4일 뉴욕 대학 병원에 입원해 수술을 받았다. 수술 결과 식도에서 종양이 발견됐다. 외과의사는 식도의 상당 부분을 잘라내 위와 접합시켰다. 헨리는 퇴원할 수 있을 때까지 열흘 동안 병원에 입원했다. 이 원고를 쓰는 지금, 수술을 받은 후 6주가 지났지만 여전히 쇠약한 상태로 음식을 먹기 힘들어했다. 회복할 전망은 더더욱 없었다. 암은 인체조직 곳곳으로 침투했다. 병리보고서에 따르면 암은 림프절을 타고 전이됐다고 한다. 그의 삶은 몇 달 남지 않았다. 의사는 방사선 치료와 화학요법을 권했지만 그렇게 해도 좋은 결과가 있을지 장담하지 못했다. 헨리는 관련 문헌을 스스로 검토한 후 자기가 걸린 암의 경우 방사선 치료나 화학요법을 쓴다고 해도 삶이 연장된다는 증거를 찾아내지 못했다. 이 때문에 헨리는 기분이 나빴을 것이다. 그는 의사의 권고를 거절했다. 살면서 헨리가 유일하게 거부한 권고는 아니었다. 친구들과 지인들은 헨리에게 특별식을 먹거나 노폐물을 제거하는 등 민간요법을 해보라고 권했다. 헨리는 하나도 하지 않았다. 대신 그는 충분하다 싶었을 때 죽음을 도와줄 의사를 찾기 시작했다. 이러한 상황에서 책 작업을 했던 것이다.

뉴욕에 머무는 동안 나와 헨리는 이 책을 만들기 위해

서 열심히 작업했다. 멜버른으로 떠나기 전에 헨리가 오래 살지 못할 것이라면 대화를 비디오로 촬영하는 게 좋겠다는 생각이 떠올랐다. 테이프로 무엇을 할 수 있을지 딱히 구체적인 생각이 있었던 것은 아니지만 후손들을 위해서 되도록 내가 아는 헨리의 모습을 많이 담아두고 싶었다. 그가 했던 말뿐만 아니라 그가 말하는 방식까지 기록해두고 싶었다. 내 제안에 따라 헨리는 독립영화 감독인 줄리 아케렛에게 전화를 걸었다. 일찍이 나를 주제로 한 단편영화 〈동물의 옹호In Defence of Animals〉를 제작한 사람이었다. 줄리는 촬영기사를 대동하고 왔으며 헨리의 몸 상태가 썩 좋지는 않았지만 몇 시간 동안 진행된 대담을 기록했다(이를 통해 이 책의 윤곽을 잡았고 수많은 인용을 사용하며 이 책을 쓸 수 있었다).[7]

헨리는 자신의 인생에서 중요한 사람들의 연락처를 내게 주었다. 나는 헨리의 아파트에서 몇 사람을 선택해 전화를 했다. 한 시간 거리인 롱아일랜드에 살고 있던 여동생 르네를 비롯해 많은 사람들은 한동안 헨리와 만나지 못했던 탓에 그가 아픈지도 몰랐다. 헨리는 감추려고 하지는 않았지만 전화를 걸어서 "어이, 내가 암에 걸렸다네, 그래서 한두 달밖에 못 살 거라는군" 하고 말할 생각은 없었다.

이 시기 가장 주목할 만한 점은 헨리가 전혀 우울한 기색을 보이지 않았다는 것이다. 그는 행복한 인생을 살았으며 원하는 일을 아주 많이 즐겁게 했다고 말했다. 무엇 때문에 그가 우울해해야 하는가? 헨리가 암 때문에 정말로 걱정했던 사항은 생명을 간신히 연명한 채 천천히 죽는 것이었다. 그래서 그는 죽을 때 도와줄 의사를 찾았다. 늦게 죽는 것보다는 빨리 죽는 게 좋았고, 병원보다는 집에서 죽음을 맞고 싶어 했다. 입원하면 본인이 삶을 통제하지 못할까봐 두려워했다. 내가 곁에 머물고 있을 때 헨리는 병원에 갔다가 알약 한 통을 들고서 귀가했다. 공식적으로는 고통완화제였다. 우리는 함께 헨리가 보유한 약전을 찾아보며 무슨 약인지 알아봤다. 약통에는 대략 치사량의 네 배가 넘는 양이 들어 있었다. 헨리는 안도하는 기색이 역력했다. 하지만 헨리는 이제 곧 죽을 것이라고 생각했는지 기분이 매우 언짢아 보였다.

헨리는 의사가 예상한 시간에 죽지 않았다. 6월 내가 동물행진 행사에 참여하기 위해서 유럽에서 뉴욕으로 돌아왔을 때 헨리는 4월 말보다 몸 상태가 확실히 좋아 보였다. 그는 베르타 그린 랭스턴, 돌로레스 맥컬러프, 로제 셸리, 마이런 멜먼, 수잔 파울러, 엘리노어 몰베젓, 마크 그래엄 등 여러 사람들과 인터뷰 계획을 마련해놓았다. 심지어 그는 워싱턴에 가서 연사로 참여하기까지 했다. 물론 언제나 그랬듯 구체적인 목적이 결여된 활동을 열심히 해봤자 무슨 소용이 있을지 조금은 탐탁지 않게 생각하긴 했지만 말이다. 1998년 3월 이 책이 출판되기 시작했을 때도 헨리는 여전히 건강했고 맥도날드, KFC, 버거킹의 패스트푸드 체인점을 목표로 삼아 열심히 가축 문제와 관련된 활동을 했다. 그는 보람본부의 발전을 지켜보기도 했다. 나는 헨리가 조금만 있으면 동물운동에서 커다란 성과가 있을 것이라고 강력하게 믿었기 때문에 암이 그에게 부여한 수명보다 오래 살았던 것이라고 생각하지 않을 수 없었다.

죽음을 받아들이고 자신이 걸었던 행로를 만족스럽게 생각할 수 있다면 행복하게 살았다는 한 가지 증거일 것이다. 헨리의 인생을 살펴보면 없는 게 참 많았다. 보통 사람이라면 잘살기 위해서 당연히 있어야 한다고 생각하는 것들이 없었다. 그는 결혼한 적이 없고 오랫동안 동거한 경험도 없었다. 자식도 없었다. 아버지와 동생 한 명은 자살했으며 어머니는 사는 내내 정신병에 시달렸다. 직계 가족은 르네밖에 없었지만 그녀와도 가깝게 지내지 않았다. 그가 사는 정부임대 아파트는 널찍하고 입지가 좋았지만 검소하게 꾸며진 곳이었다. 그는 영화도 음악도 연극도 보러 가지 않았고 괜찮은 식당조차 가지 않았다. 그는 20여 년 동안 쉰 적이 없었다. 그렇지만 68세가 됐을 때 그는 갑자기 죽는다고 해도 후회 없이 살았다고 생각할 수 있었다.

1992년 대화를 하던 중 나는 헨리가 만족스럽게 생각하는 이유를 찾아보려고 시도했다.

> 피터: 지난 30여 년 동안 보낸 삶을 돌아보면 어떤가요? 어떤 인생을 살았나요?
>
> 헨리: 음, 한 가지라고 생각합니다. 정말 즐겁게 살았다는 거죠. 원했던 일을 선택했다고 생각해요. 되돌아보면, 노력해서 해볼 만한 가치가 있었다고 생각해요. 그리고 할 수 있는 한 최선을 다해서 추진했다고 생각해요.
>
> 피터: 많은 시간과 노력을 바쳤기 때문에 정작 본인을 챙기지 못했다고 말하는 사람도 있을 것 같은데요?
>
> 헨리: 타인을 위해서 나를 희생했다고 한 번도 생각하지 않았어요. 정말 원하는 일을, 가장 원하는 일을 했다고 생각할 뿐이죠. 나는 일하고 있을 때 가장 살아 있는 것 같아요.
>
> 피터: 성격 때문에 그렇게 생각하는 건가요? 즐기면서 사는 비결이 있나요?
>
> 헨리: 이유는 딱히 모르겠어요. 하지만 일이 즐겁다고 생각한다면, 어제 끝내지 못한 일을 끝내고 싶어서 아침에 일찍 일어난다면, 훨씬 즐거운 인생일 것이라고 생각해요. 타인을 위해서 일하고, 의무감 때문에 일하고, 그렇게 하는 게 옳기 때문에 일하는 것과는 반대죠.
>
> 피터: 재미로 프랭크 퍼듀 같은 사람들을 궁지에 몰았다고

한다면요?

헨리: 재미 삼아 사람들을 괴롭힌 적은 한 번도 없었다고 생각해요. 대화를 하려고 했다고 봐요. 정말로 행복한 일은 운동을 기획하고 추진하는 거죠. 사람들은 운동을 가장 빠른 방식으로 진척시키고 싶어 하죠. 협력과 공조가 바로 그런 방법입니다. 그렇게 하려면 어떻게든 상대편의 입장에 서보고, 최선을 다하는 것밖에 없어요.

피터: 정말로 상대편의 입장에서 봤다고 말할 수 있나요?

헨리: 네, 그렇게 하면 일이 풀리기 시작하죠. 하지만 그것은 기본적으로 첫 단추일 뿐이죠. 하지만 진짜 행복한 일은 운동을 기획하고서 그것이 어떻게 진행되는지 지켜보는 것이죠.

언젠가 헨리는 다른 자리에서 내게 말했다. 누군가를 퇴물처럼 만든다고 해서 진정한 만족이 오는 것은 아니다. 모든 조각을 퍼즐처럼 맞출 때처럼 고도의 창의성을 발휘하는 게 진정한 만족이다. "마치 번개가 치는 것" 같은 감각이라고.

현재 하고 있는 운동이 얼마나 중요한 것이든 즐겁게 활동해야 한다는 게 헨리가 오랫동안 견지한 생각이었다. 헨리는 어렸을 적 급진적인 사상들의 저서를 읽었는데 이 가운데 엠마 골드만이란 미국의 무정부주의자의 책도 있었다. 골드만은 춤을 좋아했지만 청교도 같은 그녀의 무정부주의자 친구들은 쓸데없는 오락이라고 생각했다. 그들은 혁명가들에게 어울리는 행동은 아니라고 그녀에게 말했다. 하지만 그녀는 이렇게 응수했다. "내가 춤을 출 수 없다면, 그것은 내가 원하는 혁명이 아니다." 언제나 헨리의 심금을 울렸던 구절이었다.

> [골드만이 말하는] 요점은 즐겁게 활동을 하면 효과도 틀림없이 좋을 것이라는 겁니다. 사람들이 반드시 해야 한다고 생각하고 어떤 행동을 하는 이유는 의무감을 느끼기 때문이 아니라 자기 삶에 관련된 것이라고 생각하기 때문이죠. 그렇게 활동을 한다면 기분이 좋다고 느낄 겁니다. (……) 나는 세상을 바꾸는 활동을 하고 있을 때 기분이 제일 좋습니다. 죽을 때가 되면 과거를 뒤돌아보면서 이렇게 말하고 싶어요. "나는 이런 활동을 하면서 타인을 위해 더 좋은 세상을 만들었습니다." 하지만 의무감 때문이 아니라 내가 좋아서 한 일이죠. (……) 일을 잘하고 있을 때 기분이 가장 좋습니다.

보통은 돈을 많이 벌어서 삶의 질을 높이는 등 본인을 위해서 살아야 한다고 생각하지만 헨리는 그렇게 생각하지 않았다. "선원으로 일할 때 돈을 상당히 많이 벌었지만 어디다 써야 하는지 몰랐습니다. 몇 군데 괜찮은 곳에 머물러 지냈고…… 흥미로운 경험을 했지만, 그런 생활양식을 원하지 않았죠. 고양감을 주지 못했거든요."

물론 헨리가 일을 할 때 행복한 느낌을 받았기 때문에 이러한 삶을 선택했다고 강조한 것은 맞다. 어떤 의무감 때문에 올바른 일을 해야 한다고 생각하기 때문이 아니라는 것이다. 하지만 무엇인가 가치 있는 일을 해야 한다고 강하게 자극받았던 것 역시 의심의 여지가 없는 사실이다.

> 기본적으로 인생은 상품을 소비하고 쓰레기를 양산하는 것 이상의 의미가 있다고 사람들은 믿고 싶어 한다고 봅니다. 사람들은 자신의 인생을 돌아보면서 타인을 위해서 더 좋은 세상을 만들려고 최선을 다했다고 말하고 싶어 하죠. 그렇다면 다음과 같은 관점에서 말할 수 있을 겁니다. 고통과 괴로움을 줄이기 위해서 할 수 있는 일을 다하는 것보다 중요한 동기부여가 이 세상에 존재할 수 있을까요?

다른 사람들도 똑같은 자극을 받을지 모르나 일생 동안 마음에 새기는 사람은 드물다. 1995년 어느 잡지와 대담을 할 때 헨리는 씨름하는 문제의 무게 때문에 지친 적은 없었는지 질문을 받았다.

길게 보는 게 중요합니다. 지난 20년 동안 뒤돌아보면 상황은 조금씩 호전됐죠. 계획대로 진행되지 않아서 실망스러울 때는 그림을 크게 그리면서 장애물을 옆으로 치우죠. 세상을 바꾸는 것보다 삶을 활기차게 하는 일은 존재하지 않습니다.[8]

1996년 4월 내가 헨리의 아파트에 머물고 있을 때는 둘 다 그가 곧 죽을 것이라고 생각하던 때였다. 나는 그때 살면서 그가 이룬 게 무엇인지 요약해달라고 부탁했다. 그는 이렇게 말했다.

나는 몇 가지 생각을 밀어붙였습니다. 행동주의activism는 결과를 지향해야 하며, 승리할 수 있으며, 시청과도 싸울 수 있으며, 자기가 차별받는 게 싫다면 타인이 차별받는 모습을 보는 것도 싫어해야 하며, 세상에 영향을 미칠 수 있다는 것이죠. (……) 《뉴욕타임스》의 기자 한 명이 묘비명을 어떻게 쓰면 좋을지 내게 물었을 때, 이렇게 말했어요. "천리 길도 한길음부터." 나는 조금씩 천천히 진척시키려고 노력했습니다.[9]

지금까지 이루었던 성과에 만족하는지 그에게 물었다.

다르게 했을 만한 일들도 있을지 모르지만 전체적으로 봤을 때 온 힘을 다해서 활동을 했어요. (……) 내 삶을 뒤돌아보면 만족스럽습니다. 하고 싶은 일을 많이 했고, 굉장히 즐거웠어요. 만약 다시 한다고 해도 전과 거의 똑같이 했을 겁니다.

옮긴이의 말

한국에서 동물인식은 아직 일천한 상황이다. 동물에 관련된 쟁점이라고 하면, 주기적으로 제기되는 개고기 논쟁과 간간히 발생하는 동물 학대 사건 정도다. 그래서 그런지 동물운동 역시 잔인한 행태를 고발하며 사람들의 인식을 제고하는 형태를 보인다. 미국과 견준다면, 여전히 구태의연한 생체실험 반대 단계에 머물러 있다고 할까. 물론, '반려동물'이 '애완동물'을 조금씩 대체하면서, 사람들의 인식도 조금씩 달라진 것도 사실이다. 하지만 이 역시 동물에 관심이 있는 사람들만 아는 사항일 뿐 보통 사람들은 생소하게 생각할 공산이 크다. 게다가 얼마간 개념적 '오용'의 문제도 존재한다. 본래 '반려자'는 사람만 뜻하기 때문이다. 아마 동물의 지위를 전략적으로 높이려는 속셈일 테지만 아직까지 효과가 뚜렷하게 나타났다고 보기는 어렵다. 여전히 요원한 상황인 것이다.

한국의 이러한 상황에서 헨리 스피라의 소개는 딱 알맞은 때인 것 같다. 싱어가 지적하는 것처럼, 동물운동은 스피라를 기점으로 구파와 신파로 갈라진다. 여러 가지 면에서 헨리는 혁신의 기수로서 적격이었다. 첫째 고양이를 입양함으로써 개인적인 동기도 분명했고, 둘째 싱어를 통해서 명확한 이론적인 근거도 확보했고, 셋째 시민권운동을 두루 경험하며 실무도 익혔으며, 넷째 약자를 편드는 동시에 철두철미하게 현실적인 태도까지 견지했기 때문이다. 게다가 헨리는 생각하면 바로 실천에 옮기는 인물이었다. 집에서 독립을 할 때도, 시민권운동을 할 때도, 서슴없이 행동에 나섰다. 동물권리운동도 마찬가지였다. 싱어의 수업을 듣고 나서 곧장 모임을 조직해 실질적인 활동을 계획했다. 여기서 무엇보다 중요한 것은 (싱어의 이론에 따라) 권리의 문제로 격상시킨 점이다. 본문에 나오는 대로 노처녀들의 동정을 구매하는 동물복지 문제로 생각하지 않았다. 전술적인 면에서도 혁신적이었다. 우선, 기존의 생체실험 반대운동의 '실패'를 명확히 적시했다. 구호와 고발만 난무하는 전술은 필요조건일지는 몰라도 충분조건은 아니었다. 게다가 기존의 대형 단체들은 염불보다 잿밥에 관심이 있는 것 같았다. 실제적인 활동은커녕 단체의 예산만 불리는 행태만 일삼았던 것이다. 헨리는 그 같은 행태를 꼴 보기 싫어했다. 당장 동물이 불필요하게 죽어가고 있는데, 효과도 없고 책임도 없는 행동만 한다고 생각했다. 그렇다. 헨리는 언제나 실제 효과가 있어야 하며, 상식에 준해서 판단해야 한다고 보았다. 이러한 준칙에 따랐기 때문에 헨리는 미국 동물운동의 '괴짜들의 천국' 이미지를 씻어낼 수 있었다.

그러면 싱어가 헨리의 전기를 쓰기로 마음먹은 이유는 무엇일까. 표면적인 목표는 두 가지 생각을 반박하는 것이다. 첫째 개인은 세상을 바꿀 수 없으며, 둘째 인생은 의미가 없다는 것. 싱어가 보기에 이 두 가지 생각은 '공리'처럼 확고하다. 자, 현재 세상이 어떤 원리와 믿음으로 돌아가는지 생각해보자. 신문과 방송은 언제나 경제 불황을 들먹이며 생존경쟁을 강조하고, 서가의 베스트셀러 목록은 언제나 자기계발서가 차지하고 있다. 불확실한 시대에서 사람들이 안전한 버팀목을 찾는 것은 당연한 일이며 돈만큼 확실한 수단은 없을 것이다. 마치 되지도 않을 세상과의 불화는 집어치우고, 혼자 살아남을 궁리나 하라고 속삭이는 것만 같다. 물론 싱어의 말대로 헨리의 일생이 이 같은 공리를 '반박'했다고 보기는 어렵다. 하지만 반례로 기능하며 다른 삶의 범례를 제시한 것만은 분명하다. 웃으며 삶을 뒤돌아보는 자세, 죽음을 목전에 두고도 후회하지 않을 여유, 헨리의 인생은 완벽한 '귀감'이다. 하지만 이러한 목적만 있는 것은 아니다. 앞서 지적한 것처럼 헨리의 후반부 인생은 새로운 동물권리운동의 요약판이라고 해도 무방하다. 새로운 동물운동의 이념과 방식과 목표가 어떤 식으로 형성됐고 운동했는지 한 인간을 통해서 보여준다.

따라서 이 책의 목적은 매우 복합적인 것처럼 보인다. 이러한 이유 때문인지 싱어는 책의 말미에 헨리의 '비전(秘傳)'을 요약한 활동가 지침을 첨부해두었다.

그러면 정작 헨리는 어떤 인간일까. 알수록 감탄이 저절로 나온다. 가족의 악조건을 극복하고, 헨리는 단기필마로 연방수사국과 대기업과 서슴없이 일전을 벌였다. 혼자서 삼성과 국정원과 싸운다고 생각해보라. 누가 감히 상상할 수 있을까. 그러나 헨리는 주저하지 않았고 끝까지 밀어붙였다. 그랬기 때문일까. 역자는 헨리의 일대기를 옮기며 마치 모험소설을 읽는 듯한 착각에 빠지곤 했다. 공무원의 불친절한 행동 하나를 바로잡는 것도 힘든데, 냉전시대의 옥상옥 연방수사국과 대결하는가 하면, 지연전술과 흑색선전을 능수능란하게 사용하는 대기업을 궁지로 몰아붙이기도 했던 것이다. 때로는 멈칫할 때도 있었지만, 언제나 용기를 잃지 않고서 꾸준히 활동을 밀어붙였다. 그리고 자연사박물관 투쟁, 메트컬프-해치 법 폐지, 레블론 항의운동 등 대부분 원하는 성과를 얻어냈다. 연방수사국의 비밀사찰요원이 지적했던 것처럼, 헨리는 다른 일을 했어도 분명히 성공했을 만큼 수완이 뛰어났다. 그렇다고 헨리가 명분을 포기한 것도 아니었다. 정확히 상식에 따라 목표를 정했기 때문에, 상대방을 꼼짝 못하게 옭아맸다. 이뿐만이 아니었다. 상대편의 처지를 십분 고려하여, 빠져나갈 통로를 항상 마련해놓았다. 체면을 확실하게 지켜줬던 것이다. 농무부에 '애프터서비스'를 해줬던 것을 생각해보라. 언제나 헨리는 명분과 실리를 노련하게 챙겼다.

어떻게 보면 헨리는 현대인의 새로운 전형 같은 모습도 보여준다. 싱어가 말한 대로 헨리는 많은 게 없으며, 특히 가족관계가 불우했다. 물론 본인은 그다지 개의치 않았던 것 같지만 이러한 이력은 그의 삶에 짙게 드리워졌다. 어머니가 말했던 대로 아버지와 불화했던 탓인지 평생 동안 친밀한 관계를 남들처럼 만들지 않았던 것이다. 기회가 몇 번 있었지만, 이내 포기하고 혼자서 지냈다. 하지만 완전히 혼자 산 것은 아니었고, 새로운 동반자 새비지를 받아들였고, 평생 같이 보낸 듯싶다. 그렇게 동물을 반려자로 선택한 사람은 헨리만이 아닐 것이며, 이러한 가족 형태는 늘어나면 늘어났지 줄어들 가능성은 별로 없다. 현재는 핵가족마저 분해되고 있지 않은가. 그렇게 보면 이 역시 새로운 '가족 형태'로 볼 수 있으며, 새로운 동물운동은 이러한 사회현상의 표현으로 생각해도 무방하다.

이론적인 문제도 이러한 측면에서 생각해볼 만하다. 이 책의 근간은 '종차별주의'다. 싱어는 인간과 동물을 구별하는 정당한 윤리적 근거가 없으며, 동물은 인간과 (거의 똑같이) 감정을 느낀다고 주장한다. 후자의 주장은 누구나 동의할 것이나 전자의 내용은 생각해볼 여지가 상당하다. 과연 정당한 근거가 없을까. 자기보다 못하다고 차별받는 상황은 당연히 교정돼야 한다. 그리고 헨리의 지적도 곱씹을 만하다. 한 손으로는 쓰다듬고 한 손으로는 살육하는 행태는 분명히 모순적이다. 여기서 헨리는 한 손을 잘라낸다. 동물을 살육하고 섭취하는 행동을 버리고, 인간과 동등한 존재로 인정하며 동물운동에 투신한다. 하지만 방향을 거꾸로 돌려보는 것도 필요하며, 현상의 이면을 해석해보는 것도 중요하다. 역자는 이 현상을 '동물의 인간화'라고 생각한다. 실제 헨리와 싱어는 이 책에서 동물을 묘사할 때, 인칭대명사를 활용한다. 동물이 인간과 동등한 존재라고 피력할 속셈이었을 것이다(옮기는 과정에서 한국어 문맥과 맞지 않아 살리지 못했다. 예를 들면, 헨리의 예쁜이 '새비지'를 '그녀'로 지칭했다). 여기서 어윈 실버의 비판을 다시금 생각해보는 게 좋겠다. 그의 비판은 두 가지 정도다. 첫째 지식인 계층의 쇠락, 둘째 자유주의를 지탱하는 도덕과 지성의 파멸. 이 두 가지 주장은 결국 하나로 수렴된다. 근대와 현대를 관통하는 휴머니즘의 파산. 그렇게 생각하면 아이러니가 아닐 수 없다. 왜냐하면 헨리도 싱어도 동물권리야말로 휴머니즘의 확장이라고 주장할 게 확실하기 때문이다. 결국 논점은 하나다. 동물의 인간화가 '인간의 동물화'를 수반하는가. 싱어는 아니라는 얘기며, 실버는 그렇다는 얘기다.

옮긴이의 말

추상의 수준에서 보면, 싱어의 주장이 옳아 보인다. 차별 없는 세상은 휴머니즘의 오랜 목표이기 때문이다. 하지만 싱어의 주장에는 한 가지 맹점이 존재한다. 그것은 '종(차별)의 범위'다. 싱어는 언제나 인간과 '거칠게 비교할 만한 존재'라고 단서를 덧붙인다. 그리고 다른 곳에서 '의식이 존재하는 생명'으로 한정한다. 그럴 수밖에 없다. 인간과 공감하거나, 인간과 비슷한 만큼 감정이 있어야 하기 때문이다. 포유류는 문제없을 것이다. 역사적으로 오랫동안 인간과 함께 살았던 개나 고양이도 문제가 없을 것이다. '관습적'으로 그랬으니까. 그렇다. 인간이 기준이다. 헨리의 말에도 이 점은 드러난다. "나도 전에는 육식을 했지만, 내가 식인종cannibal이라고 한 번도 생각하지 않았거든요." 육식과 식인은 같다고 보는 것이다. 그래서 처음에 'cannibal'을 옮길 때도 고민했다. 얼핏 봐서는 은유로 볼 수도 있었지만, 문맥상 그렇지 않았다. 동물이 인간보다 우월한 것은 아니지만, 인간이 동물보다 우월한 것도 아니란 뜻이다. 식물의 교감을 거론하며 종의 범위를 문제로 삼자, 싱어는 상식에 호소한다. "현대과학의 상식 수준에서 이야기하자."(《중앙일보》, 2007년 5월 21일) 두뇌가 있으며 얼마간 지적인 능력이 있는 존재로 한정한다고 봐도 무방하다. 이러한 면모는 본문에서 싱어가 능력을 상실한 인간을 '우대' 할 필요가 없다고 주장할 때도 드러난다. 한마디로, (인간적)

능력이 중요한 기준이며, 어떻게 보면 휴머니즘(인간 중심주의)의 또 다른 확장판 같은 것이다.

그런데 여기서 싱어는 다소 엉뚱한 곳에 책임을 돌린다. 종차별주의는 인도주의를 잘못 물려받은 탓이라며, 기독교를 범인으로 줄기차게 지목한다. 다른 여러 이론을 둘러봤지만 그나마 종교가 가장 합리적이었다는 말도 덧붙인다. 네 이웃을 사랑하라는 것. 두 종교가 그렇게 설교한 것은 맞지만, 이러한 '이념'을 전근대적 종교로 한정할 수 있을까. 솔직히 조금 이상해 보인다. 근대의 휴머니즘의 유산으로 보는 게 알맞아 보이기 때문이다. 휴머니즘에서 종차별주의를 제외하면서 휴머니즘을 구제할 생각은 아니었는지, 싱어의 다른 책을 확인해보지 못해서 추측만 할 따름이다. 알다시피 휴머니즘은 어원 실버의 말대로 파탄인 난 게 사실이다. 20세기는 그 어느 때보다 인간의 피를 많이 흘렸던 시대며, 이 과정에서 인간의 휴머니즘이란 가면은 완전히 발가벗겨졌기 때문이다. 인간의 이성은 물론이요 윤리까지 차례로 파탄이 난 것이다. 아우슈비츠 수용소는 파탄의 가장 명확한 상징일 것이며, 아도르노가 말했던 대로, 서정시(예술)가 불가능한 시대는 인간의 시대가 아닐 것이다(프찬츠 카프카의 《변신》은 인간의 동물화 경향을 선취한 것이리라).

물론, 판단은 독자의 몫일 테며, 오역은 역자의 몫이리라.

미주

1장

1. 지금부터 등장하는 마지 스피라의 말은 전부 1954년 3월 5일 헨리에게 보낸 장문의 편지에서 인용한 것이다.
2. 헨리의 사촌 르네 랜도는 모리스가 사기꾼에게 당했다고 전한다.
3. 나훔 마이어스, 1996년 9월 10일 저자에게 보낸 편지.
4. 같은 편지.
5. 가스통 피르맹-귀용, 1996년 뉴욕에서 줄리 아케렛과 나눈 대화(비디오테이프).
6. Henry Gitano[Henry Spira], "Bosses I Have Known," *The Militant*, November 4, 1957.
7. Auto Worker[Henry Spira], "Bosses I Have Known," *The Militant*, August 5, 1957.
8. Henry Gitano, "National Guard Opens Plant to Scabs in Indiana Strike," *The Militant*, October 17, 1955.
9. Henry Gitano, "Bus Boycott Solid in Florida: Six-Month Alabama Fight Firm," *The Militant*, June 11, 1956.
10. Henry Gitano, "The Walkers of Tallahassee," *The Militant*, December 3, 1956. 이 기사는 다음의 신문에도 실렸다. "'I Will Work, but I Won't Ride': Chronicle of the South's 'New Negro,'" *Los Angeles Tribune*, December 12, 1956.
11. Henry Gitano, "March on Washington Showed Determination to Win Equal Rights," *The Militant*, May 27, 1957.
12. Henry Gitano, "The American Way of Life in Mississippi," *The Gazette and*

Daily (York, PA), June 28, 1963.
13 Henry Gitano, "Ain't Gonna Let Nobody Turn Me Around," *The Independent and Californian* (New York), Jannuary 1964.
14 같은 글.
15 Henry Gitano, "The Battle of St. Augustine," *The Militant*, July 27, 1964.
16 같은 글.
17 *New York Post*, May 20, 1958.
18 Henry Gitano, "What the FBI Shows the Public on Guided Tours in Washington," *The Militant*, January 12, 1959.
19 1958년 12월 연방수사국의 메모. 헨리는 1976년 정보자유법에 따라 이 메모를 입수했다.
20 같은 메모.
21 *Columbia* vol. 39, no. 5(May 1959): 9~11, 46.
22 *Congressional Record*, May 5, 1959, appendix, pp. A3743~3745. (미국재향군인단의 발간물인) *Firing Line* (vol. 8, no. 6(March 15, 1959)도 볼 것.
23 베르타 랭스턴(베르타 그린), 1996년 뉴욕에서 저자와 나누었던 대화(비디오테이프).
24 Henry Gitano, "I Saw a Cuba Where the People Are Running the Show!" *Young Socialist*, April 1960.
25 Henry Gitano, "First Year of the Cuban Revolution," *International Socialist Review* (Spring 1960), 38~42.
26 랭스턴과 했던 대화.《제4인터내셔널의 문제들*Problems of the Fourth International*》에 실린 기사(시기 불명) 하나도 헨리를 좌파의 시각에서 쿠바 사태를 주시하기 시작한 사람들 중 한 명이라고 꼽았다.
27 Henry Gitano, "Case History of Guantanamo," *International Socialist Review* (Winter 1963), 9~12, 22.
28 베르타 랭스턴. 1996년 4월 뉴욕에서 저자와 나누었던 대화(비디오테이프).
29 Robert McG. Thomas Jr., "Myra T. Weiss, 80: Radical Who Ran Quixotic Campaigns," *New York Times*, September 20, 1997, p. A11.
30 랭스턴, 1996년 4월 30일에 했던 대화.
31 Henry Spira, "Rebel Voices in the MNU," in Burton Hall, ed., *Autocracy and Insurgency in Organized Labor*(New Brunswick, NJ: Transaction Books, 1972), pp. 47~48. 선원 임금의 세부사항은《조합의 민주주의를 요구한다*The Call for Union Democracy*》(July 1969)에 실린 기사들을 참고할 것.

32 A. J. Raskin, from Atlantic, November 1964. "How the Curran Machine Operates," *The Call for Union*, March 1967에서 인용.

33 Henry Spira, "Fighting to Win," in Peter Singer, ed., *In Defence of Animals* (Oxford: Blackwell, 1985), p. 195.

34 *New York Times*, May 21, 1966. *The Call for Uion Democracy*, March 1967, and in Henry Spira, "Rebel in the NMU," p. 48.

35 Lincoln Steffens, *The Dying Boss*. 헨리는 익명으로 《빌리지 보이스》에 보낸 편지에서 이 책을 인용한다. "Open House at the NMU but Not for Seamen," June 4. 1964.

36 Anonymous, "Open House at the NMU," 위의 헨리의 편지.

37 "Jobs That Never Hit the Board," *The Call for Uinon Democracy*, July 1970.

38 "Curran Ignores An ACLU Request," *The Militant*, March 1967, p. 1. 1966년 10월 미국시민자유연맹의 존 팸버턴 사무총장과 시민자유연맹의 아리예 나이어 뉴욕 지부장이 보낸 편지에서 인용.

39 피르맹-귀용과의 대화.

40 "Seamen Threatened on Ship in New York Union Fight," *The Sun* (Baltimore), September 6, 1969.

41 메리 윌버트, 1996년 4월 30일 저자와 했던 대화.

42 James Wechsler, "In a Notebook," New York Post, November 21, 1969. 이 글은 《조합의 민주주의를 요구한다》(January 1970)에서 재발행됐다.

43 "Notice to All Members of the National Maritime Union and to All Unlicensed Seamen," The Pilot, January~February 1971, p. 47.

44 Alejandre Care, "Harren," *Like It is* 2(June 1969).

45 학생의 의견. *The Liberator* (Haaren High School newspaper), November 14, 1975.

46 돌로레스 맥컬러프. 1996년 5월 저자와 나눈 대화(비디오테이프).

47 같은 테이프.

2장

1 Irwin Silber, "······Fan the Flames," *National Guardian*, April 18, 1973, p. 9.

2 Peter Singer, "Animal Liberation," *New York Review of Books*, April 5,

1973.
3   Henry Spira, "Fighting to Win," in Peter Singer ed., *In Defence of Animals* (Oxford: Blackwell, 1985), pp. 195~196.
4   Peter Singer, *Animal Liberation* (New York: New York Review, 1975).
5   Spira, "Fighting to Win," p. 196.
6   같은 글.
7   같은 글, pp. 196~197.
8   같은 글, p. 196.
9   같은 글, p. 196.
10 Kevin Morrisey, "Henry Spira: An Animal Activist Who Gets Things Done," *Animal Crackers* (newsletter of the Society for the Prevention of Cruelty to Animals of Illinois), vol. 5, no. 3 (Fall 1979): 5.
11 Spira, "Fighting to Win," pp. 197~198.
12 John f. Burns, "American Museum Pinched for Funds," *New York Times*, February 16, 1976, p. 23.
13 Henry Spira, "Animals Suffer for Science," *Our Town*, July 23, 1976.
14 Roger Simon, "Cutting Up Sex to Study Sex – What Fun!" *Chicago-Sun Times*, July 25, 1976. James Jasper and Dorothy Nelkin, *The Animal Rights Crusade* (New York: Free Press, 1992), p. 28에서 재인용.
15 Ann Brown, memo to Tom Nicholson, September 8, 1976.
16 Thomas Nicholson, "Report of Director," in American Museum of Natural History, *108th Annual Report, July 1976 Through June 1977* (New York: American Museum of Natural History).
17 Spira, "Animals Suffer for Science"에서 인용.
18 Spira, "Fighting to Win," p. 199에서 인용.
19 Storm Whaley, Associate Director for Communications, NIH, letter to Henry Spira, August 22, 1977.
20 Nathniel Sheppard Jr., "U.S. Agency Will Review Tests on Cats at American Museum," *New York Times*, July 28, 1976.
21 Diana Loercher, "Anti-vivisection Battle Shifts to New York Museum," *Christian Science Monitor*, September 20, 1976.
22 Nicholas Wade, "Animal Rights: HIH Cat Sex Study Brings Grief to New York Museum," *Science*, October 8, 1976.
23 같은 글.

24 니콜라스 웨이드, 1996년 12월 존 스윈델과 함께했던 대화(비디오테이프).
25 Wade, "Animal Rights."
26 같은 글.
27 레스터 애론슨, 1977년 3월 14일 윌리엄 프로케이시(William Prokasy)에게 보낸 편지.
28 같은 글.
29 웨이드, 대화.
30 1977년 2월 3일 레스터 애론슨이 도널드 클락에게 보낸 편지.
31 *New York Times*, May 3, 1977.
32 1977년 5월 6일 도널드 클락이 애론슨에게 보낸 편지.
33 웨일리가 헨리에게 보낸 편지.
34 "Antivivisectionists Escalate Activities," *National Society for Medical Research Bulletin*, vol. 28, no. 10 (October 1977): 1.
35 Nicholson, "Report of the Director."
36 Wade, "Animal Rights."
37 엘리노어 몰베겟, 1996년 6월 저자와 나눈 대화(비디오테이프).
38 Henry Spira, "Museum Victory for Animal Rights," *Our Town*, February 26, 1978.
39 같은 글.

3장

1 Henry Spira, "Amnesty International Scandal," *Our Town*, October 28, 1977.
2 David Hawk, "A. I. Responds," *Our Town*, November 11, 1977.
3 *National Society for Medical Research Bulletin*, August 1977 and September 1978.
4 Henry Spira, "Metcalf-Hatch Repeal Means Lab Accountability," *Our Town*, April 29, 1979을 참고할 것.
5 Micheal Connor, "Henry Spira Advocates Animal Rights in Albany," *Sunday Record*, May 6, 1979, p. A9.
6 "Law on Strays May Die," *Times Record*, May 8, 1979.
7 Henry Spira, *Strategies for Activists: From the Campaign Files of Henry*

Spira (New York: Animal Rights International, privately circulated in 1996), p. 152.

8 1979년 6월 25일 헨리 스피라가 메트컬프-해치 법 폐지연합 회원들에게 보내는 편지.

9 Guardian, February 8, 1978. Richard Ryder, *Victims of Science*, 2nd. ed.(London: National Anti-vivisection Society. 1983), p. 151에서 재인용.

10 David Paterson and Richard Ryder, eds., *Animals' Rights: A Symposium* (Fontwell, Sussex: Centaur Press, 1979).

11 Henry Spira, "Fighting for Animal Rights: Issues and Strategies," in Harlan B. Miller and William H. Williams, eds., *Ethics and Animals* (Clifton, NJ: Humana Press, 1983), pp. 373, 377. 17년이 지난 후 개리 프란치오네는 인용한 구절의 일부를 사용해 자기 책의 제목으로 삼아 헨리를 비판했다. 그가 보기에 헨리는 '동물권리'보다 '복지'를 우선하는 입장을 취했다. Gary Francione, *Rain Without Thunder* (Philadelphia: Temple University Press, 1996). 4장도 참고할 것.

12 Henry Spira, "Towards Animal Rights," *Agenda*, no. 2(March 1980).

13 Peter Singer, *Animal Liberation* (New York: New York Review, 1975), pp. 50~51. 이 구절은 약간 손질했다. 수업을 할 때 제공한 자료는 초고였기 때문이다.

14 David Smith, *Alternatives to Animal Experiments* (London: Scolar Press, 1978).

15 같은 책, p. 68.

16 C. S. Well and R. A. Scala, "Study of Intra- and Inter-laboratory Variability in the Results of Rabbit Eye and Skin Irritation Test," *Toxicology and Applied Pharmacology*, vol. 19(1971): 276~360.

17 Lynne Harriton, "Conversation with Henry Spira: Draize Test Activist," *Lab Animal*, vol. 10, no. 1(January~February 1981): 16.

18 Henry Spira, "Fighting to Win," in Peter Singer, ed., *In Defence of Animals* (Oxford: Blackwell, 1985), p. 202.

19 "Animal Testing," *Chemical Week*, December 5, 1984 p. 38에서 인용.

20 "Cosmetics: Kiss and Sell," *Time*, December 11, 1978, pp. 86~88.

21 바너비 페더, 1996년 12월 시카고에서 존 스원들과 나눈 대화.

22 Henry Spira, "An Open Letter to Revlon," *Our Town*, June 8, 1980.

23 "Revlon Chief to Propose Biggest Annual Dividend Increase," *Women's Wear Daily*, May 4, 1979.

24 1979년 7월 23일, 헨리 스피라가 미셸 베르주라크에게 보낸 편지.
25 Henry Spira, "Abolishing the Draize Rabbit Blinding Test," August 23, 1979(국제동물권리의 내부 보관).
26 Spira, *Strategies for Activists*, p. 165.
27 앤드류 로언, 1996년 보스턴에서 존 스윈들과 했던 대화(비디오테이프).
28 Jane Gregory, "We're Being Beastly to Animals," *Chicago Sun-Times*, November 27, 1979. Jane Gregory, "Science and Research: Doing unto Animals," *Los Angeles Times*, December 9, 1979.
29 페더의 대화.
30 《케미컬 위크》의 기사 '드레이즈 검사 때문에 뜨거운 맛을 본 화장품 기업들'(1979년 9월 10일)에 따르면, 연합이 신문에 지출한 광고비는 7만 8,000달러였다.
31 '레블론 공식성명서'(날짜 미상). 이 문서는 1980년 4월 17일 프랭크 존슨이 임원, 이사, 사장, 국내 담당자에게 보낸 사내 회람문서와 거의 똑같다.
32 "Need for Animal Testing," *Chemical Week*, September 10, 1980, p. 5. 다음 두 개의 글도 볼 것. James Gorman, "Burden of Beasts," Discover, February 1981, p. 24. Constance Holden, "New Focus on Replacing Animals in Lab," *Science*, vol. 215(January 1, 1982): 37.
33 *Congressional Record*, September 30, 1980, S14128.
34 "Draize Test Campaign Update," *International Journal for the Study of Animal Problems*, vol. 1, no. 4(1980): 213.
35 Harriton, "Conversation with Henry Spira," p. 21.
36 수잔 파울러, 1996년 12월 뉴욕에서 저자와 나눈 대화.
37 로저 셸리, 1996년 뉴욕 6월 저자와 나눈 대화(비디오테이프).
38 위의 비디오테이프.
39 Micheal Marten, "Revlon Campaign Hots Up," *The Beast*, no. 7 (Autumn 1980): 1.
40 "Cosmetics Firms Feel Heat over the Draize Test," 18~19.
41 Micheal Marten, "Anti-Revlon Campaign Goes International," *The Beast*, no. 8 (Winter 1980): 6. Micheal Marten, "Revlon Burckle: Avon Calling?!" *The Beast*, no. 9 (Spring 1981): 4.
42 셸리의 대화.
43 1980년 11월 5일 헨리 스피라가 로제 셸리에게 보낸 편지.
44 페더와 나눈 대화.

45 셸리와 나눈 대화(비디오테이프).
46 Spira, "Fighting to Win," p. 203.
47 "Remarks of M. C. Bergerac, Chairman and Chief Executive, Revlon, Inc., at the Revlon-Rockefeller University Press Conference, the Plaza Hotel, December 23, 1980," 타자기로 작성된 원고로서 회의 때 배포됐다. 셸리의 대화.
48 "Eyes New Tests for Makeup," *Daily News* (New York), December 24, 1980.
49 "Remarks of M. C. Bergerac."
50 셸리의 대화.
51 Coalition to Stop Draize Rabbit Blinding Tests, "News Release: Revlon-Rockefeller: More Than a Cosmetic Venture," December 23, 1980.
52 "Revlon's Eyeful," *Financial Times* (London), December 31, 1980에서 인용.
53 1981년 2월 27일 헨리 스피라가 데이비드 미첼에게 보낸 편지.
54 1981년 8월 21일 헨리 스피라가 리처드 겔브에게 보낸 편지.
55 Bristol-Myers, "News: For Immediate Release," November 16, 1981.
56 Consumer Product Safety Commission, "Log of Meeting," May 11, 1981. 1982년 1월 8일 카를로스 페레즈가 헨리 스피라에게 보낸 편지. FDC Reports, *The Rose Sheet*, vol. 3, no. 5 (February 1, 1981)에서 인용. 편지 전문을 보려면 다음을 참고할 것. *Congressional Record* (vol. 128, no. 12), by Senator Durenberger (February 11, 1982). Coalition to Stop Rabbit Blinding Tests, "Coordinator's 1981 Report to the Coalition," p. 3도 참고할 것.
57 Senator Durenberger, *Congressional Record*: The Senate, vol. 128, no. 109, August 11, 1982. "Anesthetics for Draize: Follow-Up," *International Journal for the Study of Animal Problems*, vol. 2, no. 4 (1981): 174.
58 1982년 4월 14일 헨리 스피라가 앨런 골드버그에게 보내려 했던 편지 초안.
59 Teresa Carpenter, *Missing Beauty* (New York: Norton 1988), p. 51.
60 William Douglas, *In Touch*, vol. 1 (May 1982), 1~2.
61 더글러스 살인사건은 카펜터의 책과 헨리의 말을 참고했다.

4장

1 반수치사량을 사용할 때 증류수(중량의 469 ml/kg)를 얼마나 넣는지는 다음을 참고할 것. E. M. Boyd and I. L. Godi, "Acute Oral Toxicity of Distilled

Water in Albino Rats," *Industrial Medicine and Surgery*, vol. 36: 609~613. Andrew Rowan, *Of Mice, Models, and Men* (Albany: State University of New York Press, 1984), p. 204에서 인용.

2 G. Zbinden, "A Look at the World from Inside the Toxicologist's Cage," *European Journal of Clinical Pharmacology*, vol. 9: 333. Andrew Rowan, *Of Mice, Models, and Men*, p. 207에서 인용.
3 Henry Spira, "Coordinator's 1981 Report to the Coalition," January 1982.
4 헬렌 레너와 바바라 클랩, 1996년 7월 저자와 나눈 대화(비디오테이프).
5 Micheal Marten, "International Coalition to Abolish LD-50," *Beast*, no. 10 (Summer 1981): 10. "Animal Welfare's Tribute to Henry Spira," *Animal Welfare*, June~August 1981, p. 14.
6 "U.S. Drugs Firms May End Lethal Dose Test," *New Scientist*, October 14, 1982, p. 19.
7 "Smith Kline Beckman Demonstration Call Off," *The Unicorn* (Reading, PA), vol. 2, no. 13 (November 1982): 1.
8 "Smith Kline & French Laboratories Supports Animal Use Reduction," *In Touch*, vol. 1, no. 2 (November 1982): 1. "Animal Testing," *Chemical Week*, December 5, 1984, pp. 36, 38. 감사하세도 예진에 펜실베이니아 동물권리협회에서 근무했던 수 리어리는 편지 사본과 기타 정보를 알려주었다.
9 Pharmaceutical Manufacturers Association, "New Release: PMA Board Acts on LD-50 Test," Washington D.C. October 21, 1982.
10 "NSMR Adopts Policy on LD50 Test," National Society for Medical *Research Bulletin*, vol. 33, no. 10 (December 1982): 1. FDC Reports, The *Rose Sheet*, vol. 4, no. 22 (May 30, 1983): 5. Leonard Rack and Henry Spira, "Animal Rights and Modern Toxicology," *Toxicology and Industrial Health*, vol. 5, no. 1 (1989): 138.
11 1983년 3월 3일 데이비드 랄이 헨리에게 보낸 편지.
12 Marjorie Sun, "Lots of Talk about LD50," *Science*, vol. 222 (December 9, 1983), 1106.
13 "Committee Wants Lethal Test Abolished," *New Scientist*, August 4, 1983.
14 Nancy Henesen, "American Agencies Denounce LD50 Test," *New Scientist*, November 17, 1983, p. 475. "FDA Establishing Animal Testing Task Force to Perform Agency-Wide Policy Review," *The Rose Sheet*, vol. 4, no. 45

(November 14, 1983): 5.
15 Sun, "Lots of Talk About LD50," p. 1106.
16 Consumer Product Safety Commission, "Animal Testing Policy," *Federal Register*, vol. 49, no. 105 (May 30, 984): 22522~22523. Food and Drug Administration, "Talk Paper: Animals Used for Research," September 5, 1984.
17 United States Environmental Protection Agency, "EPA Announces Revised Testing," *News Release*, August 29, 1984.
18 Henry Spira, "Fighting to Win," in Peter Singer, ed., *In Defence of Animals* (Oxford: Blackwell, 1985), pp. 203~204.
19 1982년 10월 13일 헨리가 버틀러에게 보낸 편지.
20 Marion Steinmann, "Taking Animals Out of the Laboratory," *Moonbeams* (Cincinnati, OH), September 1983, p. 8.
21 Alex Pacheco with Anna Francione, "The Silver Spring Monkeys," in Singer, ed., *In Defence of Animals*, pp. 135~147를 볼 것.
22 Lori Gruen, Peter Singer, and David Hine, *Animal Liberation: A Graphic Guide* (London: Camden Press, 1987), pp. 9~23.
23 *New York Times*, June 15, 1985.
24 Sharon Begley, "Liberation in the Labsm," *Newsweek*, August 17, 1984, p. 66.
25 Jim Mason, "Animal Rights: Out of Closet, into the Mainstream," *Animals' Agenda*, vol. 5, no. 1 (January~February 1985): 1, 8~9.
26 *The Sciences*, March~April 1983, Coalition to Abolish the LD50, "Coordinator's Report 83," p. 1.
27 "Unnecessary Animal Research on Wane, Researcher's Say," *American Medical News*, May 25, 1994. Drug Research Report, *The Blue Sheet*, vol. 27, no. 23 (June 6, 1984). "Looking for Alternatives to Animal Tests," *Chemical Week*, May 23, 1984, . 35.
28 1984년 3월 28일, 콜게이느-팜올리브의 윌리엄 파웰 부사장이 헨리 스피라에게 보낸 편지.
29 Bristol-Meyers Company, *Second Quarter Report*, 1982, p. 5. 1984년 8월 29일 브리스톨-마이어스의 존 코르벳 독물학위원회 위원장이 헨리 스피라에게 보낸 편지.
30 Bristol-Meyers, *New York*, newsletter, October 1984.

31 "Cosmetic Industry Halts Use of LD50," *CTFA News Release*, June 11, 1985.
32 Rack and Spira, "Animal Rights and Modern Toxicology," p. 139.
33 "Letters," *Animals' Agenda*, April 1986, p. 35.
34 Animal Rights International, "News Release," October 13, 1987. Barnaby Fedder, "Beyond White Rats and Rabbits," *New York Times*, February 28, 1988, sec. 3, p. 8. Patricia Gallagher "Variety Spices P&G Meeting," *Cincinnati Enquirer*, October 14, 1987.
35 1987년 11월 10일 잉그리드 뉴커크가 반수치사량폐지연합 고문들에게 보낸 편지.
36 같은 편지 72쪽.
37 "No Support from Spira for End to Product Test on Animals," *International Society for Animal Rights Report*, November~December 1987. 존스가 기관지에 실었던 글은 헨리가 동물성 제품 검사의 종식을 지원하지 않았다는 뉘앙스를 풍겼고, 이 때문에 헨리는 법적인 조치를 취겠다고 으름장을 놓았다. 이후 존스는 이 문제를 낱낱이 밝히는 보도자료를 배포하기로 약속했다(1988년 1월 28일 헨리 스피라가 헬렌 존스에게 보낸 편지. 1988년 2월 8일 헬렌 존스가 헨리 스피라에게 보낸 편지).
38 *Animals' Agenda*, November~December 1997, p. 22.
39 "Animal Research," Procter & Gamble Fact Sheet, 1997. "Remark by Mr. John E. Pepper on Animal Research," P&G Annual Shareholders Meeting, October 14, 1987, typescript provided by P&G. 1998년 5월 5일 캐서린 스티첼이 저자에게 보낸 편지. *Animal People* (Clinton, WA), November 1997, p. 13.
40 Barnaby Feder, "Pressuring Perdue," *New York Times* Magazine, November 26, 1989, p. 34.
41 Ian Harvey, "Animal Rights: Them or Us?" *Toronto Sun*, November 1, 1987.
42 Feder, "Pressuring Perdue," p. 60.
43 Barnaby Feder, "Noxwell Replaces Rabbits in Test of Cosmetics," *New York Times*, January 10, 1989.
44 Constance Holden, "Cosmetics Firms Drop Draize Test," *Science*, vol. 245 (July 14, 1989): 125.
45 "Publishing Rabbits Out of the Lab," *Chemical Week*, August 9, 1989, p.

20. Feder, "Beyond White Rats and Rabbits"도 참고할 것.
46 퍼셉션스 인터내셔널의 흔적이 역력한 퍼셉션스 프레스(Perceptions Press)가 문제의 회사였다. 이에 관해서는 이 책의 5장을 참고할 것.
47 "Effective Boycott," *Animal Rights Reporter*, vol. 1, no. 5(March 1989).
48 Alston Chase, interview with Jim Preston for *Life* magazine, June 13, 1989. 이 대담은 발표되지 못했다.
49 Deborah Rudacille, "CAAT Marks Anniversary with Scientific Program, Ceremony," *Newsletter of the School of Hygiene and Public Health*, Johns Hopkins University, vol. 10, no. 1(Summer 1992): 8.
50 1992년 1월 14일, 헨리 스피라가 케이시 기예르모에게 보낸 편지. 1991년 11월 6일 헨리 스피라가 도리스 듀크 자선재단의 어윈 블룸에게 보낸 편지도 참고할 것.
51 "A Deceptive Victory over L'Oréal?" *Vegetarian Times*, August 1994, p. 17.
52 "Firm Report of the EC/HO [European Commission/Home Office] Study," *Frame News*, May 1996, p. 5, reporting on a study published in *Toxicology in Vitro*, vol. 9 (1995): 871~929.
53 Paul Cotton, "Animals and Science Benefit from 'Replace, Reduce, Refine' Effort," *Journal of American Medical Association*, vol. 270, no. 24 (December 22~29, 1993): 2905~2907.
54 "Interview: Henry Spira," *Newsletter of the Foundation for Biomedical Research*, vol. 10, no. 1 (January~February 1993): 4~5.

5장

1 Henry Spira, "Less Meat, Less Misery: Reforming Factory Farm," *Forum for Applied Research and Public Policy*, vol. 11, no. 1(Spring 1996): 39.
2 "LD50 Meeting Draws 40 of the Movement Leaders," *Animals' Agenda*, vol. 5, no. 2 (March~April 1985): 18.
3 William Severini Kowinski, "One Man's Beef," *Daily News Magazine* (New York), April 14, 1985, p. 12.
4 New York Times, May 18, 1977, p. C13.
5 1987년 4월 28일 헨리 스피라가 프랭크 퍼듀에게 보낸 편지.
6 *New York Times*, October 20, 1989, p. A17.

미주

7   1989년 12월 20일 퍼듀팜스의 일레인 반즈 회장비서가 헨리 스피라에게 보낸 편지.
8   Phil McCombs, "Cheap Ads Skewer Perdue," *Washington Post*, December 27, 1991. 다음의 두 개의 글도 참고할 것. Jill Brandt, "Animal Rights Group Protests Perdue's UM Board Seat," *Prince George's Sentinel*, December 19, 1991. Alan Farnham, "Skewering Perdue," *Fortune*, February 24, 1992, p. 111.
9   마크 그래엄, 1996년 5월 뉴욕에서 저자와 나눈 대화(비디오테이프).
10 *Washington Times*, September 9, 1992, p. A5. 이 광고는 이하의 신문 잡지에도 실렸다.《워싱턴 포스트》9월 16일, 23일, 30일,《시티 페이퍼》(볼티모어) 1992년 9월 11일,《컬럼비아 저널리즘 리뷰》1992년 9월~10월호,《뉴욕 프레스》1992년 9월 22일자,《시티 페이퍼》(워싱턴 D.C.) 10월 2일자,《더 플라이어》1992년 9월 29일, 10월 6일 및 13일(《더 플라이어》는 솔즈베리 주립대학 학생신문으로 퍼듀와 관계가 있었다).
11 *Catholic Review*, September 23, 1992, p. A10.
12 Her New York, October 14, 1993.《뉴욕 옵저버》1994년 3월 28일 자에도 같은 광고가 게재됐다.
13 Henry Spira, "Forum," *Animals' Agenda*, vol. 9, no. 7 (September 1989).
14 David Hershkovits, "Animal Liberation Strikes NYU," *Soho Weekly News*, March 22, 1979.
15 "An Open Letter," *Animals' Agenda*, vol. 5, no. 3 (May 1985): 3. 우리는 서명한 활동가 마이클 폭스, 홀리 젠센, 패티 마크 세 명에게 서명을 부탁했고, 그들은 서명을 해주었다.
16 Kieran Crowley, "Bomb Suspect Gets No Cut in Bail," *New York Post*, November 15, 1988.
17 Leslie Pardue, "Who Is Fran Trutt," *Fairfield County Advocate*, November 21, 1988. Crowley, "Bomb Suspect Gets No Cut in Bail"도 참고할 것.
18 Pardue, "Who Is Fran Trutt?"
19 John Capsis, "Police, U.S. Sugical Implicated in Bomb Plot," *Westport News*, January 11, 1989.
20 John Capsis, "Trutt: Mead Gave Me $1200 to Buy the Bomb," *Westport News*, January 18, 1989. Editorial, "Clarifying U.S. Sugical Case," Westport News, January 19, 1989.
21 John Capsis, "'Trust Mead,' Trutt told by Second Operative," *Westport*

News, January 25, 1989. Denise Buffa, "Second Infromant Revealed in U.S. Surgical Bomb Plot," The Advocate, January 27, 1989. Merritt Clifton, "Hello Merry Lou, Goodbye Trutt," Animals' Agenda, vol. 9, no. 4(April 1989): 28.

22 Spira, "Forum"
23 Barclay Palmer, "Trutt OKs Plea Agreement," *The Advocate*, April 17, 1990.
24 Andrew Rowan, "Action and Reaction," *Animal Policy Report*, vol. 7, no. 2 (August 1993): 1.
25 *Washington Times*, September 25, 1991.
26 Temple Grandin, "Shackling, Hoisting Live Animals Is Cruel," *Meat and Poultry*, September 1987, p. 142.
27 Temple Grandin, Autobiography, *Emergence: Labeled Autistic* (Tunbridge Wells, Costello, 1986). Oliver Sacks, *An Anthropologist on Mars* (New York: Knopf, 1995) 두 책을 볼 것. 색스가 그랜딘을 주제로 썼던 에세이는 1993년 12월 23일 《뉴요커》에 처음으로 실렸다. 두 책은 각각 《어느 자폐인 이야기》, 《화성의 인류학자》라는 제목으로 한국에 출간되었다.
28 Henry Spira, letter to Bruce Ingersoll, *Wall Street Journal*, August 17, 1994. "Memo of Conversation," USDA Inspector General's Office, August 10, 1994(정보자유법에 따라 입수한 자료)
29 1993년 2월 5일 헨리 스피라가 야스트로에게 보낸 편지.
30 1994년 2월 16일 쉘비 야스트로가 프랭클린 연구개발의 사이먼 빌레니스에게 보낸 편지. 이 편지의 속기록은 맥도날드의 1993년 연차보고서에 실렸다.
31 Karin Horgan, "Big Mac Takes a Big Step," *Vegetarian Times*, July 1994, p. 17.
32 "Big Step for Big Mac," *Investing for the Better World*, April 15, 1994. Spira, "Less Meat, Less Misery," p. 42.
33 Henry Spira, "McDonald's and the Push for Standards," in *Strategies and Activists: From the Campaign Files of Henry Spira* (New York: Animal Rights International, privately circulated in 1996).
34 McDonald's Corporation and McDonald's Restaurants Limited v. Steel and Morris. 맥라이벌 소송 홈페이지 http:\www.mcspotlight.org에서 인용.
35 로버트 로렌스, 1996년 11월 볼티모어에서 존 스윈델스와 나눈

대화(비디오테이프).

6장

1 바너비 페더, 1996년 11월 시카고에서 존 스윈델스와 나눈 대화.
2 이하 10개의 항목은 헨리 스피라의 "동물권리를 위한 투쟁: 쟁점과 전략"에서 추려낸 내용이다. Harlan B. Miller and William H. Williams, eds., *Ethics and Animals* (Clifton, NJ: Humana Press, 1983), pp. 373~377. Henry Spira, *Strategies for Activists: From the Campaign Files of Henry Spira* (New York: Animal Rights International, privately circulated in 1996), 특히 p. 3.
3 "Singer Speaks with Spira," *Animal Liberation*, January~March 1989, p. 5.
4 같은 책, p. 6.
5 수잔 파울러, 1996년 12월 뉴욕에서 저자와 나눈 대화(비디오테이프).
6 "Singer Speaks with Henry Spira," p. 5.
7 많은 사람의 도움을 받았고, 특히 존 스윈델스에게 감사하다. 그는 공동 제작자 겸 감독을 맡아 이 테이프를 밑천으로 〈헨리의 길Henry: One Man's Way〉을 제작했고, 이 다큐멘터리 영화는 1997년 8월 22일 호주의 SBS TV에서 방영됐다. 미국에서 이 영화는 Bullfrog Films(Oley, PA)를 통해 입수할 수 있다(1-800-543-3674).
8 Joan Zacharis, "The Satya Interview: Making a Difference: An Interview with Henry Spira," *Satya*, July 1995, p. 9.
9 헨리는 바너비 페더의 기사를 언급했다. Barnaby Feder, "Pressuring Perdue," *New York Times Magazine*, November 26, 1989, p. 72. "묘비명을 어떻게 쓰면 좋을지 질문을 받자, 그는 곰곰이 생각하고서 말했다. '천리 길도 한 걸음부터.'"